Kohlhammer

Lehren und Lernen

Herausgegeben von Andreas Gold, Uta Klusmann, Cornelia Rosebrock und Rose Vogel

Begründet von Andreas Gold, Cornelia Rosebrock, Renate Valtin und Rose Vogel

Eine Übersicht aller lieferbaren und im Buchhandel angekündigten Bände der Reihe finden Sie unter:

 https://shop.kohlhammer.de/lehren+lernen

Die Autor*innen

Dr. Yasemin Z. Varol (Jahrgang 1991) studierte Psychologie an der Goethe-Universität (GU) Frankfurt am Main mit dem Schwerpunkt Arbeits- und Organisationspsychologie sowie Klinische Psychologie. Von 2017 bis 2024 war sie als wissenschaftliche Mitarbeiterin an der GU Frankfurt tätig, wo sie Lehrtätigkeiten im Bereich Pädagogische Psychologie ausführt. Dabei unterrichtet sie Seminare im Psychologiestudiengang und den Bildungswissenschaften und leitet empirische Forschungsprojekte. Seit 2024 ist sie am Gesundheitscampus des Universitätsklinikums Frankfurt tätig. In ihrer Forschung konzentriert sie sich auf die berufliche Beanspruchung, Erholung und die Erfassung täglicher Ressourcen und Stressoren im Bildungssektor.

Dr. Johannes Wendsche (Jahrgang 1981) studierte Psychologie an der Technischen Universität (TU) Dresden mit dem Schwerpunkt Arbeits- und Organisationspsychologie sowie Klinische Psychologie (2007 Dipl.-Psych., 2017 Dr. rer. nat., 2024 Dr. rer. nat. habil). Von 2007 bis 2015 arbeitete er als wissenschaftlicher Mitarbeiter an der Fakultät Psychologie der TU Dresden. Seit 2015 ist Johannes Wendsche als wissenschaftlicher Mitarbeiter bei der Bundesanstalt für Arbeitsschutz und Arbeitsmedizin in Dresden tätig. In seiner Forschung beschäftigt er sich mit Erholung von der Arbeit sowie gesundheitsförderlicher Arbeitsgestaltung.

Yasemin Z. Varol
Johannes Wendsche

Gesundheit bei Lehrkräften fördern

Strategien zur Erholung und professionellen Distanzierung

Verlag W. Kohlhammer

Dieses Werk einschließlich aller seiner Teile ist urheberrechtlich geschützt. Jede Verwendung außerhalb der engen Grenzen des Urheberrechts ist ohne Zustimmung des Verlags unzulässig und strafbar. Das gilt insbesondere für Vervielfältigungen, Übersetzungen, Mikroverfilmungen und für die Einspeicherung und Verarbeitung in elektronischen Systemen.

Pharmakologische Daten, d. h. u. a. Angaben von Medikamenten, ihren Dosierungen und Applikationen, verändern sich fortlaufend durch klinische Erfahrung, pharmakologische Forschung und Änderung von Produktionsverfahren. Verlag und Autoren haben große Sorgfalt darauf gelegt, dass alle in diesem Buch gemachten Angaben dem derzeitigen Wissensstand entsprechen. Da jedoch die Medizin als Wissenschaft ständig im Fluss ist, da menschliche Irrtümer und Druckfehler nie völlig auszuschließen sind, können Verlag und Autoren hierfür jedoch keine Gewähr und Haftung übernehmen. Jeder Benutzer ist daher dringend angehalten, die gemachten Angaben, insbesondere in Hinsicht auf Arzneimittelnamen, enthaltene Wirkstoffe, spezifische Anwendungsbereiche und Dosierungen anhand des Medikamentenbeipackzettels und der entsprechenden Fachinformationen zu überprüfen und in eigener Verantwortung im Bereich der Patientenversorgung zu handeln. Aufgrund der Auswahl häufig angewendeter Arzneimittel besteht kein Anspruch auf Vollständigkeit.

Die Wiedergabe von Warenbezeichnungen, Handelsnamen und sonstigen Kennzeichen in diesem Buch berechtigt nicht zu der Annahme, dass diese von jedermann frei benutzt werden dürfen. Vielmehr kann es sich auch dann um eingetragene Warenzeichen oder sonstige geschützte Kennzeichen handeln, wenn sie nicht eigens als solche gekennzeichnet sind.

Es konnten nicht alle Rechtsinhaber von Abbildungen ermittelt werden. Sollte dem Verlag gegenüber der Nachweis der Rechtsinhaberschaft geführt werden, wird das branchenübliche Honorar nachträglich gezahlt.

Dieses Werk enthält Hinweise/Links zu externen Websites Dritter, auf deren Inhalt der Verlag keinen Einfluss hat und die der Haftung der jeweiligen Seitenanbieter oder -betreiber unterliegen. Zum Zeitpunkt der Verlinkung wurden die externen Websites auf mögliche Rechtsverstöße überprüft und dabei keine Rechtsverletzung festgestellt. Ohne konkrete Hinweise auf eine solche Rechtsverletzung ist eine permanente inhaltliche Kontrolle der verlinkten Seiten nicht zumutbar. Sollten jedoch Rechtsverletzungen bekannt werden, werden die betroffenen externen Links soweit möglich unverzüglich entfernt.

1. Auflage 2025

Alle Rechte vorbehalten
© W. Kohlhammer GmbH, Stuttgart
Gesamtherstellung: W. Kohlhammer GmbH, Heßbrühlstr. 69, 70565 Stuttgart
produktsicherheit@kohlhammer.de

Print:
ISBN 978-3-17-044097-5

E-Book-Formate:
pdf: ISBN 978-3-17-044098-2
epub: ISBN 978-3-17-044099-9

Geleitwort

Die nationalen und internationalen Schulleistungsstudien haben die unterrichtsbezogene Lehr-Lern-Forschung in hohem Maße stimuliert und spürbare Innovationen im gesamten Bildungssystem bis hinein in die konkreten unterrichtlichen Praktiken mit sich gebracht. Rund um das Lehren und Lernen hat sich eine interdisziplinär verstandene Empirische Bildungsforschung etabliert, die zu einem besseren Verständnis der Lehr-Lern-Prozesse und zu einer nachhaltigen Förderung individueller Lernpotenziale beizutragen vermag. Die Erziehungswissenschaft, die Fachdidaktiken und die Pädagogische Psychologie sind daran beteiligt. Nun geht es darum, die wissenschaftlichen Erkenntnisse empirischer Forschung für die pädagogische Praxis nutzbar zu machen.

Lehren und Lernen, wissenschaftlich basiert betrieben, kann nur durch das Zusammenspiel pädagogischer, psychologischer, fachwissenschaftlicher und fachdidaktischer Theorien und Befunde befriedigend erklärt, gesteuert und optimiert werden. In der pädagogischen Praxis kann keine Lerntheorie ohne Bezug auf eine konkrete Inhaltsdomäne und keine Lehrmethode ohne Bezug auf ein Curriculum und jeweils individuelle Lernvoraussetzungen erfolgreich sein.

Die je eigenen Perspektiven und Erkenntnisse der Psychologie, der Pädagogik und der beiden schulisch zentralen Fachdidaktiken Mathematik und Deutsch sollen in den einzelnen Bänden dieser Reihe verständlich und kompakt zu einem kohärenten Gesamtbild zusammengeführt werden. Neben der Interdisziplinarität liegt ein besonderer Wert auf einer empirischen Fundierung: Erfahrungswissenschaftlich gewonnene Erkenntnisse zum Lehren und Lernen liegen den jeweiligen Darstellungen zugrunde. Schließlich fokussieren alle Bände der Reihe den Anwendungsbezug: Die entfalteten Themen, Diskurse und Fachgebiete sind jeweils unmittelbar bedeutend für Kindergarten, Schule und Unterricht.

Die vorliegende Reihe adressiert das Lehren und Lernen vom Vorschul- bis zum jungen Erwachsenenalter. Konzipiert ist sie für (zukünftige) Lehrende, aber auch für Pädagoginnen und Pädagogen sowie Psychologinnen und Psychologen in weiteren Anwendungsfeldern im Bildungssystem. Auch für die Fort- und Weiterbildung von Lehrerinnen und Lehrern sind die Bände gedacht.

Nach mehr als 10 Jahren Mitherausgeberschaft ist Renate Valtin (Berlin) im Dezember 2021 ausgeschieden. Die Herausgeber bedanken sich bei ihr und begrüßen Uta Klusmann (Kiel), die ihren Platz eingenommen hat.

Andreas Gold, Uta Klusmann, Cornelia Rosebrock & Rose Vogel

Vorwort

Dieses Buch ist für alle angehenden Lehrkräfte, Lehrkräfte in der Aus- und Weiterbildung sowie Schulleitungen gedacht,

- die Theorien und Studienergebnisse aus Stress- und Erholungsforschung (insbesondere bei Lehrkräften) kennenlernen wollen,
- die auf der Suche nach wissenschaftlich geprüften Anleitungen sind, um ihre eigene psychische Gesundheit zu erhalten oder zu verbessern, damit sie aus dem Grübeln herausfinden,
- die Protagonisten ihrer eigenen Gedankenreise sein wollen,
- ihre Pausen, ihren Feierabend und ihren Urlaub entspannter genießen können.

Yasemin Varol schloss im April 2021 ihre Promotion zum Thema »Mentale Distanzierung von der Arbeit bei angehenden und praktizierenden Lehrkräften: Eine erholungsbezogene Betrachtung der Lehrkräftegesundheit« ab. Ihre Forschung untersuchte, wie das Abschalten von der Arbeit in Ruhezeiten – durch hohes psychologisches Detachment und geringes arbeitsbezogenes Grübeln – das Wohlbefinden von Lehrkräften beeinflusst und deren langfristigen Verbleib im Schuldienst sichern kann. Der Anfang dieser Forschungsreise geht auf einen besonderen Moment am 19. Mai 2017 zurück. Auf der internationalen Konferenz der »European Association of Work and Organizational Psychology« in Turin, Italien, hörte sie während eines Vortrags einer renommierten Psychologin zum ersten Mal vom Konzept des »Psychological Detachment« und machte sich Notizen. Sie vermutete hier den Schlüssel zu einer besseren Balance zwischen Arbeit und Erholung, etwas, was für viele Berufstätige, aber insbesondere Lehrkräfte von großer Bedeutung sein könnte. Angeregt von den vorgestellten Erkenntnissen beschloss sie, ihre Recherchen zu vertiefen. Was sie zu diesem Zeitpunkt noch nicht ahnte, war, dass dieses Konzept das zentrale Thema ihrer Promotionsarbeit werden und eine Kette von Ereignissen in Gang setzte würde, die sie auf eine wissenschaftliche Reise und schließlich zu diesem Buch führten. Ermutigt durch die Unterstützung ihrer Familie, hat sie dieses Buchprojekt begonnen. Besonders dankt sie ihrem Ehemann Cem Varol für die fortwährende Unterstützung und Ermutigung und auch das Lektorat.

Johannes Wendsche kommt aus einer Lehrkraftfamilie: Großvater, Großmutter, Mutter, Vater und Schwester waren oder sind als Lehrkräfte tätig. Eine Unsäglichkeit des Lehrerdaseins fiel ihm bereits in frühster Kindheit auf: Obwohl dieser Beruf hoch intrinsisch motivierend und sinnstiftend ist, scheint die Arbeit nie zu enden. Sie greift damit tief in das familiäre Leben ein. Am Abend noch den morgigen Unterricht vorbereiten oder am Wochenende um Stille bitten, damit in Ruhe die Tests und Klassenarbeiten korrigiert werden können. Oder zu Zeiten in der Schule arbeiten, wenn andere bereits Feierabend haben: Elternabende, Elterngespräche, Schulfeste, Klassenfahrten. Und doch ist das gesellschaftliche Bild der Lehrkraft noch oft dieses: »Früh zur Arbeit, mittags schon Feierabend« oder »Monatelang Urlaub – keinem geht es so gut wie den Lehrer*innen«. Dieses trügerische Bild soll in diesem Buch aufgelöst werden und gleichzeitig allen Lehrkräften Alternativen aufzeigen, um ihren Beruf über die gesamte Lebensarbeitsspanne gesund ausführen zu können. Bedanken möchte er sich bei allen seinen Schul- und Hochschullehrkräften und vor allem bei den Familienlehrkräften für wichtige Impulse zu diesem Buch sowie insbesondere Cornelia Wendsche für das finale sprachliche Lektorat.

Wir möchten den Herausgebenden Prof. Dr. Andreas Gold und Prof.‹in Dr. Uta Klusmann unseren herzlichsten Dank für Ihre Unterstützung bei der Herausgabe dieses Buches aussprechen. Sie haben uns nicht nur bei der Veröffentlichung, sondern auch von der Entstehung der Idee bis hin zur Umsetzung dieses Buches begleitet. Ihre wertvolle fachliche Unterstützung, Ratgeberrolle und Bereitschaft, unsere Vision zu verstehen und zu fördern, haben dieses Projekt zu einem Erfolg gemacht.

Ein besonderer Dank gebührt auch Prof. Dr. Jürgen Hoyer, der großzügiger Weise die Liste von Aktivitäten zum Verhaltensaufbau und -aktivierung für diese Veröffentlichung zur Verfügung gestellt hat. Seine Expertise und Publikationen haben einen bedeutenden Einfluss auf den Inhalt und die Qualität dieses Buches.

Inhalt

Geleitwort		5
Vorwort		7
1	**Einleitung – Warum die Gesundheit von Lehrkräften wichtig ist**	**13**
	1.1 Arbeits- und Gesundheitssituation von Lehrkräften in Deutschland	15
	1.1.1 Arbeitszeit	16
	1.1.2 Arbeitsbedingungen	19
	1.1.3 Gesundheitliche Beschwerden	20
	1.1.4 Zusammenhänge zwischen Arbeitsgestaltung und gesundheitlichen Beschwerden	21
	1.1.5 Fazit	22
2	**Einführung in grundlegende Begriffe, Konzepte und Modelle**	**25**
	2.1 Psychische Belastung, Beanspruchung, Ressourcen und Erholung	25
	2.1.1 Psychische Belastung	25
	2.1.2 Psychische Beanspruchung und Beanspruchungsfolgen	26
	2.1.3 Die Rolle von Ressourcen	29
	2.1.4 Erholung und ihre Relevanz	30
	2.2 Theoretische Grundlagen zur Erholung	32
	2.2.1 Die Conservation of Resources Theory	32
	2.2.2 Das Effort-Recovery-Modell	33
	2.2.3 Das Job-Demands-Resources(-Recovery)-Modell	34
	2.2.4 Das Erholungsprozessmodell	37
	2.2.5 Das DRAMMA-Modell und die sechs Erholungserfahrungen	40
	2.2.6 Fazit	51
	2.3 Kompetenzen zur Förderung der Lehrkräftegesundheit	52

Inhalt

3 Zur Erholungssituation bei Lehrkräften ... 57
- 3.1 Warum die Erholung von Lehrkräften grundsätzlich wichtig ist ... 57
- 3.2 Wie die Erholungssituation bei Lehrkräften in Deutschland aussieht ... 60
  - 3.2.1 Wie die Erholungssituation bei angehenden Lehrkräften aussieht ... 60
  - 3.2.2 Wie die Erholungssituation bei (Lehramts-) Studierenden aussieht ... 62
- 3.3 Wie sich Arbeitszeiten erholungsförderlich gestalten lassen ... 67
- 3.4 Wie sich Arbeitspausen erholungsförderlich gestalten lassen ... 70
  - 3.4.1 Wirkungen von Arbeitspausen ... 71
  - 3.4.2 Gesetzliche Regelungen ... 73
  - 3.4.3 Pausensituation bei deutschen Lehrkräften ... 74
- 3.5 Wie Ruhephasen wirksam genutzt werden können ... 76
- 3.6 Wann es sinnvoll ist, nicht zu stark abzuschalten ... 80
  - 3.6.1 Welche Rolle das psychologische Reattachment spielt ... 83

4 Abgrenzungsstrategien ... 85
- 4.1 Abgrenzungsstrategien in der Schulpause ... 85
  - 4.1.1 Gestaltung von Arbeitspausen ... 85
- 4.2 Abgrenzungsstrategien während der Arbeitszeit ... 89
  - 4.2.1 Hinweise zur effektiven Gestaltung der Arbeitszeit ... 89
- 4.3 Abgrenzungsstrategien nach Feierabend ... 97
  - 4.3.1 Den Feierabend einläuten ... 97
  - 4.3.2 13 Tipps zur Stärkung der Schlafhygiene ... 99
- 4.4 Abgrenzungsstrategien in der Freizeit ... 103
  - 4.4.1 Erholungsaktivitäten auswählen und Verhalten und aufbauen ... 103
  - 4.4.2 Planung und -monitoring von Erholungsaktivitäten ... 106
  - 4.4.3 Umgang mit Grübeln als Hindernis für die Aufnahme von Erholungsaktivitäten ... 112
- 4.5 Abgrenzungsstrategien im Urlaub ... 116
  - 4.5.1 Phase I: Urlaubsvorbereitung ... 116
  - 4.5.2 Phase II: Urlaub ... 117
  - 4.5.3 Phase III: Nachurlaub ... 121

5 Gestaltung des Schulsystems ... 122
- 5.1 Erholungskultur stärken ... 122
- 5.2 Erholung als Thema in der Gefährdungsbeurteilung ... 123
- 5.3 Gesunde Pausen sicherstellen ... 124

6 Checklisten und Selbsttests ... 127
- 6.1 Checkliste Erholungskompetenz ... 127
- 6.2 Fragebogen zur Erfassung von Erholungserfahrungen ... 128

	6.3	Checkliste Pausenmanagement	129
	6.4	Fragebogen zur Erfassung des organisationalen Erholungsklimas	130
7		**Fazit und Ausblick**	**132**
Literatur		....	**134**
Stichwortverzeichnis		....	**145**

1 Einleitung – Warum die Gesundheit von Lehrkräften wichtig ist

Lehrkräfte sind tragende Säulen des Bildungssystems. Sie verantworten nicht nur den Lern- und Wissenszuwachs von Lernenden, sondern beeinflussen auch deren Persönlichkeitsbildung. Wenn es also um die Frage geht, welche Faktoren die schulische Leistung und Entwicklung der Schüler*innen am meisten beeinflussen, so ist das Handeln der Lehrkräfte im Unterricht wohl der einflussreichste Faktor dafür (Terhart, 2011). Um Kinder und Jugendliche auf das Leben während und nach der Schulzeit vorzubereiten, braucht es daher qualifizierte und vor allem gesunde Lehrkräfte. Warum aber gesunde Lehrkräfte? Immer mehr Studien deuten darauf hin, dass psychische Gesundheit eine notwendige Voraussetzung dafür ist, vielfältigen beruflichen Herausforderungen überhaupt zu genügen (Wartenberg et al., 2023). Werden Lehrkräfte in ihrem beruflichen Alltag dauerhaft stark belastet und beansprucht, kann dies negative Auswirkungen auf ihre psychische Gesundheit haben und sich nachteilig auf das Handeln im Unterricht und den Lernerfolg der Schüler*innen auswirken. Langfristig können sogar Risiken für häufigere oder dauerhafte Dienstunfähigkeit sowie Frühpensionierung steigen. Diese Zusammenhänge stellen jedoch keine Einbahnstraße dar.

Erholung hilft, Phasen der Arbeitsbelastung regelmäßig zu unterbrechen und verbrauchte Energiereserven wieder aufzufüllen. Sie kann daher negative Folgen für die psychische Gesundheit reduzieren. Aber was ist Erholung eigentlich? Im wissenschaftlichen Verständnis ist damit der Prozess gemeint, in dessen Verlauf negative Beanspruchungsfolgen, die während der Arbeit entstanden sind, wieder auf das ursprüngliche und unproblematische Ausgangsniveau zurückgeführt werden. Die merklich erhöhte körperliche Anspannung (z. B. hoher Puls) und/oder geistige Aktivierung (z. B. endlose Gedankenschleifen) nach zu hoher Lärmbelastung im Verlauf eines Schultages geht während einer Pause oder während eines erholsamen Feierabends zurück (z. B. der Ruhepuls reduziert sich und ein »Erleben« psychischer Entspannung wird erreicht). Für das Gelingen von Erholung ist vor allem das »mentale Abschalten« von der Arbeit von enormer Wichtigkeit. Das bedeutet, dass Erholung vor allem dann gelingt, wenn wir uns nicht nur körperlich und räumlich, sondern auch gedanklich distanzieren. Doch oft ist das gedankliche »Loslassen« von der Arbeit gar nicht so einfach. Die Erholungsforschung zeigt auf, dass unzureichende Erholung und die damit einhergehende (dauerhafte) Aktivierung von Geist und Körper insbesondere dann zu einem gesundheitlichen Risikofaktor werden können, wenn sich die Arbeitsaktivitäten in die üblichen Ruhezeiten, beispielsweise in den Feierabend, das Wochenende oder den Urlaub, ausweiten. Denn dadurch werden die Ruhe- und Erholungszeiten reduziert und in ihrer Funktion beeinträchtigt. Für den Abbau von Beanspruchungsfolgen, wie beispielsweise die Rückbildung von Ermüdungssymptomen, sind diese jedoch dringend notwendig. Lehrkräfte beschäftigen sich des Öfteren auch außerhalb ihrer üblichen Dienstzeit mit Ereignissen aus dem Schulalltag, mit der Unterrichtsvor- und -nachbereitung oder der Bewältigung schulbezogener Probleme. Die Beschäftigung mit einem beruflichen Anliegen muss dabei nicht nur durch eine »Hands-on«-Tätigkeit gekennzeichnet sein (z. B. Korrekturen von Klassenarbeiten). Auch die gedankliche Beschäftigung (z. B. »Wie versorge ich Schüler*innen mit Lerninhalten, wenn sie krankheitsbedingt nicht an der Präsenzlehre teilnehmen können?«), kann innere Unruhe und Grübeln auslösen und die Erholungsphase beeinträchtigen. Neuere Studien bei Lehrkräften belegen, dass ausbleibende Erholung im Zusammenhang mit einem höheren Risiko steht, Burnout-Symptome oder gegebenenfalls eine Erschöpfungsdepression zu entwickeln (z. B. Seibt & Kreuzfeld, 2021). Diese negativen Beanspruchungsfolgen sind gekennzeichnet durch langanhaltende Symptome wie Ermüdung, Energielosigkeit und das von Betroffenen beschriebene Gefühl des sogenannten »Ausgelaugtseins«. Wenn besonders häufig arbeitsbezogene Gedanken auch nach dem Feierabend vorherrschen und den Erholungsprozess verhindern, wird in der Regel die genannte Symptomatik verstärkt und das Bedürfnis nach Erholung weiter gesteigert. Bleibt eine Erholung langfristig aus, so kann hieraus ein schädlicher Teufelskreis resultieren, der nicht nur die Entstehung gesundheitlicher Beschwerden begünstigt, sondern auch in dessen Folge zuvor leicht zu bewältigende Arbeitsanforderungen als zunehmend schwieriger zu bewältigen erlebt werden (Sonnentag et al., 2022).

Auf Basis von bisherigen wissenschaftlichen Erkenntnissen wird in diesem Buch die Rolle der gedanklichen Distanzierung und des mentalen Abschaltens von der Arbeit für den beruflichen Alltag und für die Gesundheit der Lehrkräfte dargestellt (▶ Kap. 1). Dieses Kapitel richtet sich vor allem an Personen, die sich im Rahmen ihres Studiums oder ihrer wissenschaftlichen Tätigkeit mit dem Thema beschäftigen. Einige Begrifflichkeiten und theoretische Modelle werden im weiteren Verlauf öfter verwendet werden. Um ein Grundverständnis dieser psychologischen Begriffe, aber auch der theoretischen Modelle zur Erklärung von psychologischen Phänomenen vermitteln zu können, werden sie anhand alltagsnaher Beispiele definiert und eingeführt (▶ Kap. 2).

Im dritten Kapitel nehmen wir die Erholungssituation im Lehrkräfteberuf stärker in den Fokus und erläutern, warum das Verschwimmen oder sogar Auflösen der Grenzen zwischen Arbeit und Nichtarbeit eine präferierte Abgrenzung von arbeitsbezogenen Gedanken erschweren und welche Konsequenzen das Nicht-Abschalten für Lehrkräfte haben kann. Hier erörtern wir abschließend, wann ein Nicht-Abschalten ebenfalls sinnvoll und erwünscht ist und wie man im Berufsalltag davon profitieren kann, wenn Gedanken an die Arbeit einen doch nicht loslassen (▶ Kap. 3).

Im Kapitel 4 werden praktische und alltagsnahe Strategien zur Abgrenzung von der Arbeit gesammelt, die helfen sollen, die Erholung im Alltag in Eigenverantwortung zu fördern (▶ Kap. 4). Dabei widmet sich das Kapitel den Abgrenzungsstrategien in der Schulpause und sogar während der Arbeitszeit, nach Feierabend, in der Freizeit sowie im Urlaub. Die Kenntnis solcher Strategien führt jedoch noch lange nicht dazu, diese auch erfolgreich in den Alltag einzubauen. Daher werden konkrete Hinweise gegeben, wie jeder von uns von der bloßen Erholungsabsicht auch ins tatsächliche Erholungshandeln kommen kann.

Anschließend werden Möglichkeiten dargestellt, wie Arbeitsorte erholungsförderlich gestaltet werden können (▶ Kap. 5). Gesundheitsförderlich ist es nämlich nicht nur, wenn an eigenen Gewohnheiten gearbeitet wird, sondern wenn auch Arbeitsbedingungen geschaffen werden, die gesundheitsförderliches Handeln bestärken.

Außerdem werden Checklisten und ein Selbsttest bereitgestellt, die zeit- und ortsunabhängig bearbeitet werden können (▶ Kap. 6). Hier kann geprüft werden, wie das aktuelle eigene Erholungsverhalten aussieht und worin die Stärken beziehungsweise Optimierungspotenziale liegen.

Das Buch schließt mit einem Ausblick ab.

1.1 Arbeits- und Gesundheitssituation von Lehrkräften in Deutschland

Der akute also auch mittel- bis langfristig prognostizierte Lehrkräftemangel in Deutschland macht einen bildungspolitischen Diskurs sowie eine wissenschaftliche Auseinandersetzung mit der Lehrkräftegesundheit erforderlich. Im Januar 2023 deklarierte die Ständige Wissenschaftliche Kommission der Kultusministerkonferenz (SWK) den bundesweiten Lehrkräftemangel als »besorgniserregend« und stellte in diesem Zuge ein Maßnahmenpaket vor. Im Maßnahmenpaket werden sechs zentrale Handlungsempfehlungen adressiert, darunter auch »vorbeugende Maßnahmen zur Gesundheitsförderung« von Lehrkräften, um Belastungen im Schulalltag besser zu bewältigen (SWK, 2023). Ein Blick in die Stellungnahme der SWK (2023) legt dar, dass davon ausgegangen wird, dass sich das Problem des Lehrkräftemangels durch Folgen beruflicher Belastung und Beanspruchung verschärfen kann, falls aufgrund dessen vermehrt eine Reduktion der Arbeitszeit oder eine Frühpensionierung in Anspruch genommen wird. Um einem solchen Verlauf vorzubeugen, wird auf der einen Seite eine bessere Ausschöpfung des vorhandenen Potenzials an Lehrkräften empfohlen, beispielsweise indem u.a. Teilzeitmöglichkeiten und Optionen zur Frühpensionierung erschwert werden. Gerade diese Vorschläge wurden von Seiten des Deutschen Lehrerverbandes kritisiert (ARD-Tagesschau vom 27.01.2023), da sie einer Zunahme an Belastung gleichkommen. Auf der anderen Seite hat das SWK die Implementierung individueller Maßnahmen zur Gesundheitsförderung in die Arbeitswelt von Lehrkräften vorgeschlagen. Aufgrund ihrer einfachen Zugänglichkeit werden hier konkret internetbasierte Angebote empfohlen (z.B. Lehr et al., 2016), die auf eine Verbesserung der mentalen Gesundheit abzielen. Durch die Teilnahme an diesen Angeboten wird davon ausgegangen, dass es Lehrkräften besser gelingt, sich nach der Arbeit von beruflichen Belangen mental abzugrenzen, aus störenden Gedankenkarussellen auszusteigen und Beeinträchtigungen des Befindens sowie Schlafprobleme zu reduzieren (Kinnunen et al., 2011). Auch die betriebliche Gesundheitsförderung als Organisationsaufgabe wird adressiert. Die Schulleitungen sollen in Verantwortung gebracht werden, das Lehrpersonal im Sinne gesundheitsförderlicher Führung zur Wahrnehmung dieser Angebote zu ermutigen, Raum und Zeit dafür zu gewähren, aber auch objektive Belastungsfaktoren in der Arbeit zu reduzieren.

Im Folgenden widmen wir uns zunächst der Frage, wie typische Arbeitsbelastungsfaktoren und gesundheitliche Beschwerden von deutschen Lehrkräften im Vergleich zu anderen Berufsgruppen ausgeprägt sind und welche Zusammenhänge sich zwischen Arbeitsgestaltung und Gesundheit aufdecken lassen. Wir nutzen dazu Daten einer für Deutschland repräsentativen Erwerbstätigenbefragung (BIBB/BAuA-Erwerbstätigenbefragung 2018), die von der Bundesanstalt für Arbeitsschutz und Arbeitsmedizin (BAuA) gemeinsam mit dem Bundesinstitut für Berufsbildung (BIBB) in regelmäßigen Abständen erhoben werden. Die Erwerbstätigenbefragung hebt sich von anderen Studien ab, indem sie einerseits eine repräsentative Stichprobe der erwerbstätigen Bevölkerung darstellt. Andererseits ermöglicht sie es, durch die gleichzeitige Erhebung von Belastungen in der Arbeit und gesundheitlichen Beschwerden Zusammenhänge zwischen beiden zu ermitteln. In solchen repräsentativen Befragungen erfolgt die Stichprobenziehung in der Regel zweistufig: Zunächst wird zufällig eine Telefonnummer ausgewählt, was einem Haushalt entspricht. In einem zweiten Schritt wird innerhalb des Haushalts die Zielperson identifiziert. Zur Auswahl der Telefonnummern werden dabei mathematisch-statistische Verfahren angewendet, um sicherzustellen, dass eine repräsentative Auswahl der Bevölkerung stattfindet (Gensicke & Tschersich, 2018). In Deutschland wurden N = 20.012 Erwerbstätige ab einem Alter von 15 Jahren mit einer wöchentlichen Arbeitszeit von mindestens zehn Stunden befragt. Unter Erwerbstätigkeit wird hier eine Tätigkeit verstanden, die mit einem Einkommen verbunden ist. Bei den ausgewerteten Daten handelt es sich um abhängig Beschäftigte (d. h. Selbstständige wurden ausgeschlossen) zwischen 18 und 65 Jahren; die Stichprobengröße beträgt N = 17.542. Dabei werden aus dieser Stichprobe alle befragten Lehrkräfte, die in Grund-, Sekundar-, Sonder- und Berufsschulen arbeiten (n = 567) mit Beschäftigten aus anderen Professionen (n = 16.975) verglichen.

1.1.1 Arbeitszeit

Für die Bewertung der Arbeitsbelastung sind nicht nur die Qualität und Intensität der Arbeitsbedingungsfaktoren entscheidend, sondern auch die Dauer und Lage der Arbeitszeit. In Bezug auf die Situation der Lehrkräfte haben verschiedene Forschergruppen gezeigt (Kreuzfeld et al., 2022; Mußmann et al., 2023), dass Lehrkräfte einerseits recht häufig in Teilzeitmodellen arbeiten und dennoch sehr viele Mehrarbeitsstunden leisten müssen.

Dies zeigen auch die Daten aus der BIBB/BAuA-Erwerbstätigenbefragung 2018 (▶ Tab. 1.1). Lehrkräfte arbeiten wesentlich häufiger in Teilzeitmodellen (53 %) als andere abhängig Beschäftigte (28 %). Dabei überwiegt bei Lehrkräften ein langes Teilzeitmodell (20–34.9 h/Woche). Allerdings spiegelt sich diese vereinbarte Arbeitszeitreduktion nicht in den tatsächlich geleisteten Wochenarbeitszeiten wider, denn 59% der Lehrkräfte berichten von mehr als 4 h/Woche Mehrarbeit (im Kontrast zu Beschäftigten anderer Berufszweige: 31%). Diese Mehrarbeitsstunden betreffen dabei insbesondere Lehrkräfte in Teilzeit, welche im Durchschnitt 12.3 h/Woche mehr als vertraglich vereinbart arbeiten (andere Beschäftigte in Teilzeit: 2.7 h/Woche). Auch Lehrkräfte in Vollzeitmodellen berichten mehr wöchentliche Mehrarbeitsstunden als andere abhängig Beschäftigte (Lehrkräfte: 4.3 h/Woche; andere Beschäftigte: 3.4 h/Woche). Betrachtet man den Anteil an Beschäftigten mit sehr langen Arbeitszeiten (48 h/Woche und mehr), so sind Lehrkräfte nicht nur häufiger als andere Beschäftigte davon betroffen (20% vs. 14%), es sind vor allem auch wieder die Lehrkräfte die eigentlich eine Teilzeitvereinbarung bis maximal 34.9 h/Woche getroffen haben.

Doch Lehrkräfte sind nicht nur häufiger besonders langen Arbeitszeiten pro Woche ausgesetzt, sie arbeiten auch häufiger mehr als einmal im Monat an Samstagen und Sonntagen (36%) im Vergleich zu anderen abhängig Beschäftigten (21%).

Insgesamt zeigen diese Daten also, dass Lehrkräfte im Vergleich zu Beschäftigten in anderen Berufen häufiger lange Arbeitszeiten, verkürzte Ruhezeiten sowie Arbeit an Wochenenden angeben. Eine beträchtliche Gruppe an Lehrkräften scheint auf diese Situation mit einer »Flucht« in Teilzeitmodelle zu reagieren. Allerdings mit moderaten Erfolgen, denn lange Arbeitszeiten und reduzierte Zeit zur Erholung werden auch hier überhäufig berichtet. So ist es nicht verwunderlich, dass die Ergebnisse einer Befragung von 5.905 deutschen Lehrkräften kürzlich zeigten, dass eine Arbeitszeitreduktion nicht mit den erwarteten Vorteilen für die mentale Gesundheit oder einer Reduktion des Wunsches nach Frühpensionierung einhergeht (Seibt & Kreuzfeld, 2023).

Tab. 1.1: Arbeitszeitbedingungen deutscher Lehrkräfte im Vergleich zu anderen abhängig Beschäftigten (BIBB/BAuA Erwerbstätigenbefragung 2018)

	Lehrkräfte			andere		
	Gesamt	Teilzeit	Vollzeit	Gesamt	Teilzeit	Vollzeit
Vereinbarte Wochenarbeitszeit		53%	47%		28%	72%
kurze Teilzeit (bis 19.9 h/Woche)	12%			7%		
lange Teilzeit (20–34.9 h/Woche)	42%			21%		
moderate Vollzeit (35–39.9 h/Woche)	7%			31%		
lange Vollzeit (> 39.9 h/Woche)	39%			42%		
Wöchentliche Mehrarbeitsstunden						
keine	32%	22%	47%	50%	60%	46%

1 Einleitung – Warum die Gesundheit von Lehrkräften wichtig ist

Tab. 1.1: Arbeitszeitbedingungen deutscher Lehrkräfte im Vergleich zu anderen abhängig Beschäftigten (BIBB/BAuA Erwerbstätigenbefragung 2018) – Fortsetzung

	Lehrkräfte			andere		
	Gesamt	Teilzeit	Vollzeit	Gesamt	Teilzeit	Vollzeit
1–2 h/Woche	5 %	3 %	8 %	11 %	9 %	12 %
3–4 h/Woche	4 %	2 %	7 %	8 %	7 %	8 %
>4 h/Woche	59 %	73 %	38 %	31 %	24 %	34 %
Tatsächliche Wochenarbeitszeit über 48 h						
nein	80 %	87 %	72 %	86 %	99 %	82 %
ja	20 %	13 %	28 %	14 %	1 %	18 %
Wochenendarbeit (mind. 1x/Monat)						
keine	52 %	58 %	46 %	59 %	58 %	59 %
nur Samstagsarbeit	9 %	8 %	9 %	19 %	19 %	18 %
nur Sonntagsarbeit	4 %	3 %	5 %	1 %	1 %	1 %
Samstags- und Sonntagsarbeit	36 %	32 %	40 %	21 %	22 %	21 %

Anmerkung. Es können Rundungsfehler auftreten. Teilzeit = vereinbarte Wochenarbeitszeit bis 35 h/Woche; Vollzeit = vereinbarte Wochenarbeitszeit von 35 h/Woche oder mehr.

> **Exkurs: Arbeitszeit, Alter und Berufserfahrung**
>
> Kreuzfeld und Kollegen (2022) werteten in ihrer Studie auch den Zusammenhang zwischen Arbeitszeit und Alter aus. Auffällig war, dass jüngere Lehrkräfte (20–29 Jahre) im Durchschnitt mit 47 Stunden bis zu fünf Stunden mehr pro Woche arbeiten als ältere Lehrkräfte (60–67 Jahre). Zu berücksichtigen ist allerdings, dass sich die Anzahl der Unterrichtsstunden pro Woche bei den über 60-Jährigen im Durchschnitt um mindestens zwei Stunden von allen anderen untersuchten Altersgruppen unterscheidet, weil diese durch eine altersbedingte Lehrreduktion eine bis drei Wochenstunden weniger Lehre übernehmen müssen und deshalb auch weniger Zeit für die Unterrichtsvorbereitung benötigen. Es ist weiter anzunehmen, dass Jüngere mehr Zeit für die Vorbereitung des Unterrichts benötigen als ihre erfahreneren Kolleg*innen, was sich in der wöchentlichen Arbeitszeit widerspiegelt. Diese Beobachtung ist im Einklang mit Ergebnissen aus dem sogenannten »Teaching and Learning International Survey« (TALIS). Gemäß der länderübergreifenden TALIS-Durchschnittswerte arbeiten Lehrkräfte, die am Anfang ihrer beruflichen Laufbahn stehen und weniger als fünf Jahre Berufserfahrung haben, bedeutend mehr Stunden pro Woche als diejenigen, die mehr als fünf Jahre Berufserfahrung haben (OECD, 2019). Somit hilft die Berufserfahrung mit voranschreitendem Alter sehr

wahrscheinlich dabei, Arbeitsaufgaben so zu strukturieren, dass ein zusätzlicher zeitlicher Arbeitsaufwand nicht mehr nötig ist.

1.1.2 Arbeitsbedingungen

Fast jede zweite Lehrkraft (48 %) gab in der der BIBB/BAuA-Erwerbstätigenbefragung 2018 an, dass Stress und Arbeitsdruck in den letzten zwei Jahren zugenommen haben (38 % der anderen Beschäftigten).

Wie Abbildung 1.1 zeigt, sind es vor allem die Arbeit im Stehen sowie Lärm- und Geräuscheinwirkungen, die von Lehrkräften häufiger als von Beschäftigten in anderen Berufen berichtet werden. Hinsichtlich der psychischen Arbeitsanforderungen zeigen sich als zentrale und häufiger als von anderen Beschäftigten berichtete Merkmale des Berufes der Lehrkraft hohe Multitasking-Anforderungen (z. B. verschiedene Arbeiten gleichzeitig betreuen), hohe geistige und lernbezogene Anforderungen (z. B. neue Aufgaben) aber auch emotionale (z. B. gefühlsmäßig belastende Situationen) und quantitative Anforderungen (z. B. Termin- und Leistungsdruck).

Der Lehrberuf ist gleichzeitig durch potenziell hohe psychosoziale Ressourcen gekennzeichnet, beispielsweise durch ein starkes Gemeinschaftserleben, gute kollegiale Zusammenarbeit und Unterstützung sowie Autonomie bei der Planung der Arbeit (▶ Abb. 1.2). Die Beurteilung des mitarbeiterbezogenen Verhaltens der Führungskraft (Unterstützung, Lob, Anerkennung) sowie die Möglichkeiten, selbst zu entscheiden, wann Pausen eingelegt werden können, wird dagegen von Lehrkräften geringer eingeschätzt als von Beschäftigten in anderen Berufen.

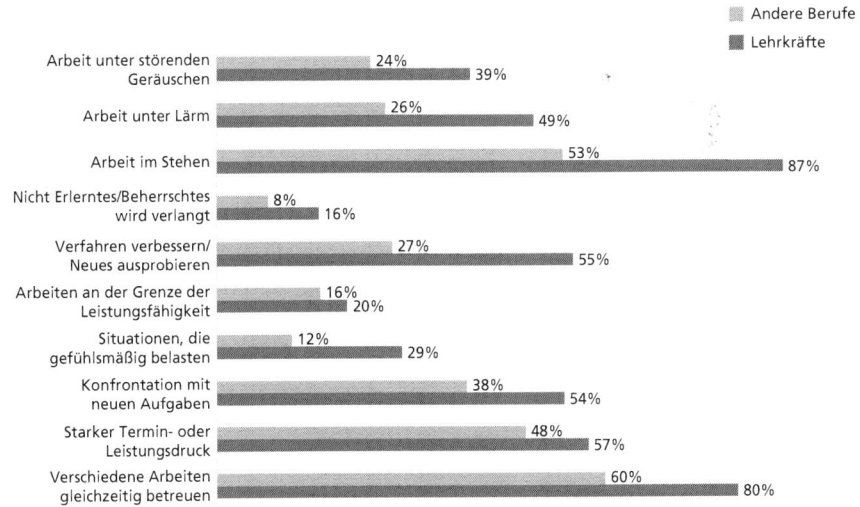

Abb. 1.1: Körperliche und psychische Arbeitsanforderungen (häufig erlebt) deutscher Lehrkräfte im Vergleich zu anderen abhängig Beschäftigten (BIBB/BAuA Erwerbstätigenbefragung 2018)

1 Einleitung – Warum die Gesundheit von Lehrkräften wichtig ist

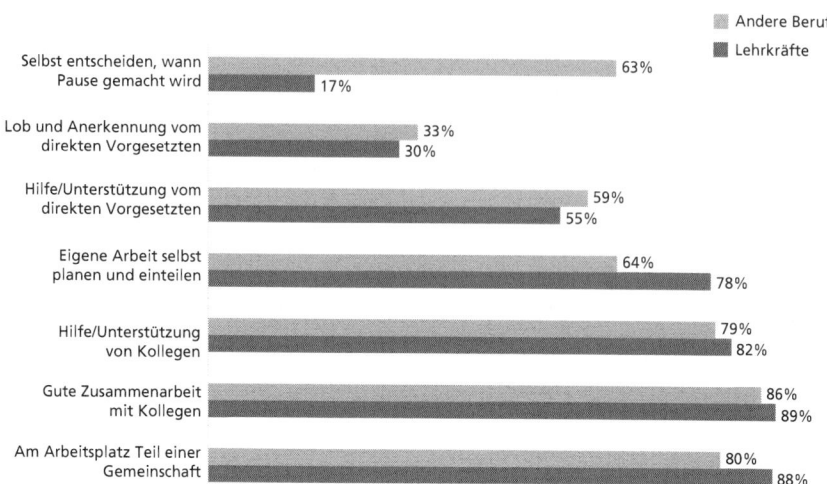

Abb. 1.2: Psychosoziale Arbeitsressourcen (häufig erlebt) deutscher Lehrkräfte im Vergleich zu anderen abhängig Beschäftigten (BIBB/BAuA Erwerbstätigenbefragung 2018)

1.1.3 Gesundheitliche Beschwerden

Daten zur gesundheitlichen Situation und zu Arbeitsunfähigkeitstagen sind in Tabelle 1.2 dargestellt.

Im Vergleich zu abhängig Beschäftigten in anderen Berufen geben Lehrkräfte etwas häufiger an, einen ausgezeichneten oder sehr guten allgemeinen Gesundheitszustand zu haben und zeigen vergleichsweise seltener Muskel-Skelett-Beschwerden. Auf der anderen Seite werden psychosomatische Beschwerden häufiger berichtet. Eine geringe Anzahl (1–7) an jährlichen Arbeitsunfähigkeitstagen wird von Lehrkräften häufiger (40%) als von anderen Beschäftigten (28%) berichtet. Bei längeren jährlichen Abwesenheitszeiten kehrt sich das Verhältnis allerdings um. Auffällig ist bei den Lehrkräften die etwas stärkere gesundheitliche Belastung der Teilzeitkräfte. Teilzeitkräfte beschreiben ihre Gesundheitssituation im Vergleich zu den Vollzeitkräften häufiger als weniger gut und berichten etwas mehr psychosomatische Beschwerden, Muskel-Skelett-Beschwerden sowie Arbeitsunfähigkeitstage.

Tab. 1.2: Gesundheitliche Beschwerden und Arbeitsunfähigkeitstage deutscher Lehrkräfte im Vergleich zu anderen abhängig Beschäftigten (BIBB/BAuA Erwerbstätigenbefragung 2018)

	Lehrkräfte			andere Berufe		
	Gesamt	Teilzeit	Vollzeit	Gesamt	Teilzeit	Vollzeit
Allgemeiner Gesundheitszustand						
ausgezeichnet, sehr gut	37 %	36 %	39 %	33 %	33 %	34 %
(weniger) gut, schlecht	63 %	64 %	61 %	67 %	68 %	66 %
Anzahl psychosomatischer Beschwerden						
keine	21 %	22 %	21 %	31 %	31 %	31 %
1–2	26 %	24 %	28 %	28 %	28 %	28 %
3 oder mehr	53 %	54 %	51 %	41 %	42 %	41 %
Anzahl Muskel-Skelett-Beschwerden						
keine	35 %	32 %	40 %	29 %	26 %	30 %
1–2	47 %	50 %	45 %	35 %	38 %	35 %
3 oder mehr	17 %	19 %	16 %	36 %	36 %	35 %
Arbeitsunfähigkeitstage (letztes Jahr)						
keine	32 %	30 %	35 %	37 %	38 %	36 %
1–7	40 %	42 %	38 %	28 %	30 %	28 %
8–14	12 %	12 %	13 %	14 %	13 %	14 %
> 14	15 %	16 %	14 %	22 %	19 %	22 %

1.1.4 Zusammenhänge zwischen Arbeitsgestaltung und gesundheitlichen Beschwerden

Lehrkräfte berichten häufiger als andere Beschäftige psychosomatische Beschwerden (z. B. Müdigkeit, Erschöpfung oder Reizbarkeit). Abbildung 1.4 zeigt, wie bestimmte Arbeitsbedingungsfaktoren das Risiko für die Entwicklung dieser Symptome erhöhen. Betrachtet man die relative Exposition der Lehrkräfte bezüglich dieser Belastungsfaktoren, so dürften Maßnahmen zur Reduktion von Termin- und Leistungsdruck, zur Lärm- und Geräuschreduktion und zur Vorbeugung gefühlsmäßig belastender Situationen einen merklichen Effekt für die Gesundheitsförderung der Lehrkräfte haben. So führen beispielsweise 61 % der Lehrkräfte, die häufig starken Termin- und Leistungsdruck erleben, mindestens drei psychosomatische Beschwerden an. Diese gesundheitlichen Beschwerden belasten jedoch nur 41 % der Lehrkräfte, die nicht häufig (z. B. nie, selten, manchmal) starkem Termin- und Leistungsdruck ausgesetzt sind.

1 Einleitung – Warum die Gesundheit von Lehrkräften wichtig ist

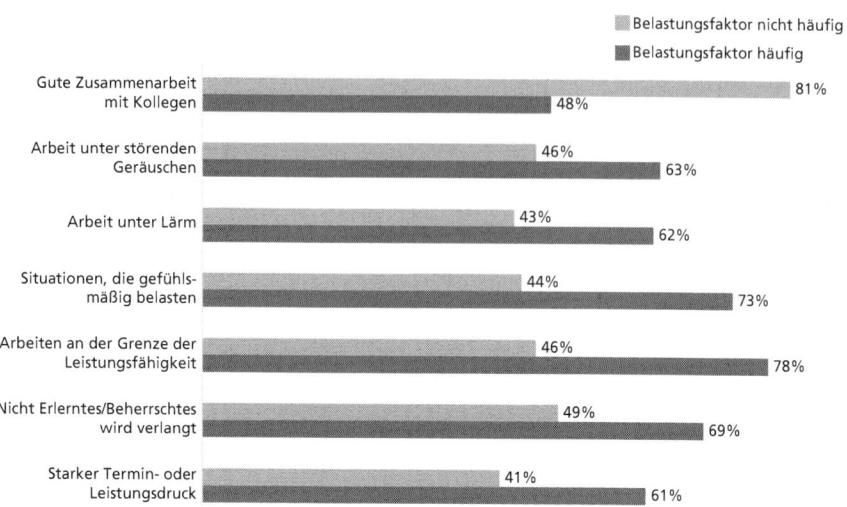

Abb. 1.3: Arbeitsbedingungsfaktoren deutscher Lehrkräfte und Bericht von mehr als drei psychosomatischen Beschwerden (BIBB/BAuA Erwerbstätigenbefragung 2018)

1.1.5 Fazit

Die Arbeitssituation von Lehrkräften in Deutschland ist sowohl durch längere Arbeitszeiten und häufigere Mehrarbeitsstunden – selbst in Teilzeitmodellen –, atypische Arbeitszeiten (Wochenendarbeit) als auch körperliche Belastungen wie langes Stehen sowie hohe Lärm- und Geräuschpegel gekennzeichnet. Hinsichtlich der psychosozialen Arbeitsbedingungen dominieren hohe kognitive und emotionale Belastungen und es gibt Hinweise auf eine erhöhte Arbeitsintensität. Gleichzeitig gibt es zahlreiche günstig und gesundheitsförderlich ausgeprägte Arbeitsgestaltungsfaktoren, beispielsweise i. d. R. ein starkes Gemeinschaftserleben und ein höheres Ausmaß an erlebter kollegialer Unterstützung und gut funktionierender Zusammenarbeit. Auf der anderen Seite werden von Lehrkräften mitarbeiterorientierte Führungsverhaltensweisen weniger häufig als von anderen Beschäftigten wahrgenommen. Insbesondere psychosomatische Beschwerden treten bei Lehrkräften gehäuft auf. Die Arbeit in Teilzeitmodellen sowie bestimmte körperliche und psychosoziale Arbeitsbedingungen erhöhen die Risiken dafür. Insgesamt decken sich diese Ergebnisse auch mit denen früherer Studien zur Arbeits- und Gesundheitssituation von deutschen Lehrkräften (z. B. Bauer et al., 2007; Kreuzfeld et al., 2022; Seibt et al., 2007; Unterbrink et al., 2008). Im nachfolgenden Exkurs gehen wir auf einige tätigkeitspsychologische Besonderheiten der Mehrarbeitssituation von Lehrkräften ein.

Exkurs: Mehrarbeit im Lehrkräfteberuf – Situation während der COVID-19-Pandemie

Zur Problematik der Mehrarbeit haben sich Mußmann und Kollegen (2023) mit dem Arbeitszeitanteil sogenannter zusätzlicher Aufgaben am Beispiel sächsischer Lehrkräfte auseinandergesetzt, wobei auch pandemiebedingte Zusatzaufgaben (z. B. Umsetzung von Hygieneschutzmaßnahmen) berücksichtigt wurden. Im Zuge der Befragung wurden die zusätzlichen Aufgaben in »unterrichtsnahe« und »außerunterrichtliche/sonstige« Arbeit kategorisiert. Dabei bezieht sich die *unterrichtsnahe Arbeit* auf Tätigkeiten, die direkt und eindeutig einen Unterrichtsbezug haben, wie beispielsweise der Einsatz von digitalen Medien im Unterricht, die individuelle Betreuung von Schüler*innen mit Flucht- und Migrationserfahrung, die Durchführung von Evaluationen oder Vergleichsarbeiten und die Teilnahme an Wettbewerben. Zu der *außerunterrichtlichen bzw. sonstigen Arbeit* zählen hingegen das Abrufen von Informationen aus dem Schulportal, der Organisations- und Kommunikationsaufwand mit Schüler*innen und Eltern, die Umsetzung von Inklusionsmaßnahmen oder die Arbeit in multiprofessionellen Teams.

Die Befragung von über 1.000 Lehrkräften unterschiedlicher Schulformen ergab, dass der Digitalisierung, welche seit der COVID-19-Pandemie eine noch größere Bedeutung gewonnen hat, ungefähr 35 % des zeitlichen Zusatzaufwands zuzuschreiben sind. In der Grundschule betrug der wöchentliche Zeitaufwand 02.18 Stunden, in der Oberschule 3.57 Stunden und am Gymnasium sogar 5.00 Stunden. Auch der Zeitaufwand, der durch das Eingehen auf die unterschiedlichen Voraussetzungen und Fähigkeiten der Schüler*innen bei der Anwendung digitaler Medien und Technologien entsteht (19 Minuten), ist nicht zu unterschätzen. Doch nicht alle der mit der Digitalisierung in Verbindung stehenden Aufgaben sind zwangsläufig zusätzliche Arbeit. Lehrkräfte greifen digital orts- und zeitflexibel auf verschiedene Informationen zu (z. B. Einsatzplanung, Schulleitungsinformationen, Fehlzeitendokumentation, Kommunikation mit Schüler*innen oder Eltern). Die Unterrichtsvorbereitung hat sich mit dem Einsatz digitaler Medien verändert, wobei herkömmliche Hilfsmittel wie Folien und Beamer durch Smartboards ersetzt werden. Es bleibt unklar, inwieweit die digitale Informationsbeschaffung und Unterrichtsgestaltung zusätzlichen Aufwand bedeuten, da der Zeitaufwand für traditionelle Arbeitsweisen nicht eindeutig definiert ist.

So zeigte die Frankfurter Arbeitszeit- und Arbeitsbelastungsstudie 2020 (Mußmann et al., 2021), dass Lehrkräfte aller Schulformen prinzipiell ein sehr hohes Interesse daran haben, eher digitale Elemente in den Unterricht einzubauen. Doch zeigen sich gleichzeitig auch Alterseffekte: Das Interesse nimmt mit steigendem Alter ab.

Dass die Übernahme zusätzlicher Aufgaben mit einer erhöhten Arbeitsbelastung einhergeht, ist wahrscheinlich, da die Zusatzarbeit mit einer Verdichtung der (bisherigen) Arbeit verbunden sein wird. Ein Vergleich zwischen

Lehrkräften, die ihre individuelle Soll-Arbeitszeit unterschreiten (436 Lehrkräfte) oder überschreiten (629 Lehrkräfte), hat gezeigt, dass der Anteil der Teilzeitkräfte in der Gruppe der Lehrkräfte, die ihre Arbeitszeit überschreiten, größer war. Dabei fiel auf, dass das Engagement für die digitale Unterrichtsgestaltung hier besonders ins Gewicht fällt: Lehrkräfte, die ihre Soll-Arbeitszeit überschreiten, investieren wöchentlich 54 Minuten mehr Zeit dafür (Mußmann et al., 2023).

Die Ergebnisse entsprechen denen von Seibt & Kreuzfeld (2023), die zeigten, dass mit zunehmender Stundenreduktion bei deutschen Lehrkräften die Mehrarbeitsstunden ansteigen und der relative Anteil tatsächlicher Unterrichtszeiten abnimmt, während der Anteil unterrichtsnaher Tätigkeiten zunimmt.

2 Einführung in grundlegende Begriffe, Konzepte und Modelle

2.1 Psychische Belastung, Beanspruchung, Ressourcen und Erholung

2.1.1 Psychische Belastung

Arbeitsbedingte psychische Belastung ist allgegenwärtig und nahezu in allen Berufsgruppen anzutreffen. Wie wir in Kapitel 1 dargestellt haben, ist der Lehrkräfteberuf durch spezifische hohe psychische Belastungen gekennzeichnet. Betrachtet man die wesentlichen beruflichen Anforderungen genauer, so müssen sich Lehrkräfte in ihrem Fachwissen sowie in ihren pädagogischen Kompetenzen ständig weiterqualifizieren, den Unterrichtsstoff altersgerecht für Schüler*innen aufbereiten, den Unterricht didaktisch ansprechend gestalten, Probleme im und außerhalb des Klassenzimmers lösen, sich außerdem zu Themen wie Diagnostik oder Nutzung von digitalen Medien fortbilden, aber auch Eltern unterstützen und beraten. Doch was genau bedeutet eigentlich »psychische Belastung«? Der internationale Normausschuss Ergonomie, der auf Basis von gesicherten arbeitswissenschaftlichen Erkenntnissen Maßstäbe für die menschengerechte Gestaltung von Arbeit setzt, definiert die *psychische Belastung* (DIN EN ISO 10075–1, 2018) »*... als die Gesamtheit der erfassbaren Einflüsse, die von außen auf den Menschen zukommen und auf ihn psychisch einwirken*« (Nachreiner & Schütte, 2018).

Konkreter werden unter diesen Einflussgrößen alle auf den Menschen einwirkenden Merkmale von Arbeitsbedingungen und -tätigkeiten verstanden (z. B. Arbeitsaufgaben, Arbeitsmittel, Arbeitsumgebung, soziale Beziehungen). Diese Faktoren lösen im Menschen Vorgänge aus, die wiederum eine mentale, motorische, soziale und emotionale Auseinandersetzung mit der Arbeitssituationen erfordern (Joiko et al., 2010; Metz & Rothe, 2017). Auch wenn der Belastungsbegriff in der alltagspsychologischen Auffassung zunächst oft negativ konnotiert ist, wird psychische Belastung in dieser normativen Definition als eine neutrale Begrifflichkeit verstanden, die sowohl potenziell positive als auch negative Einflüsse auf die Person einschließt. Expert*innen verschiedener Fachdisziplinen nehmen an, dass psychische Belastung notwendig ist, da sie als Antreiber für menschliche Entwicklung und Aktivität wirkt und Verhalten überhaupt erst in Bewegung setzt (Joiko et al., 2010). So stelle man sich eine angehende Lehrkraft im Vorbereitungsdienst (LiV) vor. Steht ein Unterrichtsbesuch an, so werden kognitive Prozesse aktiviert. Die LiV ist bemüht, sich in die fachliche Unterrichtsthematik stärker einzuarbeiten, passende Arbeitsmaterialien für die Schüler*innen aufzubereiten, einen Zeit- und Ablaufplan zu erstellen, die Lernziele der Lehreinheit festzusetzen und dabei die aktivierenden Unterrichtsmethoden nicht aus dem Blick zu verlieren. So sehr diese Vorbereitung auch mit zahlreichen Belastungen einhergeht (z. B. Erleben von Zeitdruck) und deshalb oftmals als anstrengend erlebt wird, dient sie dazu, dass sich die angehenden Lehrkräfte intensiv mit dem Konzept der Unterrichtserstellung und -durchführung befassen, bestenfalls an ihren Herausforderungen wachsen und eigene Stärken und Entwicklungspotenziale im Lehrverhalten entdecken.

2.1.2 Psychische Beanspruchung und Beanspruchungsfolgen

Wie sich die Arbeitsbelastung bei jedem Einzelnen im Verhalten und Erleben sowie in körperlichen Reaktionen auswirkt, kann sehr unterschiedlich sein. Manche Menschen finden das Lesen von Fachliteratur in Vorbereitung auf ihre Arbeit eher entspannend oder zeigen dabei eine freudige Anspannung; andere wiederum sind davon angestrengt oder vielleicht sogar gelangweilt. Egal ob wir eher positiv oder negativ beansprucht sind – in beiden Fällen führt eine Auseinandersetzung mit einer Aufgabe zu einer psychischen Beanspruchung. Auch hierfür gibt der Normausschuss Ergonomie eine Definition (DIN EN ISO 10075-1, 2018) an: Psychische Beanspruchung meint die »unmittelbare Auswirkung der psychischen Belastung im [Menschen] in Abhängigkeit von seinem aktuellen Zustand« (Nachreiner & Schütte, 2018). Als Beispiele für solche Zustandsbedingungen werden Alter, Geschlecht, vorhandene Fertigkeiten und Bewältigungsstrategien sowie Müdigkeit und Stimmung genannt. Psychische Beanspruchung ist also eine Reaktion, die auf eine psychische Belastung folgt und bedeutet zunächst nur, dass eine Person bei der Auseinandersetzung mit der Arbeitsaufgabe, mit den Gegebenheiten der Arbeitsorganisation und den sozialen Beziehungen entsprechend in Anspruch genommen wird.

Genau wie bei der psychischen Belastung ist auch die psychische Beanspruchung neutral definiert, was bedeutet, dass eine Beanspruchung sowohl in positiver als auch negativer Richtung Auswirkungen haben kann. Betrachtet man allerdings die negativen Wirkungen von psychischer Belastung, so wird häufig von einer negativen Beanspruchung, einer sogenannten »Fehlbeanspruchung«, gesprochen. Eine Fehlbeanspruchung hängt wiederum mit negativen Beanspruchungsfolgen zusammen (Joiko et al., 2010). Der Ausdruck »negative Beanspruchungsfolgen« ist alltagssprachlich auch unter »Stressreaktionen« bekannt. Doch was passiert in uns und mit uns, wenn wir negativ beansprucht, also gestresst sind? Kaufmann und Kollegen (1982) beschreiben, dass die psychische Belastung sowohl körperliche und psychische als auch soziale Stressreaktionen auslösen kann, die sich im Erleben oder Verhalten äußern. Stellen wir uns erneut die LiV vor, die Unterlagen für den angekündigten Unterrichtsbesuch zusammenstellt. In Tabelle 2.1 ist dargestellt, welche kurzfristigen Beanspruchungsfolgen beziehungsweise Stressreaktionen zu erwarten wären.

Tab. 2.1: Beispielhafte Beanspruchungsfolgen bei einer LiV (angelehnt an Metz & Rothe, 2017, S. 12)

Ebenen der Auswirkungen	Beispielhafte Beanspruchungsfolgen bei einer LiV
Individuelles Verhalten	Die LiV arbeitet mit Hochdruck an den Aufgaben, wodurch ihre mentalen Ressourcen nach und nach verbraucht werden. Mit zunehmender Dauer sinkt die Konzentrationsfähigkeit und die Fehlerhäufigkeit steigt.
Physiologische Reaktionen	Ihre Herzfrequenz ist leicht erhöht, durch die Adrenalinausschüttung ist sie aufgedreht und unruhig. Sie geht in ihrem Arbeitszimmer auf und ab.
Erleben	Mit Blick auf die Uhr ärgert sich die LiV darüber, dass sie nun schon mehrere Stunden an den Aufgaben sitzt und nicht vorangekommen ist. Der Zeitdruck erhöht zum einen ihre innere Anspannung. Zum anderen steigt auch die Angst, bei der Konzeption des Unterrichts zu versagen. Auch wenn sie sich inzwischen müde und erschöpft fühlt, hat sie für Pausen einfach »keine Zeit«.
Soziales Verhalten	Auch ihre emotionalen Ressourcen sind mittlerweile strapaziert. Noch immer hat sie das etwas unglücklich verlaufene Feedbackgespräch mit ihrer Supervisorin im Kopf. Als auch noch eine ihrer Mitstreiterinnen aus dem Begleitseminar am Telefon wenig Mitgefühl für diese Situation äußert und meint, dass der Unterrichtsbesuch doch schon längst hätte konzipiert sein sollen, fängt sie einen Streit an und würgt das Gespräch verärgert ab.

In der DIN EN 10075–1 werden die Beanspruchungsfolgen nicht nur nach ihrem förderlichen (positiven) oder beeinträchtigenden (negativen) Effekt klassifiziert, sondern zusätzlich auch danach, ob diese Folgen eher nach einer kurzfristigen oder langfristigen Belastungsexposition zu erwarten sind. Zu den förderlichen (positiven) Beanspruchungswirkungen zählen:

- *nach kurzfristiger (eher unmittelbarer) Arbeitsbelastung:* Aufwärmeffekte, Aktivierung und Lernen;
- *nach langfristiger (eher chronischer) Arbeitsbelastung:* Übung, Kompetenzentwicklung

Zu den beeinträchtigenden Beanspruchungswirkungen zählen:

- *nach kurzfristiger (eher unmittelbarer) Arbeitsbelastung:* psychische Ermüdung, ermüdungsähnliche Zustände (Monotonie, psychische Sättigung, herabgesetzte Wachsamkeit), Stressreaktionen
- *nach langfristiger (eher chronischer) Arbeitsbelastung:* Burnout-Syndrom

Um die Definition des *Burnout-Syndroms* gab es in der Wissenschaft eine lange Diskussion. Dabei ging es viele Jahrzehnte um die genauen Kernsymptome aber auch um die Abgrenzbarkeit von anderen Diagnosen mit ähnlichen Symptomen, beispielsweise Depression oder chronische Ermüdung. Wir gehen in einem Exkurs genauer darauf ein (siehe nachfolgender Kasten). An dieser Stelle soll erwähnt werden, dass diese eher langfristige Wirkung spezieller Arbeitsbelastungen erst 2018 in die revidierte Fassung der DIN EN 10075–1 aufgenommen wurde.

Die Vergabe medizinischer Diagnosen erfolgt in Deutschland nach dem System der Internationalen Klassifikation der Erkrankungen (ICD) der Weltgesundheitsorganisation (WHO). In der ICD-10 (der 10. Version dieser Richtlinie) wurde Burnout noch nicht explizit definiert, sondern unter der Diagnose »Probleme mit Bezug auf Schwierigkeiten bei der Lebensbewältigung« mit dem Symptom des »Ausgebranntseins« eingestuft. Es wird bereits hier, als auch in der Folgeversion ICD-11, nicht als Krankheit oder psychische Störung aufgefasst, sondern als Faktor, der unseren Gesundheitszustand ungünstig beeinflusst. In der ICD-11 entschied man sich für eine eigene Diagnose »Burnout« (QD85). Sie findet sich im Kapitel 24 »Sonstige Faktoren, welche die Gesundheit beeinflussen« und dort im Unterkapitel QD8 »Probleme in Verbindung mit Arbeit oder Arbeitslosigkeit«.

Burnout wird dort als meist gleichzeitig auftretende Symptomkonfiguration definiert, die Gefühle mangelnder Energie oder Erschöpfung, das Erleben mentaler Distanzierung zur Arbeit oder Gefühle von Negativismus oder Zynismus in Bezug auf die Arbeit und Gefühle der Ineffektivität und des Mangels an Leistung umfasst. Es wird herausgestellt, dass (1) chronische und nicht bewältigbare Arbeitsbelastungen für diese Symptome verantwortlich sind, (2) dass es speziell um Phänomene im beruflichen Kontext geht und nicht um solche aus anderen Lebensbereichen und (3) dass die Symptome nicht durch andere Diagnosen (z. B. Anpassungsstörungen, stressbezogene Störungen, Angststörungen oder affektive Störungen) besser erklärt werden können.

> **Exkurs: Emotionale Erschöpfung**
>
> Das Burnout-Phänomen und ihr Kernsymptom der »emotionalen Erschöpfung« (Burisch, 2006; Maslach & Jackson, 1981; Maslach, Schaufeli, & Leiter, 2001; Schaufeli & Buunk, 2003) sind häufig Gegenstand medialer Aufmerksamkeit, wobei die Begriffsverwendung im Allgemeinen eher populärwissenschaftlich erfolgt. Burnout findet aber auch in wissenschaftlichen Veröffentlichungen der Klinischen Psychologie und vor allem der Arbeitspsychologie große Aufmerksamkeit. In diesem Rahmen betonte beispielsweise die Deutsche Gesellschaft für Psychiatrie, Psychotherapie und Nervenheilkunde (DGPPN) in ihrem Positionspapier, dass es sich bei diesem Erscheinungsbild primär um ein Problem der Arbeitswelt handele, wobei Betriebsärzt*innen sowie Arbeits- und Organisationspsycholog*innen für die Identifizierung der Betroffenen eine zentrale Rolle einnehmen sollten (DGPPN, 2012). Trotz oder wegen der interdisziplinären Begriffsverwendung mangelt es zwar bis heute an einer einheitlichen und allgemeingültigen Definition von Burnout und seinen Komponenten, doch eine Verständigung auf prototypische Elemente, die wiederholt berichtet werden, helfen bei der Eingrenzung der Kern- und Begleitsymptomatik (vgl. Burisch, 2014).

Das Kernsymptom der »emotionalen Erschöpfung« wird typischerweise als erstes der drei Erscheinungsbilder im Burnout-Prozess beschrieben und zeigt sich am deutlichsten in den anfänglichen Beschreibungen und Erfahrungen des Syndroms (Maslach et al., 2001). Sie äußern sich im unterschiedlich intensiven Gefühl, ausgebrannt, energielos, erledigt, ausgelaugt und frustriert zu sein, wobei (vor allem) die Arbeit mit Menschen als Strapaze erlebt wird. Schon der Gedanke an Arbeit führt unabhängig von konkreten Ereignissen zur Müdigkeit. Als Folge distanzieren sich die betroffenen Personen emotional und kognitiv immer mehr von ihrer Arbeit. In der englischen Literatur wird emotionale Erschöpfung häufig auch beschrieben als »a chronic state of physical and emotional depletion that results from excessive job demands and continuous hassles« (Wright & Cropanzano, 1998, S. 486). Neben dieser Charakterisierung der emotionalen Erschöpfung als chronischem Zustand wird ergänzend auch von chronischen Stressoren als Verursachern des Erschöpfungszustandes ausgegangen »[…] a prolonged response to chronic emotional and interpersonal stressors on the job« (Maslach et al., 2001, S. 397). Es wird ersichtlich, dass die Auslöser primär im beruflichen Kontext liegen und durch übermäßige und anhaltende berufliche Anforderungen sowie durch emotionale und zwischenmenschliche Stressoren am Arbeitsplatz begünstigt werden können.

In der DIN EN 10075–1 (2018) wird Burnout als langfristig beeinträchtigende Folge von Arbeitsbelastung definiert. Im System der Internationalen Klassifikation der Erkrankungen (ICD) der Weltgesundheitsorganisation (WHO) kann ab der Version ICD-11 die Einstufungsdiagnose »Burnout« (QD85) vergeben werden.

2.1.3 Die Rolle von Ressourcen

Für einen erfolgreichen Umgang mit beruflichen Anforderungen, spielt die Verfügbarkeit von Ressourcen eine zentrale Rolle (▶ Kap. 2.2). Zur näheren Begriffserklärung ist anzumerken, dass Ressourcen nach Lazarus und Folkman (1984) materielle Mittel (z. B. Geld oder Werkzeuge), physische Eigenschaften (z. B. Kraft und Energie), soziale Mittel (z. B. Hilfe oder Unterstützung durch andere) und personenbezogene Eigenschaften beziehungsweise Kompetenzen (z. B. Selbstwirksamkeitserleben, Resilienz [siehe nachfolgender Exkurs], innere Widerstandskraft oder Optimismus) darstellen, die einer Person per se zur Bewältigung der Arbeitsanforderungen zur Verfügung stehen oder sie unterstützen, weitere notwendige Hilfsmittel zu erwerben. Im Arbeitskontext können also Ressourcen das Individuum in die Lage versetzen, mit Anforderungen am Arbeitsplatz besser umzugehen.

Bakker und Kollegen (2023) differenzieren unterschiedliche Quellen von Ressourcen und zwar danach, ob diese aus den Arbeitsbedingungen resultieren oder eher in der Person liegen. Unter Arbeitsressourcen (*job resources*) werden alle körperlichen, psychischen, soziale und organisationale Arbeitsmerkmale verstanden, die bei der Erreichung von Arbeitszielen helfen, Lernen und Weiterentwicklung bei der Arbeit stimulieren oder die Wirkung von Anforderungen bei der Arbeit beeinflussen. Personenbezogene Ressourcen (*personal resources*) sind positive Selbsteinschätzungen, die sich auf das Gefühl des Einzelnen beziehen, die Fähigkeit zu haben, die eigene Umwelt erfolgreich kontrollieren und beeinflussen zu können (z. B. Optimismus, Selbstwirksamkeitserleben und Resilienz). Es wird angenommen, dass Beschäftigte mit mehr individuellen Ressourcen auch Zugang zu mehr beruflichen Ressourcen haben und umgekehrt.

Damit wir uns von den möglichen Stressreaktionen schnell erholen oder diesen vorbeugen können, ist es wichtig, unsere Ressourcen wieder aufzuladen, sobald sie nach einem Arbeitstag verbraucht sind. Wir können aber auch versuchen, den Ressourcenverbrauch über den Tag hinweg zu verringern, damit wir uns am Ende des Tages von den Arbeitsaufgaben nicht komplett überwältigt fühlen. Doch wie schaffen wir es, unser Ressourcenmanagement in Griff zu bekommen? An diesem Punkt kommt die Erholung ins Spiel!

> **Exkurs: Resilienz – eine besondere Ressource**
>
> Resilienz bezeichnet die Fähigkeit eines Menschen, schwierige Situationen und Herausforderungen zu bewältigen, sich von Rückschlägen zu erholen und gestärkt aus belastenden Erfahrungen hervorzugehen (Wittchen & Hoyer, 2011). Es ist die Fähigkeit, sich anzupassen, flexibel zu bleiben und trotz widriger Umstände emotional und psychisch stabil zu bleiben.
>
> Ein typisches Beispiel, das Resilienz veranschaulichen kann, ist der Schwamm. Ein Schwamm hat die bemerkenswerte Fähigkeit, Wasser aufzunehmen und wieder abzugeben, ohne dabei seine Struktur zu verändern oder zu verlieren. Wenn man einen Schwamm zusammendrückt, kann er das Wasser herausdrücken, und wenn der Druck nachlässt, kehrt er zu seiner ursprünglichen Form zurück. Diese Fähigkeit des Schwamms, sich an äußere Bedingungen anzupassen, ist ein gutes Beispiel für Resilienz.
>
> Nehmen wir an, der Schwamm steht für eine Person oder ein System. Die Fähigkeit des Schwamms, Wasser aufzunehmen und wieder abzugeben, repräsentiert die Fähigkeit dieser Person oder dieses Systems, Herausforderungen oder Stressoren zu bewältigen. In Zeiten von Stress oder Belastung kann die Person also »zusammengedrückt« werden, aber wie der Schwamm ist sie in der Lage sich wieder ausdehnen und ihre ursprüngliche Form und Funktionsweise wiederherstellen. Dies bedeutet nicht, dass die Person nicht durch die Herausforderungen beeinflusst wird, sondern vielmehr, dass sie die Fähigkeit hat, sich anzupassen, zu lernen und zu wachsen, ohne dauerhaft geschädigt zu werden.

2.1.4 Erholung und ihre Relevanz

Wenn wir eine Aufgabe ausführen, können wir körperlichen und psychischen Belastungen ausgesetzt sein. Unser Körper reagiert auf diese Belastungen und mobilisiert seine Ressourcen, das bedeutet, dass körperliche Funktionen (z. B. die Aufmerksamkeit oder der Puls) hochgefahren werden.

2.1 Psychische Belastung, Beanspruchung, Ressourcen und Erholung

Erholung (engl. recovery) bezieht sich auf die physischen und psychischen Rückstellprozesse von Körper und Geist, bei denen die Beanspruchungsfolgen, die durch die Arbeit entstanden sind, wieder neutralisiert bzw. in den Ausgangszustand zurückgeführt werden. Dabei kommt der Erholung eine doppelte Funktion zu. Die Erholung dient zum einen der Wiederherstellung von strapazierten und aufgebrauchten Ressourcen, so dass das Wohlbefinden und die eigene Leistungsfähigkeit zurückerlangt werden. Man kann diesen Prozess mit einer Batterie vergleichen, die aufgeladen wird und dadurch ihre volle Funktionsfähigkeit zurückerlangt. Zum anderen wird während einer Erholungsphase nicht gearbeitet. Der Verbrauch weiterer Ressourcen wird damit zeitweise gestoppt, sie werden förmlich geschont. Um bei unserem Batteriebeispiel zu bleiben: Eine weitere Entladung der Batterie wird vermieden.

Erholung kann an unterschiedlichen Orten, mit unterschiedlicher Dauer und zu unterschiedlichen Zeiten stattfinden: sei es in einer Pause während der Arbeitszeit, in der arbeitsfreien Zeit am Feierabend oder am Wochenende, oder im Urlaub. In einer systematischen Überblicksarbeit von Sonnentag und Kolleginnen (2017) wurden die bisher gewonnenen Erkenntnisse der Erholungsforschung aus zahlreichen Studien der letzten Jahrzehnte zusammengefasst. Die Ergebnisse zeigen deutlich, dass Erholung, unabhängig davon, wo und wann sie stattfindet (und teilweise auch wie lange), zu positiven Effekten führen kann. Diese umfassen geringere Stressreaktionen (also Beanspruchungsfolgen) und ein verbessertes Wohlbefinden. Zusätzlich fördert Erholung auch mehr Arbeitsengagement und eine bessere Arbeitsleistung. Der Zusammenhang zwischen Belastung, Beanspruchung, Ressourcen und Erholung als Prozesskette findet sich in Abbildung 2.1).

Wieso das so ist, lässt sich anhand von psychologischen Theorien und Modellen erklären, die im folgenden Abschnitt aufgegriffen werden.

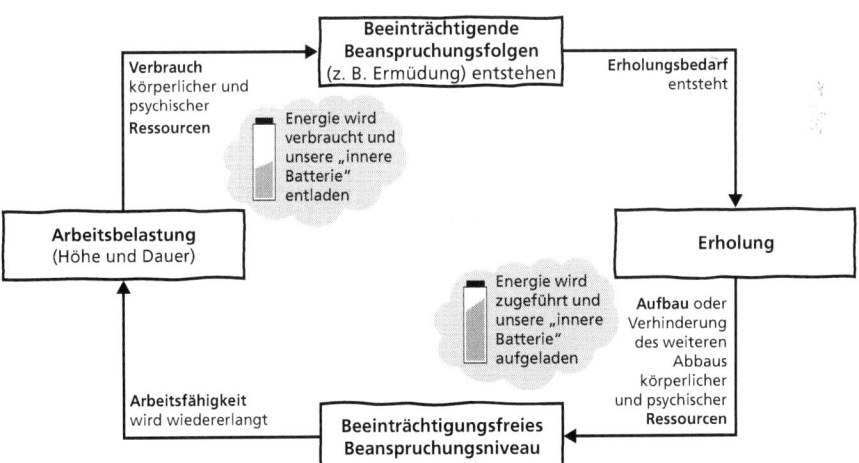

Abb. 2.1: Zusammenhang zwischen psychischer Belastung, psychischer Beanspruchung, Ressourcen und Erholung

2.2 Theoretische Grundlagen zur Erholung

Im nachfolgenden Kapitel möchten wir einige theoretische Modelle vorstellen, die erklären, wie Erholung das Wohlbefinden und die Gesundheit von Beschäftigten beeinflusst, welche konkreten Prozesse während der Erholung ablaufen, und welche weiteren Faktoren das Erholungsgeschehen fördern oder beeinträchtigen können.

2.2.1 Die Conservation of Resources Theory

Die *Conservation of Resources Theory* (COR-Theorie) von Hobfoll (1989) nimmt an, dass während der Arbeit – aber auch während der Ausführung von Tätigkeiten überhaupt – Ressourcen des Menschen aufgebraucht werden. Menschen sind jedoch von Natur aus bestrebt, bedeutsame individuelle Ressourcen zu schützen, zu stärken und auszubauen.

Ressourcen gemäß der COR-Theorie werden definiert als jene Objekte, die mit dem sozioökonomischen Status und mit materiellen Dingen verbunden sind (z. B. Haus, Nahrung), aber auch als persönliche Eigenschaften und Merkmale (z. B. Ausdauer, Selbstwertgefühl), nicht-materielle Bedingungen (z. B. Familienstand, Karriere) sowie Energien, die primär zum Erwerb anderer Ressourcen eingesetzt werden (z. B. Zeit, Geld, Wissen).

Stressreaktionen treten dann auf, wenn eine ungünstige Ressourcenveränderung eintritt. Dies betrifft konkret drei kritische Situationen: (1) es droht ein Verlust von Ressourcen, (2) ein tatsächlicher Verlust von Ressourcen tritt ein oder (3) der nötige Wiederaufbau von Ressourcen nach einer Ressourceninvestition bleibt aus.

Insbesondere der eintretende oder drohende Verlust von Ressourcen (Situationen 1 und 2) werden von Berufstätigen als stressreich empfunden, da sie dann mit nur reduzierten Kapazitäten zukünftige Herausforderungen bewältigen müssen.

Gemäß der COR-Theorie sollten Berufstätige daher ihre Freizeit und ihre Erholungsphasen so gestalten, dass sie ihre eigenen Ressourcen schützen oder bedeutsame Ressourcen erlangen und aufbauen. Freizeit bezieht sich nach akademischem Verständnis auf die Zeit, in der physisch und psychisch nicht gearbeitet wird (arbeitsfreie Zeit); sie wird stattdessen als ein Lebensbereich definiert, in der verschiedene Arten von Freizeitbeschäftigungen wahrgenommen werden, die besonders förderlich für den Erholungsprozess sein können (Sonnentag & Fritz, 2007; Stebbins, 2018). Was bedeutet dies konkret? Man könnte beispielsweise in der Freizeit Tätigkeiten nachgehen, bei denen (positive) persönliche Eigenschaften wie Selbstwirksamkeitserleben, Kontrollerleben und das Erleben von Sinnhaftigkeit gestärkt werden. Ob das nun durch ehrenamtliches Engagement, durch die Teilnahme an einem Zeichenkurs oder die Mitgliedschaft in einem Sportverein am besten erfüllt wird, ist von Mensch zu Mensch unterschiedlich.

Die Erholungsforschung hat gezeigt, dass das Ausführen von Arbeitstätigkeiten während einer Erholungsphase eher zu einem weiteren Ressourcenabbau beiträgt und damit nicht zu einem Rückgang arbeitsbedingter Beanspruchungsfolgen führt

(Sonnentag et al., 2022). In Folge wird man sich bei Wideraufnahme der Arbeit wenig leistungsfähig fühlen. Lehrkräfte kennen vielleicht das Gefühl mangelnder Erholung auf dem Weg zur Arbeit, wenn sie am vorherigen Abend noch den Unterricht vorbereitet oder Korrekturaufgaben erledigt haben. Auf der anderen Seite ist das COR-Modell geeignet, um einige scheinbar paradoxe Erholungswirkungen zu erklären: Zwar sollte das Erlernen einer neuen Fremdsprache in einem Volkshochschulkurs für eine Lehrkraft im sprachlichen Bereich nicht augenscheinlich erholsam sein, da die Tätigkeit anforderungsähnlich zur eigentlichen Arbeit ist. Das Gegenteil ist allerdings oft der Fall, weil durch die Kursteilnahme persönliche Kompetenzen gestärkt werden und weil das Lernen in Gemeinschaft oft als stark sinnstiftend und bedürfnisbefriedigend erlebt wird.

2.2.2 Das Effort-Recovery-Modell

Das *Effort-Recovery-Modell* (ERM; Meijman & Mulder, 1998) beschreibt, unter welchen Arbeitsbedingungen ein Erholungsbedarf beim Menschen entsteht und wie dieser dann durch spezielle Erholungsmaßnahmen befriedigt werden kann.

Gemäß dem Modell wird Arbeit als eine Anforderung verstanden, die geistige, emotionale und körperliche Ressourcen einer Person beansprucht. Der Prozess wird vor allem dann verstärkt, wenn der*die Beschäftigte wenig Eingriffsmöglichkeiten hat, die eigene Arbeitssituation kontrollierbar und beeinflussbar zu gestalten. Eine unmittelbare Folge dieser Belastung ist die Entwicklung beeinträchtigender Beanspruchungsfolgen, wie körperliche oder psychische Ermüdung. Insbesondere die Belastungsdauer ist dabei entscheidend. Je länger wir durchgehend arbeiten, desto mehr steigen die beeinträchtigenden Beanspruchungsfolgen an und ein konkreter Erholungsbedarf entsteht. Wird diesem Erholungsbedarf nicht entsprochen, so bleibt der Körper dauerhaft aktiviert. Ein solches Überstrapazieren von Geist und Körper macht gesundheitliche Beeinträchtigungen, wie beispielsweise starke Erschöpfungssymptome oder psychosomatische Beschwerden, wahrscheinlicher.

Das Modell liefert nun konkrete Aussagen, wie diese ungünstige Prozesskette unterbrochen werden kann. Zunächst sollten die Arbeitsbedingungen so gestaltet werden, dass keine kritischen Beanspruchungszustände (z. B. Überschreiten von Dauerleistungsgrenzen) im Rahmen der Arbeitszeit erreicht werden. Eine Begrenzung der Belastungsdauer (ununterbrochene Arbeitszeit) ist demnach hilfreich. Weiterhin sollten Anforderungswechsel im Rahmen der Arbeitszeit zu einer kurzfristigen Beanspruchungsreduktion führen. In den Begriff der Arbeitsgestaltung ist dies als Primat der Gestaltung von Mischtätigkeiten eingegangen. Demnach sollten sich körperliche als auch psychische Anforderungen regelmäßig über den Arbeitstag abwechseln. Nach einer Phase sitzender Tätigkeit sollte Bewegung folgen, eine Phase hochkonzentrierter Arbeit sich mit eher einfachen Routinetätigkeiten abwechseln.

Wir sehen, dass eine Beanspruchungsreduktion nach diesem Modell nicht unmittelbar eher passive Erholung bedeutet, sondern auch durch eine ergonomische Arbeitsgestaltung erfolgen kann.

Das ERM trifft aber auch konkrete Aussagen zur Wirksamkeit von Erholung. Erstens sollte ein zeitlich zunehmendes Erholungsdefizit mit chronifizierten Beanspruchungsreaktionen assoziiert sein. Ein Verzicht auf Pausen oder ein Mangel an Erholung am Abend, Wochenende oder während des Urlaubs ist daher gesundheitsgefährdend. Zweitens sollte Erholung am stärksten stattfinden, wenn ein Zustand der vollständigen Anforderungslosigkeit auftritt. Beim Menschen ist dies gewöhnlich der Schlaf. Hiermit kann auch erklärt werden, warum Kurzschlafphasen, beispielsweise als Napping während der Pause, erholsam sein können. Drittens sollte Erholung dann stattfinden, wenn Arbeitsanforderungen reduziert oder gewechselt werden (siehe auch »erholsam« Mischtätigkeitsgestaltung). In Pausen oder insbesondere im Feierabend sollte also nicht gearbeitet werden. »Feierabend« bezeichnet das Ende der arbeitsvertraglich festgelegten täglichen Arbeitszeit, wenn man den Arbeitsplatz sowohl physisch als auch psychisch verlässt und die beruflichen Verpflichtungen für den Tag abgeschlossen sind. Stattdessen sollten möglichst anforderungskompensatorische Erholungstätigkeiten gewählt werden. Eine Lehrkraft kann demnach überlegen, welche körperlichen, sozialen, emotionalen und geistigen Anforderungen während des Arbeitstages bestanden haben und dann für die Freizeitplanung möglichst Tätigkeiten mit konträren Anforderungen auswählen. Das bedeutet beispielsweise, dass nach einem Tag mit sehr lauten Klassen der abendliche Besuch eines Rockkonzertes vermutlich wenig erholsam sein wird, ein Spaziergang im Wald schon eher. Bewegung wäre in diesem Fall auch ausgleichend zur langen statischen Belastung des Körpers während der Unterrichtsstunden.

2.2.3 Das Job-Demands-Resources(-Recovery)-Modell

Ein weiterer etablierter Ansatz zur Erklärung des Zusammenspiels zwischen Belastung durch die Arbeit, Ressourcen und beeinträchtigtem Wohlbefinden ist Job-Demands-Resources-Modell, (JD-R-Modell) von Bakker und Demerouti (2007). Im Rahmen dieses Modells werden Arbeitsmerkmale zunächst in Arbeitsanforderungen und Arbeitsressourcen kategorisiert. Äquivalent zum ERM werden Arbeitsanforderungen (z. B. Zeitdruck, Arbeitsbelastung) als Faktoren verstanden, die mit psychischer und physischer Anstrengung einhergehen, deshalb Energie konsumieren und Beanspruchungsreaktionen in Gang setzen. In Folge können kurzfristige – bei Dauerbelastung oder mangelnder Rückbildung auch mittel- bis langfristige – gesundheitlichen Beeinträchtigungen entstehen, beispielweise psychische Ermüdung und emotionale Erschöpfung.

Im Unterschied und auch als Erweiterung zum ERM werden im JD-R-Modell zusätzlich die Wirkungen von Arbeitsressourcen (z. B. Unterstützung durch Kolleg*innen) berücksichtigt. So können Arbeitsressourcen dazu beitragen, dass der Einfluss von hohen Arbeitsanforderungen auf die Entwicklung beeinträchtigender Beanspruchungsfolgen reduziert wird.

Das »*Job-Demands-Resources-Recovery*«(JD-R-R)-Modell nach Kinnunen et al. (2011) erweitert das ursprüngliche JD-R-Modell um die Erholungskomponente (R = Recovery). Das Erholungserleben wird nicht nur als Ergebnis, sondern auch als

Vermittler zwischen Arbeitsmerkmalen und beeinträchtigtem Wohlbefinden betrachtet. Metaanalysen zeigen, dass Personen, die zwar hohe Arbeitsanforderungen (z. B. hoher Zeitdruck) erfahren, sich aber von diesen ausreichend erholen, keine negativen gesundheitlichen Auswirkungen erwarten müssen (Bennett et al., 2018). Allerdings wurde in dieser Übersichtsarbeit auch nachgewiesen, dass hohe Arbeitsanforderungen bei vielen Beschäftigten bedeutsame Erholungsprozesse (z. B. von der Arbeit abschalten oder sich entspannen) oftmals verhindern, während vorhandene Arbeitsressourcen die Erholung eher stimulieren. Bezüglich der Arten von Arbeitsanforderungen und ihrer Rolle für die Erholung zeigt sich, dass insbesondere Arbeitsfaktoren, die als stark anregend und herausfordernd wahrgenommen werden (z. B. enge Terminfristen und hoch komplexe Tätigkeiten), die stärksten Erholungsbeeinträchtigungen nach sich ziehen. Daraus lässt sich schlussfolgern, dass Beschäftigte ganz besonders auf ihre Erholung achten müssen, wenn sie einen Arbeitstag hatten, der als sehr motivierend erlebt wurde und der sich im Befinden meist weniger extrem in Ermüdungssymptomen, sondern eher in einer gesteigerten Aktivierung, die ein Hinweis auf eine starke physiologische Belastung sein kann, äußerte.

Die aufgeführten Modelle haben gemein, dass sie sich mit der Rolle von Arbeitsmerkmalen – sei es in Form der Arbeitsanforderung oder in Form von Arbeitsressourcen – befassen, die für die Aufrechterhaltung des physischen und psychischen Wohlbefindens des Individuums notwendig sind. Die ergänzende Bedeutung von Erholung, die dem durch berufliche Anforderungen und andere Stressoren ausgelösten Belastungsprozess entgegenwirkt, machte ihre Integration in die Rahmenmodelle notwendig. Dieser integrative theoretische Rahmen, der ab den 1990er Jahren immer mehr an Popularität gewann, eröffnet heute der Erholungsforschung innerhalb der beruflichen Gesundheitspsychologie einen einfacheren Zugang (Sonnentag et al., 2017).

Wendsche (2024) hat kürzlich vorgeschlagen, die Integration des JD-R-Modells sowie JD-R-R-Modells weiter zu spezifizieren (▶ Abb. 2.2).

Im Einklang mit beiden Modellen wird angenommen, dass Arbeitsanforderungen und Arbeitsressourcen die Motivation und Gesundheit von Beschäftigten positiv oder negativ beeinflussen können. In Erweiterung wird vorgeschlagen, dass diese sich sowohl auf Indikatoren der Fachkräftesicherung, z. B. auf Berufs- oder Organisationswechsel von Beschäftigten, als auch Krankenstände auswirken können. Bedingt durch den demografischen Wandel werden solche Analyse- und Gestaltungsperspektiven immer wichtiger. Das Modell berücksichtigt weiterhin, dass gelungene Erholung nicht nur die Beschäftigten beeinflussen kann und Arbeitsanforderungs-Arbeitsressourcen-Konstellationen die Erholung mitbestimmen, sondern in Erweiterung des JD-R-R-Modells wird eine zentrale Annahme des JD-R-Modells aufgegriffen: Erholung kann negative gesundheitsbezogene Folgen hoher Arbeitsanforderungen abmildern. Erholung stellt damit nicht nur ein Bindeglied dar, das Beziehungen zwischen Arbeitsgestaltung und Beschäftigtenvariablen erklärt, sondern wird als eigenständig gestaltbares Element begriffen, das durch mitarbeiter- und arbeitsbezogene Interventionen optimiert werden kann. Auch das Erholungskonstrukt wird konkreter definiert. So wird zwischen stabilen und dynamischen Anteilen differenziert und beispielsweise die Rolle von Erholung als

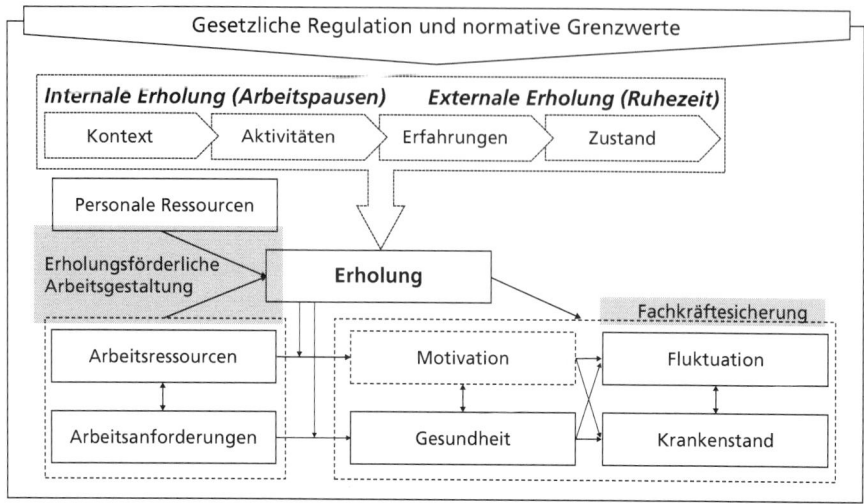

Abb. 2.2: Integratives Anforderungs-Ressourcen-Erholungs-Modell (Wendsche, 2024)

personale Ressource, im Sinne von Erholungskompetenz, integriert. Dies impliziert die Annahme, dass sich Beschäftigte zunächst zeitlich stabil in ihrer Erholung unterscheiden. Bezüglich der dynamischen und damit zeitlich stärker fluktuierenden Komponenten wird angenommen, dass das Erholungskonstrukt hinsichtlich seiner verschiedenen Facetten weitaus differenzieller betrachtet werden muss. Zunächst gilt es dabei den Erholungskontext, z. B. als Pause während der Arbeitszeit oder als Freizeit- und Schlafverhalten während der Ruhezeit, als auch seine zeitliche Ausgestaltung zu berücksichtigen. Die genutzten Erholungsaktivitäten und die damit verbundenen Erholungserfahrungen bestimmen dabei den erreichten Erholungszustand. Beispielsweise kann es für die Lehrkraft einen Unterschied machen, wie erholt sie sich nach einer kurzen oder einer längeren Pause zwischen zwei Unterrichtsstunden fühlt, ob sie eine Pausenmahlzeit im Unterrichtszimmer oder im Lehrerzimmer einnimmt, ob sie ihre Pause eher passiv-sitzend oder eher aktiv-bewegend verbringt und wie gut sie sich dabei entspannen kann. Letztendlich berücksichtigt das Modell auch, dass für einige Erholungskomponenten gesetzliche Grenzwerte vorliegen, beispielsweise, wenn es um die Dauer und Lage von Ruhepausen und Ruhezeiten geht (z. B. Arbeitszeitgesetz) oder um die Gestaltung von Pausenräumen und um die Notwendigkeit von Kurzpausensystemen bei Bildschirmtätigkeiten (z. B. Arbeitsstättenverordnung).

Insgesamt lässt sich aus diesen Überlegungen schlussfolgern, dass eine erholungsförderliche Arbeitsgestaltung sehr detaillierter Kenntnisse über das Arbeitssystem und die erholungsrelevanten Merkmale des Beschäftigten bedarf – und dass die Gestaltungs- und Optimierungsansätze an verschiedenen Schnittstellen ansetzen können.

2.2.4 Das Erholungsprozessmodell

Der österreichische Psychologe und Gesundheitsforscher Gerhard Blasche hat sich in seinen theoretischen Überlegungen vor allem mit der Frage beschäftigt, welche psychologischen Prozesse eigentlich dazu führen, dass Menschen einerseits auf Belastungen in der Arbeit mit ganz unterschiedlichem Erholungsverhalten reagieren und warum anderseits ein Erholungsverhalten nicht unbedingt mit einem Erholungserfolg gekrönt sein muss (▶ Abb. 2.3).

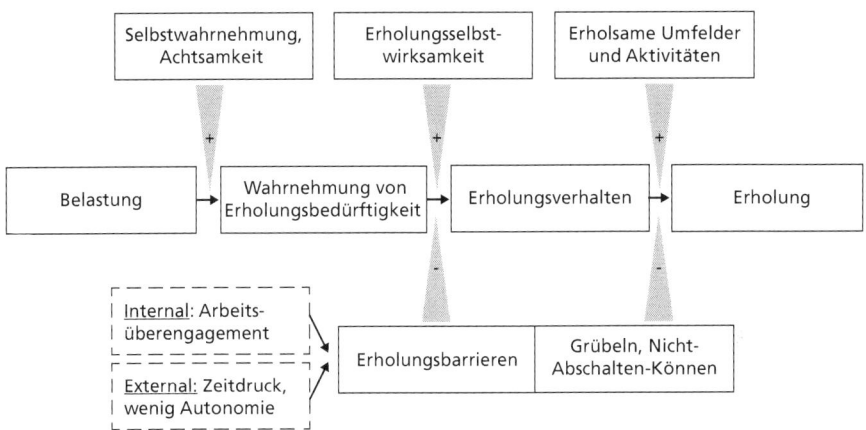

Abb. 2.3: Das Erholungsprozessmodell nach Blasche (2008)

Nach Blasche (2008) besteht der erste Schritt im Prozess der Erholung darin, die Notwendigkeit für Erholung zu erkennen. Oftmals gerät jedoch die Aufmerksamkeit für innere Zustände während der Arbeit in den Hintergrund, insbesondere bei anspruchsvollen geistigen oder dialogisch-interaktiven Tätigkeiten, wie denen im Beruf einer Lehrkraft. Die Beschäftigten sind so stark in die Aufgabe oder den Kontakt mit anderen Personen vertieft, dass das persönliche Wohlbefinden erst bei deutlichen Abweichungen vom Normalbefinden ins Bewusstsein rückt. Dieser erholungsabträglichen Neigung kann durch eine gesteigerte Selbstwahrnehmung und Achtsamkeit entgegengewirkt werden.

Wenn die Notwendigkeit zur Erholung erkannt wird, folgt der naheliegende Schritt, sich zu erholen. Dennoch gibt es zahlreiche innere (internale) und äußere (externale) Barrieren, die das Initiieren von Erholungsverhalten erschweren. Ein internaler Faktor, der das Erholungsverhalten behindert, ist eine Tendenz zum Arbeitsüberengagement. Dies bezieht sich auf Personen, die so stark in ihre Arbeit eingebunden sind oder glauben, dies ständig sein zu müssen, dass es ihnen schwerfällt, die Arbeit auf den nächsten Tag zu verschieben oder abzuschalten. Wir sehen, dass hier – wie bezüglich der Selbstwahrnehmung und der Achtsamkeit – die innere Haltung zur Arbeit und zu sich selbst eine bedeutsame Rolle spielt.

Externale Barrieren könnten beispielsweise in einer geringen zeitlichen Autonomie bei der Gestaltung des Arbeitstages als auch der vorgegebenen Ruhezeit liegen. Man steckt sprichwörtlich in einem Korsett verpflichtender Aufgaben. So ist bei Lehrkräften der zeitliche Ablauf des Schulalltags stark durch den Stundenplan durchgetaktet. Zusatzaufgaben (wie Pausenaufsichten) oder nicht planbare Ereignisse (wie defekte Präsentationstechniken) schmälern die Möglichkeiten, eine Erholungspause einzulegen. Im Feierabend können zahlreiche Verpflichtungen, wie die Versorgung von Kindern oder Angehörigen, das Ausmaß an selbstbestimmter Freizeit reduzieren.

Auf der anderen Seite spielt auch das Selbstwirksamkeitserleben eine Rolle für das Erholungsverhalten. Personen, die überzeugt sind, auch in schwierigen Situationen Erholungsaktivitäten durchführen zu können, neigen dazu, diese auch tatsächlich umzusetzen. Eine Untersuchung verdeutlichte beispielsweise, dass Lehrkräfte mit einer höheren Selbstwirksamkeit in Bezug auf ihre Erholung tendenziell besser in der Lage sind, sich von der Arbeit zu distanzieren als solche mit einer geringeren Selbstwirksamkeit (Sonnentag & Kruel, 2006).

Die nächste Etappe im Erholungsprozess betrifft die Wahl der Erholungsaktivität(en): Wie kann ich mich am besten erholen? Dabei kann die Effektivität einzelner Erholungsaktivitäten stark von den vorangegangenen Belastungen abhängen. Aktivitäten mit geringem Belastungspotenzial können dabei helfen, verbrauchte Ressourcen wieder herzustellen und sind damit erholungsförderlich. Dazu gehören sowohl aktive Erholungsmaßnahmen wie Bewegung und sozialer Austausch als auch passive Erholungsmaßnahmen wie beispielsweise sich ausruhen und fernsehen (Sonnentag, 2001). Die Wahl der Erholungsaktivität sollte den individuellen Bedürfnissen und Vorlieben entsprechen. Körperliche Bewegung sollte aufgrund der energetischen Aktivierung, des vollzogenen Aufmerksamkeitswechsels, der geringeren mentalen Belastung sowie eines möglichen Flow-Erlebens (eines Aufgehens in der Tätigkeit) eine effektive Maßnahme zur Erholung von anspruchsvoller geistiger Arbeit darstellen. Allerdings zeigte eine Studie, dass Beschäftigte gerade an stressreichen Arbeitstagen, entgegen ihres Wissens um die Erholungseffektivität der körperlichen Bewegung, passive Tätigkeiten den körperlichen Erholungsaktivitäten vorziehen (Sonnentag & Jelden, 2009).

Neben den Erholungsaktivitäten selbst spielt auch die Erholungsumgebung, in der diese stattfinden, eine Rolle. Besonders naturnahe Umgebungen (▶ Kap. 4.2; Exkurs: Orte und Kontexte von Erholungen) können dabei zusätzliche Erholungseffekte erzeugen. Übrigens muss dies nicht ein Waldspaziergang sein. Auch Wandtapeten mit Naturmotiven, die in Pausenräumen angebracht sind, können wirksam sein (Wendsche & Lohmann-Haislah, 2018).

Eine entscheidende Erfahrung für eine gelungene Erholung besteht im Abschalten von der Arbeit. Dieses meint als eine wichtige Erholungserfahrung den Zustand und die Fähigkeit, sich mental und emotional von der vorherigen Aufgabe oder den vorangegangenen Belastungen zu distanzieren, anstatt weiterhin damit beschäftigt zu bleiben. Wenn das Abschalten nicht erfolgt, können Arbeitserlebnisse oder geplante Aufgaben wiederholt ins Bewusstsein dringen und somit die Entspannung verhindern.

Zentrale Annahmen der vorgestellten Theorien

Conservation of Resources Theory (Hobfoll, 2001)

- Stressreaktionen treten dann auf, wenn (a) Ressourcenverlust droht, (b) Ressourcenverlust eingetreten ist oder (c) Wiederaufbau von Ressourcen nach einer Ressourceninvestition ausbleibt.
- Erholung kann gelingen, wenn eigene Ressourcen geschützt oder bedeutsame Ressourcen erlangt bzw. und aufgebaut werden.

Effort-Recovery-Modell (Meijman & Mulder, 1998)

- Intensive arbeitsbezogene Anstrengungen können Ressourcen beanspruchen und zu Beanspruchungsfolgen wie Erschöpfung führen.
- Ruhephasen oder Erholungsaktivitäten können diese Ressourcen wiederherstellen.
- Ein ausgewogenes Verhältnis von Anstrengung und Erholung ist für die langfristige Leistungsfähigkeit und Wohlbefinden relevant.

Job-Demands-Resources-Modell (Bakker & Demerouti, 2007)

- Arbeitsmerkmale werden in Arbeitsanforderungen und Arbeitsressourcen eingeteilt.
- Gesundheitsbeeinträchtigender Prozess: Hohe berufliche Arbeitsanforderungen führen zu einer höheren Erschöpfung.
- Gesundheitsförderlicher Prozess: Hohe berufliche Arbeitsressourcen führen zu Reduktion von Erschöpfung.
- Ergänzende Rolle des Erholungserlebens als Vermittler zwischen Arbeitsmerkmalen und beeinträchtigtem Wohlbefinden: Bei hohen beruflichen Arbeitsanforderungen, jedoch ausreichendem Erholungserleben, zeigen sich keine negativen gesundheitlichen Auswirkungen.

Erholungsprozessmodell (Blasche, 2008)

- Erholung wird als Ergebnis einer Kette verschiedener und miteinander kausal verknüpfter Prozesse verstanden. Dazu gehört, dass nach einer Belastungsphase (in der Arbeit) zunächst durch die Person ein Bedürfnis nach Erholung wahrgenommen wird, welches dann bestimmtes Verhalten mit dem Ziel der Erholung auslöst.
- Der Weg zur Erholung wird dabei durch verschiedene förderliche und hinderliche Faktoren innerhalb der Person (z.B. Achtsamkeit, Arbeitsüberengagement) und außerhalb der Person (z.B. attraktive Erholungsumgebung, Zeitdruck in der Arbeit) beeinflusst.

Im Folgenden sollen anhand des DRAMMA-Modells (Newman et al., 2014) verschiedene Erholungserfahrungen vorgestellt werden, wobei wir aufgrund seiner besonderen theoretischen Relevanz als auch wegen der starken empirischen Evidenz intensiver auf das psychologische Abschalten von der Arbeit eingehen.

2.2.5 Das DRAMMA-Modell und die sechs Erholungserfahrungen

Psychologische Erholungserfahrungen können durch verschiedene Aktivitäten außerhalb der Arbeitszeit ausgelöst werden. In der Erholungsliteratur werden hierbei sechs psychologische Mechanismen im Zusammenhang mit Erholungserfahrung unterschieden (Kujanpää et al., 2021; Newman et al., 2014). Diese werden im sogenannten DRAMMA-Modell zusammengefasst und bieten einen Erklärungsansatz dafür, wie und unter welchen Umständen das subjektive Wohlbefinden durch Erholung gefördert werden kann (Virtanen et al., 2021). Dabei steht jeder einzelne Buchstabe im Akronym »*DRAMMA*« (engl. *D*etachment, *R*elaxation, *A*utonomy, *M*astery, *M*eaning, *A*ffiliation) für jeweils eine Erholungserfahrung.

Erholungserfahrung 1: Mentales Abschalten von der Arbeit (engl. Detachment from work = D)

Das Abschalten von der Arbeit als eine der Erholungserfahrungen wurde in der Erholungsliteratur unter der englischen Bezeichnung »psychological detachment« eingeführt. Die Entdeckung und Erforschung dieser Erholungsvariable reicht bis in die 1990er Jahre zurück. Der Begriff des »Detachments« wurde erstmals von Etzion und Kollegen (1998) verwendet und bezeichnet ein Maß der Entferntheit: das individuelle Erleben eines Menschen, von seinem Arbeitsplatz (z. B. von der Schule als Arbeitsort) bzw. von seinen eigenen Arbeitsaktivitäten (z. B. vom Unterrichten im Klassenraum) physisch entfernt zu sein. Einige Jahre später erweiterten Forschende den Begriff und dessen Bedeutung und prägten den heute verbreiteten Ausdruck des psychologischen Detachments (Sonnentag & Bayer, 2005). Damit war nun nicht nur die Vermeidung von arbeitsbezogenen Aktivitäten gemeint, wie z. B. das Beantworten von Schüler*innen-E-Mails und die häusliche Korrektur von Klassenarbeiten, sondern auch das mentale Verlassen der Arbeit und das Erlangen von Distanz zu jeglichen Anforderungen des Arbeitsplatzes. In anderen Worten ausgedrückt: Das körperliche Verlassen des Arbeitsplatzes ist nicht ausreichend, um sich zu erholen, sondern man muss auch das Gefühl haben, die Arbeit geistig loslassen zu können!

Die Rolle des psychologischen Detachments wird im so genannten *Stressor-Detachment-Modell* (S-DM) näher beleuchtet (Sonnentag & Fritz, 2015). Das S-DM spezifiziert den theoretischen Ansatz des oben erläuterten JD-R-R-Modells, indem es ausschließlich die wichtigste Erfahrung der Erholung in den Blick nimmt: das Abschalten von der Arbeit. Welche Annahmen hat nun diese Theorie? Ein Überblick findet sich in Abbildung 2.4.

2.2 Theoretische Grundlagen zur Erholung

Erstens sollte ein höheres Ausmaß an Arbeitsanforderungen, die hier als Arbeitsstressoren bezeichnet werden, mit weniger psychologischem Detachment von der Arbeit einhergehen. Da Abschalten von der Arbeit mit Erholung einhergeht und damit das Wohlbefinden verbessert, kommt es gerade unter hohen Arbeitsanforderungen zu Beeinträchtigungen des Befindens.

Zweitens kann das Ausmaß des psychologischen Detachments die negative Beziehung zwischen Arbeitsstressoren und dem Wohlbefinden verstärken oder abschwächen. Gerade Personen, die gut von der Arbeit abschalten können, leiden deshalb weniger stark unter stressreichen Arbeitstagen.

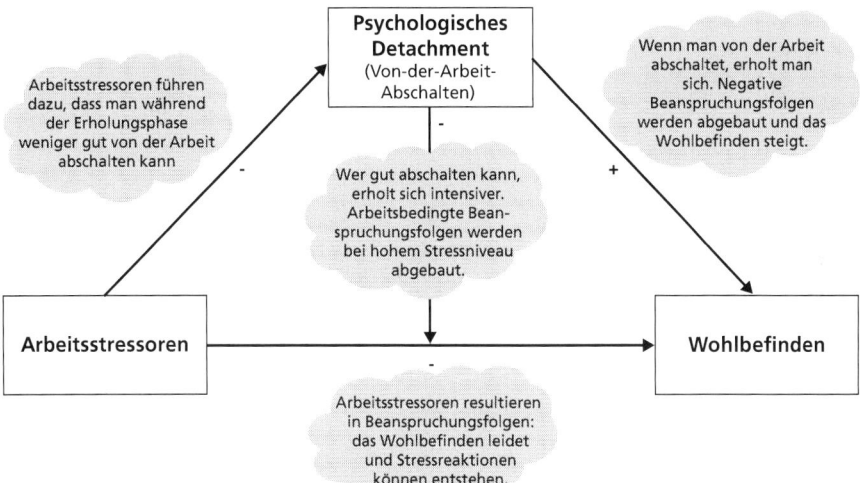

Abb. 2.4: Konzeptualisierung des psychologischen Detachments innerhalb des S-DM nach Sonnentag und Fritz (2015)

Forschungsergebnisse

Im Folgenden werden Ergebnisse aus fünf metaanalytischen Untersuchungen zum psychologischem Detachment vorgestellt. In Metaanalysen werden die Einzelergebnisse aus zahlreichen Studien statistisch verrechnet und man bekommt ein vollständigeres Bild über die Zusammenhänge zwischen den interessierenden Variablen.

Zusammenhang zwischen Arbeitsanforderungen und psychologischem Detachment

- In der Metaanalyse von Wendsche und Lohmann-Haislah (2017) zeigt sich, dass hohe Arbeitsanforderungen (z. B. Zeitdruck, Rollenkonflikte und soziale Konflikte) einen negativen Zusammenhang mit psychologischem Detachement aufweisen.

- Bei Bennett und Kollegen (2018) zeigt sich ebenfalls ein negativer Zusammenhang zwischen ungünstigen Arbeitsanforderungen, wie zum Beispiel einem hohen Zeitdruck und einer hohen Arbeitsbelastung, und dem psychologischem Detachment.
- Die Metanalyse nach Steed et al. (2021) stellt einen negativen Zusammenhang mit kognitiven, emotionalen und physischen Arbeitsanforderungen fest.

Zusammenhang zwischen arbeitsbezogenen Ressourcen und psychologischem Detachment

- Vorhandene Arbeitsressourcen, darunter die soziale Unterstützung, zeigen einen positiven Zusammenhang mit psychologischem Detachment (Wendsche & Lohmann-Haislah, 2017).
- Für Arbeitsressourcen, wie beispielsweise Autonomie oder Unterstützung durch Führungskräfte, finden sich nur schwache und nicht generalisierbare Effekte (Steed et al., 2021).

Zusammenhang zwischen personenbezogene Ressourcen und psychologischem Detachment

- Insbesondere Ressourcen aus dem privaten Bereich (z. B. Unterstützung durch Familie, Freund*innen und Partner*in) und personenbezogene Ressourcen (z. B. hohes Selbstwirksamkeitserleben und hohes Selbstwertgefühl) zeigen einen positiven Zusammenhang mit psychologischem Detachment (Steed et al., 2021).

Zusammenhang zwischen Personenmerkmalen und psychologischem Detachment

- Personenmerkmale wie negative Affektivität/Neurotizismus (als generell stärkeres Erleben negativer Emotionen) und eine hohe berufliche Verausgabungsbereitschaft mindern die Fähigkeit zum psychologischen Detachment (Wendsche & Lohmann-Haislah, 2017).

Zusammenhang zwischen psychischer Gesundheit und psychologischem Detachment

- Psychologisches Detachment steht in einem positiven Zusammenhang mit mentaler Gesundheit (d. h. weniger Erschöpfung, höhere Lebenszufriedenheit, besserer Schlaf, hoher positiver Affekt) sowie körperlicher Gesundheit (d. h. weniger körperliche Beschwerden, geringe Müdigkeit).
- Es gibt einen negativen Zusammenhang zwischen psychologischem Detachment und Müdigkeit (Bennett et al., 2018).
- Die Befunde der Metaanalyse von Steed (2021) zu den Zusammenhängen zwischen psychologischem Detachment und verschiedenen Wohlbefindens-

indikatoren (hoher positiver und geringer negativer Affekt, hohe Lebenszufriedenheit, geringere Müdigkeit, besserer Schlaf) sind deckungsgleich mit denen aus vorherigen Metaanalysen.
- Hohes psychologisches Detachment ist mit geringer Ausprägung in negativen arbeitsbezogenen Gedanken assoziiert (Jimenez et al., 2022).
- Es zeigte sich kein Zusammenhang zwischen psychologischem Detachment und positiven arbeitsbezogenen Gedanken (Jimenez et al., 2022).

Zusammenhang zwischen Arbeitsleistung und psychologischem Detachment

- Psychologisches Detachment steht in keinem linearen Zusammenhang mit Arbeitsleistung (Steed et al., 2021).
- Auch bei Headrick et al. (2023) findet sich für geringe Arbeitsleistung, geringe Arbeitsbereitschaft oder psychisches Rückzugsverhalten im Arbeitskontext kein linearer Zusammenhang mit psychologischem Detachment.

Exkurs: »Nicht-Abschalten-Können« von der Arbeit – die arbeitsbezogene Rumination

Nicht allen Lehrkräften gelingt es, von der Arbeit am Abend, am Wochenende oder im Urlaub abzuschalten. Dies kann so weit führen, dass sie in tiefes Grübeln, auch Rumination genannt, verfallen. Das Ruminieren und damit das ständige und wiederholte Auftauchen von arbeitsbezogenen Gedanken in der Ruhezeit wird in der Literatur auch als »arbeitsbezogene Rumination« bezeichnet (Cropley & Zijlstra, 2011). Die Ursprünge des Konzeptes liegen in der Klinischen Psychologie. Rumination im klinischen Sinne beschreibt aufdringliche, bewusste und wiederkehrende Gedanken, die sich rund um ein Thema drehen (Martin & Tesser, 1996). Diese Gedanken sind vorhanden, auch wenn sie keine Priorität oder Relevanz für den Augenblick haben. Während Rumination im klinischen Sinne sich auf verschiedene Lebensaspekte (Familie, Freizeitaktivität, Beziehung etc.) beziehen kann, nehmen Cropley und Zijlstra (2011) eine begriffliche und inhaltliche Einschränkung vor und begrenzen in ihrem Konzept der »arbeitsbezogenen Rumination« das Ruminieren ausschließlich auf arbeitsbezogene Inhalte während und außerhalb der Arbeitszeit (Weigelt et al., 2023).

Worin unterscheidet sich das Konzept des psychologischen Detachements von dem Konzept der arbeitsbezogenen Rumination? Hier können wir vereinfacht folgende Merkmale festhalten: Das psychologische Detachment beschreibt zunächst grundsätzliche Gedanken an die Arbeit und geht nicht näher darauf ein, ob diese Gedanken positiv oder negativ behaftet sind. Konkret bedeutet dies, dass ein geringes Ausmaß an psychologischem Detachment sowohl aus dem Erinnern an eine angenehme Episode (z. B. ein erfahrenes Lob durch ein*e Schüler*in nach der Unterrichtsstunde) als auch aus emotional aufgeladenen Gedanken (z. B. ein Konflikt mit Eltern) resultieren kann. Anzumerken ist allerdings, dass das psychologische Detachment für viele Personen eher bedeutet, sich von negativen als von positiven Arbeitserfahrungen zu distanzieren. Insbesondere bei der Beantwortung der Frage, wovon sie sich nach der Arbeit geistig distanzieren, konzentrieren sich Personen möglicherweise ausschließlich auf das Abschalten von negativen Arbeitserfahrungen, da das Unterdrücken von Gedanken an positive Arbeitserfahrungen nicht sinnvoll erscheint (Jimenez et al., 2022).

Im Unterschied zum psychologischen Detachment lässt sich arbeitsbezogene Rumination in zwei Facetten mit klaren Eigenschaften einteilen (Cropley & Zijlstra, 2011): Die sogenannte »affektive Rumination« (engl. Affective rumination) wird definiert als ein geistiger Zustand, bei dem aufdrängende und wiederholende Gedanken über die Arbeit vorhanden sind und die von negativen emotionalen Reaktionen begleitet werden (z. B. innere Unruhe). Im Gegensatz dazu wird die »problemlösende Rumination« (engl. Problem-solving pondering) definiert als Nachdenken über die Arbeitstätigkeit, um diese oder ein damit zusammenhängendes Problem zu verringern oder zu bewältigen. Sie kann Interesse an der Arbeit und Freude hervorrufen. Diese zwei Arten von arbeitsbezogener Rumination sind empirisch mit unterschiedlichen Auswirkungen auf die psychische Gesundheit assoziiert (Weigelt et al., 2019). Beispielsweise weist eine hohe affektive Rumination einen Zusammenhang mit erhöhter chronischer und akuter Müdigkeit bei Lehrkräften auf, was auf die problemlösende Rumination nicht zutrifft (Querstret & Cropley, 2012). Problemlösende Rumination kann auch mit positiven Konsequenzen assoziiert sein. Übertragen auf den Lehrkräftekontext könnte problemlösende Rumination die gedankliche Planung sein, wie und wann Klausuren korrigiert werden. Wenn das Arbeitsziel erreicht oder das Arbeitsproblem gedanklich gelöst ist, sind weitere energieraubende Gedankenschleifen nicht mehr notwendig und negative Konsequenzen für die Gesundheit nicht zu erwarten.

Erholungserfahrung 2: Entspannung (engl.: Relaxation = R)

Entspannung beschreibt einen Zustand geringer körperlicher Aktivierung und einen als angenehm empfundenen Gemütszustand. Dabei wird angenommen, dass dieser Zustand dem Druck der Arbeitsanforderungen entgegenwirkt und das Wohlbefinden sowie die Gesundheit steigert. Ähnlich wie das Abschalten von der Arbeit kann auch Entspannung körperlich und mental stattfinden. Oftmals werden Aktivitäten als entspannend empfunden, die wenige soziale sowie körperliche Anforderungen enthalten.

Forschungsergebnisse

Zusammenhang zwischen Arbeitsanforderungen und Entspannung

- Herausfordernde Anforderungen in der Arbeit (challenging demands) haben einen stärkeren negativen Zusammenhang mit Entspannung als belastende Anforderungen (hinderance demands; Bennett et al., 2018).

Zusammenhang zwischen arbeitsbezogenen Ressourcen und Entspannung

- Arbeitsressourcen (z. B. Kontrollerleben in der Arbeit und Aufgabenvielfalt) hängen positiv mit Entspannung während einer Erholungsphase zusammen (Bennett et al., 2018).
- Für arbeitsbezogene Ressourcen (z. B. Autonomie, Unterstützung durch Führungskraft) finden sich nur schwache und nicht generalisierbare Effekte für die Vorhersage von Entspannung (Steed et al., 2021).
- Es finden sich keine bedeutsamen Zusammenhänge zwischen Kreativität im Arbeitskontext und Entspannung sowie einer hohen Eigeninitiative (Headrick et al., 2023).

Zusammenhang zwischen personenbezogenen Ressourcen und Entspannung

- Personenbezogene Ressourcen (z. B. hohes Selbstwirksamkeitserleben und hohes Selbstwertgefühl) hängen positiv mit dem Entspannungserleben zusammen (Steed et al., 2021).

Zusammenhang zwischen Erholungsaktivitäten und Entspannung

- Erholungstätigkeiten wie Spazierengehen in der Natur, leichte körperliche Bewegung, Yoga, Lesen von Büchern oder Zeitschriften und Musik hören, werden als sogenannte »low-effort« (wenig belastende) Aktivitäten bezeichnet. Sie erfordern nur wenig körperliche oder geistige Anstrengung und hängen positiv mit dem Entspannungserleben zusammen (Steed et al., 2021).

Zusammenhang zwischen psychischer Gesundheit und Entspannung

- Es finden sich mittlere bis starke Zusammenhänge zwischen Entspannung und dem psychischen Wohlbefinden. Personen, die mehr Entspannung erleben, berichten häufiger positive Emotionen, eine höhere Lebenszufriedenheit, einen besseren Schlaf, weniger negative Emotionen und weniger Müdigkeit (Steed et al., 2021).
- Es zeigte sich, dass Entspannung mit positiver Stimmung, einem höheren selbsteingeschätzten Energieniveau, einem stärkeren Erholungserleben, einem höheren Wohlbefinden, einer besseren Schlafqualität und einer höheren Lebenszufriedenheit zusammenhängt und mit weniger Erschöpfungserleben und Konflikten zwischen Arbeits- und Privatleben assoziiert ist (Headrick et al., 2023).

- Wenn auch in etwas schwächerem Ausmaß, geht Entspannung mit dem selteneren Erleben negativer Emotionen, weniger zusätzlicher Anstrengung zur Bewältigung von Arbeitsaufgaben, einer längeren Schlafdauer sowie weniger gesundheitlichen Beschwerden und Stress einher (Headrick et al., 2023).

Zusammenhang zwischen Arbeitsleistung und Entspannung

- Es findet sich ein positiver Zusammenhang zwischen Entspannung und der berichteten Arbeitsleistung (Steed et al., 2021).
- Entspannung kann neben einer hohen Arbeitsleistung vor allem eine hohe Arbeitsbereitschaft und hohe Arbeitszufriedenheit gut vorhersagen (Headrick et al., 2023).

Erholungserfahrung 3: Selbstbestimmung/Kontrollerleben (engl.: Autonomy/control = A)

Erholung sollte selbstbestimmt sein, um auch wirklich als erholsam wahrgenommen zu werden. Daher gilt die Selbstbestimmung bzw. Kontrolle (Autonomie) als eine weitere zentrale Erholungserfahrung. Die Wahl einer Freizeitaktivität mit persönlichem Gefallen sowie hohe zeitliche Autonomie über die Erholungsphase sind besonders förderlich für den Erholungsprozess. Autonomieerleben, d. h. das Erleben von Kontrollierbarkeit und Beeinflussbarkeit der Umwelt, ist ein zentrales Bedürfnis des Menschen. Deshalb ist in vielen Studien die allgemeine Wahrnehmung von Kontrolle mit erhöhter Zufriedenheit assoziiert.

Forschungsergebnisse

Zusammenhang zwischen Arbeitsanforderungen und Kontrollerleben

- Herausfordernde Arbeitsanforderungen (challenging demands) haben einen stärkeren negativen Zusammenhang mit Kontrollerleben als belastende Arbeitsanforderungen (Bennett et al., 2018).
- Es konnte ein bedeutsamer negativer Zusammenhang von Kontrollerleben mit kognitiven Arbeitsanforderungen und Überlastung festgestellt werden, aber kein bedeutsamer Zusammenhang mit emotionalen Arbeitsanforderungen (Steed et al., 2021).

Zusammenhang zwischen arbeitsbezogenen Ressourcen und Kontrollerleben

- Arbeitsressourcen haben einen positiven Zusammenhang mit Kontrollerfahrungen (Bennett et al., 2018).
- In der Metaanalyse von Steed et al. (2021) zeigt sich ein bedeutsamer positiver Zusammenhang zwischen Kontrollerleben und arbeitsbezogenen Ressourcen (z. B. Autonomie, Unterstützung durch Führungskraft).

Zusammenhang zwischen persönlichen Ressourcen und Kontrollerleben

- Persönliche Ressourcen (z. B. hohes Selbstwirksamkeitserleben und hohes Selbstwertgefühl) und Ressourcen aus dem privaten Umfeld (z. B. Unterstützung durch Familie und Freund*innen) hängen positiv mit Kontrollerleben zusammen (Steed et al., 2021).

Zusammenhang zwischen psychischer Gesundheit und Kontrollerleben

- Gemäß der Untersuchung von Bennett et al. (2018) besteht ein starker positiver Zusammenhang zwischen Kontrollerleben und dem erlebten Elan (auch Vitalität bezeichnet).
- Es finden sich bei Steed et al. (2021) mittlere bis starke positive Zusammenhänge zwischen dem Kontrollerleben und psychischem Wohlbefinden (mehr berichtete positive und weniger berichtete negative Emotionen, höhere Lebenszufriedenheit) sowie physischem und psychosomatischem Wohlbefinden (weniger Müdigkeitserleben, besserer Schlaf, stärkere allgemeine Gesundheit).
- Es können Zusammenhänge mit schwacher Effektstärke zwischen Kontrollerleben und einer besseren Stimmung, weniger Erschöpfung, einem besseren Schlaf (sowohl Schlafdauer als auch Schlafqualität), weniger Gesundheitsbeschwerden und weniger Stresssymptomen festgestellt werden (Headrick et al., 2023)
- Es können Zusammenhänge der mittlerer Effektstärke zwischen Kontrollerleben und einem höheren Erholungszustand, mehr Lebenszufriedenheit, einem höheren Wohlbefinden sowie selteneren Konflikten zwischen Arbeit und Privatleben festgestellt werden (Headrick et al., 2023).
- Kontrollerleben geht mit einer höheren Arbeitszufriedenheit einher (Headrick et al., 2023).

Zusammenhang zwischen Arbeitsleistung und Kontrollerleben

- Es gibt einen positiven Zusammenhang mit der berichteten Arbeitsleistung (Steed et al., 2021).

Weitere Befunde:

- Es gibt zwar signifikante Zusammenhänge zwischen Kontrollerleben und personenbezogenen sowie arbeitsbezogenen Variablen, aber der Zusammenhang scheint davon abzuhängen, welche anderen Erholungserfahrungen betrachtet werden (Headrick et al., 2023). Im Vergleich zu den anderen Erholungserfahrungen hat Kontrollerleben daher die geringste Vorhersagekraft für verschiedene Beschäftigtenvariablen (Headrick et al., 2023).

Erholungserfahrung 4: Herausforderungen meistern/Mastery-Erleben (engl.: Mastery Experiences = M)

Nicht nur entspannende, sondern auch herausfordernde Erholungsaktivitäten können zur mentalen Erholung beitragen. Das Pflegen eines Hobbys, das Erlernen einer neuen Sprache oder ein kleines Abenteuer in der Natur sorgen für Ablenkung vom Berufsleben. Herausforderungen fördern das Erleben von Zufriedenheit durch den wahrgenommenen Lernerfolg in der Freizeit, den damit verbundenen Aufbau von Kompetenzen außerhalb der Arbeit und stärken somit das Selbstbewusstsein, das Selbstwirksamkeitserleben und die Selbstwahrnehmung.

Forschungsergebnisse

Zusammenhang zwischen Arbeitsanforderungen und Mastery-Erleben

- In der Metaanalyse von Bennett et al. (2018) gibt es keinen nachweisbaren Zusammenhang zwischen herausfordernden Arbeitsanforderungen und Mastery-Erleben (Herausforderungen meistern).
- Es fand sich ein schwach positiver Zusammenhang zwischen belastenden Arbeitsanforderungen (hindrance demands) und Mastery-Erleben, eventuell aufgrund eines gesteigerten Bedürfnisses nach Abwechslung in der Freizeit (Bennett et al., 2018).
- Im Vergleich zu anderen Erholungserfahrungen zeigt Mastery-Erleben schwächere und inkonsistente Beziehungen zu kognitiven, emotionalen und physischen Arbeitsanforderungen (Steed et al., 2021).

Zusammenhang zwischen arbeitsbezogenen Ressourcen und Mastery-Erleben

- In der Metaanalyse von Steed et al. (2021) finden sich positive Zusammenhänge zwischen dem Mastery-Erleben und arbeitsbezogenen Ressourcen (z. B. Autonomie, Unterstützung durch Führungskraft)

Zusammenhang zwischen personenbezogenen Ressourcen und Mastery-Erleben

- Personenbezogene Ressourcen (z. B. hohes Selbstwirksamkeitserleben und hohes Selbstwertgefühl) und Ressourcen aus dem privaten Umfeld (z. B. Unterstützung durch Familie und Freunde) weisen einen positiven Zusammenhang mit Mastery-Erleben auf.

Zusammenhang zwischen psychischer Gesundheit und Mastery-Erleben

- Es bestehen mittlere bis starke Zusammenhänge zwischen Mastery-Erleben und mehr psychischem Wohlbefinden, einer höheren Lebenszufriedenheit

sowie weniger Müdigkeitserleben. Jedoch gibt es keinen bedeutsamen Zusammenhang zwischen Mastery-Erleben und Schlaf (Steed et al., 2021).
- Es konnten mittlere positive Zusammenhänge zwischen Mastery-Erleben und positiver Stimmung, dem Erholungszustand, dem Wohlbefinden und der Lebenszufriedenheit gefunden werden (Headrick et al., 2023).
- Es können schwache negative Zusammenhänge zum Erleben negativer Emotionen, dem Erleben von Erschöpfung, gesundheitlichen Beschwerden, Stresssymptomen und Konflikten zwischen Arbeit und Privatleben und positive Zusammenhänge zur Schlafqualität festgestellt werden (Headrick et al., 2023).

Zusammenhang zwischen Arbeitsleistung und Mastery-Erleben

- Ähnlich wie bei Entspannung findet sich auch für Mastery-Erleben ein positiver Zusammenhang mit der erbrachten Arbeitsleistung (Steed et al., 2021).
- Mastery-Erleben hat neben der hohen Arbeitsleistung auch eine gute Vorhersagekraft für hohe Arbeitsbereitschaft und eine hohe Arbeitszufriedenheit sowie Kreativität im Arbeitskontext (Headrick et al., 2023).

Zwischenfazit

Die vier bislang aufgeführten Erholungserfahrungen »psychologisches Detachment«, »Entspannung«, »Kontrolle« und »Herausforderungen meistern« rückten mit der Entwicklung des Fragebogens zu Erholungserfahrungen (Recovery Experience Questionnaire, REQ) durch Sabine Sonnentag und Charlotte Fritz (2007) in den Fokus der Erholungsforschung (zum Selbsttest ▶ Kap. 6.2).

Eine Grundannahme der Autorinnen bestand darin, Erholung von der Arbeit nicht über bestimmte Aktivitäten zu definieren, da Personen unterschiedliche Aktivitäten als erholsam empfinden können. Beispielsweise gehen einige Menschen gerne spazieren, um sich zu entspannen, andere wiederum lassen sich ein heißes Bad ein. Obwohl sich die Aktivitäten (d. h. Spazierengehen und heißes Bad) voneinander unterscheiden, kann die resultierende Erholungserfahrung – in diesem Fall Entspannung – dieselbe sein. Deshalb sollten die zugrundeliegenden Eigenschaften von Erholungserfahrungen erschlossen werden, da diese über Personen hinweg relativ ähnlich sein sollten. Der Fragebogen REQ, welcher das Erleben der vier zentralen Erholungserfahrungen messbar macht, war ein voller Erfolg. Er wurde mittlerweile in vielen hundert Studien eingesetzt, um die Zusammenhänge zwischen Erholung, Wohlbefinden, Belastungserleben und weiteren Einflussgrößen zu ermitteln (zusammenfassend: Bennett et al., 2018; Headrick et al., 2023; Jimenez et al., 2022; Steed et al., 2021; Wendsche & Lohmann-Haislah, 2017). Ausgewählte Ergebnisse finden sich in den jeweiligen Boxen zu den Erholungserfahrungen.

Erholungserfahrung 5: Sinnhaftigkeit (engl.: Meaning = M)

Das Gefühl, sinnhafte Tätigkeiten auszuführen, hat einen großen Einfluss auf die Wahrnehmung von Bedeutung und Zweck des eigenen Lebens. Bedeutsamkeit in etwas zu finden, ist ein Kernaspekt für die Bewertung der Lebensqualität im Allgemeinen (Iwasaki et al., 2018).

Bedeutungsvolle Erfahrungen können durch verschiedene Aktivitäten ausgelöst werden, darunter, aber nicht ausschließlich, intensive körperliche Betätigung, Hobbys wie Kunst und Handwerk oder auch religiöse und spirituelle Aktivitäten (Sonnentag et al., 2022). Durch intensive körperliche Aktivitäten wie Sport oder anstrengende Übungen können Menschen ein Gefühl von Erfüllung und Selbstüberwindung erleben, was zu bedeutungsvollen Erfahrungen führen kann. Hobbys wie Kunst und Handwerk ermöglichen es den Menschen, ihre Kreativität auszuleben und ein Gefühl von Stolz und Erfüllung aus ihren selbstgemachten Werken zu gewinnen. Religiöse und spirituelle Aktivitäten bieten oft eine tiefe Verbindung mit einem höheren Zweck, einem höheren Wesen oder einer transzendentalen Wirklichkeit, was zu einem Gefühl von Sinnhaftigkeit und Erfüllung führen kann.

Entsprechend der genannten Beispiele werden negative Emotionen reduziert und positive Emotionen gestärkt, was zur Erholung und im weiteren Verlauf zur Stärkung der Lebenszufriedenheit beiträgt. Die tagtägliche Suche nach Bedeutsamkeit hängt mit höherem Wohlbefinden zusammen (Sonnentag et al., 2022).

Erholungserfahrung 6: Zugehörigkeit (engl.: Affiliation = A)

Bei der Zugehörigkeit steht der soziale Kontakt im Mittelpunkt. Nach der Selbstbestimmungstheorie von Richard Ryan und Edward Deci ist soziale Eingebundenheit neben Kompetenzerleben und Autonomie eines der drei zentralen Grundbedürfnisse des Menschen (Deci & Ryan, 2000).

Soziale Beziehungen bieten Unterstützung bei Leid und Herausforderungen, weshalb negative Emotionen durch gemeinsame Freizeitaktivitäten reguliert und die Ressourcen für zukünftige stressige Ereignisse gestärkt werden können. So zeigen Untersuchungen, dass Personen, die Teile ihres Wochenendes mit anderen Personen verbracht haben, erholter in den Montagmorgen starten als Personen, die weniger soziale Kontakt pflegen (Sonnentag & Bayer, 2005). Das soziale Zugehörigkeitsgefühl kann allerdings auch während Arbeitspausen bedeutsam sein. Während der Pause nehmen sich Mitarbeitende als Teil einer Gruppe wahr, mit denen sie Zeit verbringen, sich angenommen und geschätzt fühlen. In dieser Gemeinschaft können Freude sowie Sorgen geteilt werden. Eine Studie verdeutlichte, dass die erlebte Zugehörigkeit während der Pause weniger Erschöpfung und höheres Arbeitsengagement am Nachmittag vorhersagte (Bosch et al., 2018). Außerdem konnte eine weitere Studie bei Lehrkräften zeigen, dass die erlebte Zugehörigkeit in Pausen das am häufigsten berichtete Erholungserlebnis war und in Zusammenhang mit erhöhten positiven Emotionen am Nachmittag und am Abend steht (Virtanen et al., 2021).

2.2.6 Fazit

Während die Erholungserfahrungen »DRAM« durch ein etabliertes Verfahren standardisiert messbar gemacht wurden (Sonnentag & Fritz, 2007), steht die Forschung zu den beiden zuletzt genannten Erholungsfacetten Sinnhaftigkeit und Zugehörigkeit im Rahmen des DRAMMA-Modells auch aufgrund ihrer später vollzogenen theoretischen Integration in die Erholungsforschung (Newman et al., 2014) noch am Anfang. Das integrative und erweitere Modell ist jedoch vielversprechend, da es Sinnhaftigkeit und soziale Zugehörigkeit als wichtige Dimensionen hervorhebt, die im Zusammenhang mit grundlegenden menschlichen Bedürfnissen stehen und den Gesamterholungsprozess von Individuen erleichtern können.

Die oben aufgeführten Forschungsbefunde verdeutlichen, dass jede einzelne Komponente des DRAMMA-Modells für sich in einem Zusammenhang mit dem »optimalen Funktionieren« stehen kann. Dieses »optimale Funktionieren« ist dann erfüllt, wenn Menschen ein hohes Wohlbefinden bzw. ein geringes Unwohlsein berichten. Messen lässt sich das hohe Wohlbefinden anhand der Angaben zu beispielsweise Vitalität, Lebenszufriedenheit und subjektivem Wohlbefinden. Das Unwohlsein kann anhand von Angaben zur Abwesenheit von Depressionsbeschwerden, Stresserleben und Anspannung oder dem (geringen) Bedarf nach Erholung geschlussfolgert werden. Man könnte annehmen, dass bei gleichzeitigem Auftreten von mehreren Erholungserfahrungen des DRAMMA-Modells das »optimale Funktionieren« besser erfüllt ist. Anders ausgedrückt, dürften verschiedene Erholungserfahrungen spezifische Aspekte des Wohlbefindens (z. B. Lebenszufriedenheit, Vitalität) fördern und damit additiv das Gesamtbild prägen. Vielleicht spielen aber auch einige Erholungserfahrungen in diesem Gesamtbild eine wichtigere Rolle als andere. Diese Annahmen erfordern selbstverständlich, das DRAMMA-Modell als Ganzes zu betrachten. Genau dies taten Kujanpää und Kollegen (2021) in einer längsschnittlichen Studie mit fast 280 Mitarbeitenden unterschiedlicher Berufsbranchen (z. B. Lehre, Management, Verkauf, Finanzwesen). Gemessen wurden die einzelnen Erfahrungen zu fünf unterschiedlichen Zeitpunkten vor, während und nach dem Urlaub. Die Teilnehmenden wurden gefragt, wie hoch die entsprechende Erfahrung in den letzten Tagen bei ihnen ausgeprägt waren. Die ausgewählten Ergebnisse zeigten, dass bei gleichzeitiger Betrachtung der DRAMMA-Erfahrungen insbesondere das Abschalten nach der Arbeit (D), die Entspannung (R), die Selbstbestimmung (A) und das Meistern von Herausforderungen (M) mit »optimalem Funktionieren« (d. h. hohes Wohlbefinden, geringes Unwohlsein) zusammenhängen. Sinnhaftigkeit und Zugehörigkeit zeigten keinen Zusammenhang mit »optimalem Funktionieren«, wenn sie zusammen mit den anderen Erholungserfahrungen betrachtet wurden. Das bedeutet, dass die Ergänzung der Erfahrungen Sinnhaftigkeit und Zugehörigkeit zu den bereits bestehenden vier Erholungserfahrungen nach Sonnentag und Fritz (2007) wahrscheinlich keinen wesentlichen zusätzlichen Beitrag dazu leistet, das Wohlbefinden oder das Unwohlsein vorherzusagen. Trotzdem argumentieren die Autoren, dass diese beiden Erfahrungen wichtig sind und nicht außer Acht gelassen werden sollten. So fanden Virtanen und Kollegen (2019) heraus, dass – für sich allein betrachtet – die Sinnhaftigkeit und Zugehörigkeit positiv mit der Lebenszufriedenheit von Lehrkräften und Schulleiter*innen zusammenhingen.

Unter den sechs Erholungserfahrungen des DRAMMA-Modells stechen somit die vier Erfahrungen nach Sonnentag und Fritz (2015) besonders hervor. Betrachtet man die relative Bedeutung der Erholungserfahrungen, so konnte zusammenfassend festgehalten werden, dass das Abschalten von der Arbeit und die Entspannung die zwei wichtigsten Erfahrungen für ein beständiges optimales Funktionieren sind. Eine ausgewogene Erfüllung des DRAMMA-Modells ist wiederum für das subjektive Wohlbefinden und für die Vorbeugung von Stresserleben wichtig. Diese Ergebnisse deuten darauf hin, dass die Erfüllung von einer oder von zwei Erholungserfahrungen möglicherweise nicht immer ausreichend dafür ist, um sich durchgängig gesund zu fühlen. Aber auch nicht alle Erholungserfahrungen sind gleichermaßen wichtig für unsere psychische Gesundheit.

2.3 Kompetenzen zur Förderung der Lehrkräftegesundheit

Betrachtet man die zahlreichen theoretischen Ansätze, stellt sich die Frage, wie sich diese nun in Bezug auf die Erholung von Lehrkräften zusammenbringen lassen und welche Kompetenzen eine Lehrkraft besitzen muss, damit sie berufliche Anforderungen gut meistern kann. Mit diesen Fragen beschäftigen sich Forschende schon länger (Baumert & Kunter, 2006). Am besten kann diese Frage auf Basis von sogenannten »Kompetenzmodellen für den Lehrkräfteberuf« beantwortet werden, die unterschiedliche Aspekte des Handelns einer Lehrkraft bei der Bewältigung von beruflichen Anforderungen in Visier nehmen.

Der Kompetenzbegriff

»Kompetenzen sind persönliche Voraussetzungen für die erfolgreiche Bewältigung spezifischer (beruflicher) Anforderungen. Sie werden in der Regel als kontextspezifisch (z. B. fachbezogen) und veränderbar verstanden. Kompetent sein bedeutet dabei nicht nur, dass Personen über relevantes Wissen verfügen oder entsprechende Techniken beherrschen, sondern auch, dass sie in Bezug auf die Anforderungen motiviert sind und ihr eigenes Handeln zieladäquat regulieren können. « (Artelt & Kunter, 2019, S. 398)

Ein Aspekt der professionellen Kompetenz, der auch in prominenten Kompetenzmodellen als zentraler Aspekt des berufsbezogenen Handels integriert ist und einen hohen Stellenwert für die Gesundheit von Lehrkräften hat, sind die sogenannten selbstregulativen Fähigkeiten (Baumert & Kunter, 2013).

Selbstregulative Fähigkeiten

»Eine Person mit hohen selbstregulativen Fähigkeiten zeichnet sich dadurch aus, dass sie das Niveau an beruflichem Engagement zeigt, welches den Anforderungen des Lehrerberufs gerecht wird, sich aber gleichzeitig auch von beruflichen Belangen distanzieren und sich und ihre Ressourcen schonen kann.« (Klusmann, 2011, S. 277)

In anderen Worten – Personen mit hohen selbstregulativen Fähigkeiten sind in der Lage, ihre Ressourcen je nach gegebenen Umweltanforderungen passend zu steuern. Wie sich eine »gute«, »schlechte« oder »mittelmäßige« Selbstregulation auf die Gesundheit auswirken kann, wurde im Rahmen der Potsdamer Lehrstudie untersucht (Kieschke & Schaarschmidt, 2003; Schaarschmidt & Fischer, 1997). In dieser längsschnittlichen Studie wurde das Fragebogenverfahren »Arbeitsbezogenes Verhaltens- und Erlebensmuster« (AVEM) als Untersuchungsmethode eingesetzt. Dieses Verfahren baut auf einem Ressourcenkonzept auf und ermöglicht die Erfassung des Verhaltens und Erlebens in Relation zu den beruflichen Anforderungen. So konnten die Autoren das Zusammenspiel von drei Bereichen des Verhaltens und Erlebens betrachten, die für die gesundheitsrelevante Auseinandersetzung mit den Arbeitsanforderungen von Relevanz sind: (1) Arbeitsengagement, (2) Widerstandsfähigkeit und (3) Emotionen.

1. Das *Arbeitsengagement* versteht sich als die Bereitschaft, Energie und Anstrengung in die eigene Arbeit zu investieren. Es drückt sich insbesondere in einem hohen Ausmaß der subjektiven Bedeutsamkeit der Arbeit und im beruflichen Ehrgeiz aus. Während Personen eine beobachtbare, aber nicht exzessive Verausgabungsbereitschaft für ihren Beruf in Kauf nehmen, zeigen sie auch ein gesundes Ausmaß an Distanzierungsfähigkeit gegenüber dem Arbeitsalltag. Gekennzeichnet ist das Arbeitsengagement außerdem durch Perfektionsstreben.
2. Die *Widerstandsfähigkeit* gegenüber den täglichen Arbeitsbelastungen zeichnet sich durch einen gelungenen Umgang mit Misserfolgen und einer angemessenen Distanzierungsfähigkeit von der Arbeit aus. Die Zuversicht und das Vertrauen in die eigenen Möglichkeiten sollten zu einer offensiven Problembewältigung beitragen. Weitere Merkmale hoher Widerstandsfähigkeit sind innere Ruhe und Ausgeglichenheit.
3. Der Bereich der *Emotionen* definiert sich über die Lebenszufriedenheit und das Erleben von sozialer Unterstützung sowie beruflichem Erfolg.

Je nach individueller Ausprägung und Kombination dieser drei Verhaltens- und Erlebensbereiche werden in der AVEM-Logik vier Typen der Selbstregulation definiert. Während die Risikotypen A (Typ A) und B (Typ B) gesundheitsgefährdende Ausprägungen in ihren Verhaltens- und Erlebensmustern aufweisen, werden unter dem Gesundheitstyp (Typ G) Merkmale subsummiert, die zur Aufrechterhaltung der psychischen Gesundheit beitragen. Der Schontyp (Typ S) ist weniger unter dem Gesundheitsaspekt interessant, sondern beschreibt viel mehr die mögliche Entstehung von beruflichen Motivationseinschränkungen. Die folgende Tabelle 2.2 fasst die Merkmale dieser Typen zusammen.

Die berufliche Widerstandsfähigkeit kann als eine Strategie zur Ressourcenerhaltung beziehungsweise zur Schonung vor Ressourcenverlust gedeutet werden. Den Beschreibungen aus der Tabelle ist zu entnehmen, dass das Haushalten mit Ressourcen, selbst bei gegebenen Anforderungen, das höchste Wohlbefinden bei Lehrkräften herbeiführen kann. Betrachtet man die beiden Bereiche Arbeitsengagement und Widerstandsfähigkeit, so haben diese eine Dimension gemein: die Distanzierungsfähigkeit. Diese wird als die »Fähigkeit zur psychischen Erholung von der Arbeit« definiert (Schaarschmidt & Fischer, 2008, S.8). Im Gegensatz zum psychologischen Detachment oder zur arbeitsbezogenen Rumination, die als situations- und kontextabhängige Zustände gelten (»State«), wird bei der Distanzierungsfähigkeit von einem stabilen Persönlichkeitsmerkmal (»Trait«) ausgegangen, das sich über Situationen und Kontexte hinweg immer ähnlich zeigt. Je nach Kombination mit anderen Merkmalen wie beruflichem Ehrgeiz oder Verausgabungsbereitschaft kann sie günstige oder ungünstige Bewältigungsmuster beruflicher Anforderungen hervorbringen und sich entsprechend positiv oder negativ auf die Gesundheit auswirken. Die Distanzierungsfähigkeit hat mit dem psychologischen Detachment gemein, dass eine hohe Ausprägung prinzipiell auf eine höhere Widerstandskraft gegenüber Belastungen hinweist (Schaarschmidt & Kieschke, 2013). Kurz gesagt, eine hohe Distanzierungsfähigkeit, unter Berücksichtigung des Zusammenspiels mit anderen Persönlichkeitsmerkmalen, ist tendenziell mit einer gesundheitsförderlichen Einstellung zur Arbeit verbunden, während eine geringere Distanzierungsfähigkeit mit gesundheitlichen Risiken in Verbindung gebracht wird (Kieschke & Schaarschmidt, 2003; Schaarschmidt & Kieschke, 2013).

Tab. 2.2: Die vier Typen arbeitsbezogener Verhaltens- und Erlebensmuster (AVEM)

Typ	Merkmal
Typ S »Schontyp«	• Geringes Arbeitsengagement, d.h. geringe Bedeutsamkeit der Arbeit, geringe Perfektion, geringe Verausgabungsbereitschaft und geringer beruflicher Ehrgeiz • Hohe Widerstandsfähigkeit, d.h. hohes Ausmaß an innerer Ruhe und Ausgeglichenheit, niedrige Resignationstendenz • Begleitet von positiven Emotionen, d.h. hohe Lebenszufriedenheit, aber Arbeit ist nicht die Quelle dieser Zufriedenheit • Verhalten deutet auf möglichen Schutz vor Überforderung durch bspw. defizitäre Arbeitsbedingungen oder emotionale Belastung
Typ G »Gesundheitstyp«	• Keine exzessive Ausprägung des Arbeitsengagements, d.h. hohe Ausprägung in beruflichem Ehrgeiz, mittlere Ausprägung von Bedeutsamkeit der Arbeit, Verausgabungsbereitschaft und Streben nach Perfektionismus • Hohe Widerstandsfähigkeit bei Belastungen, d.h. erhaltende Distanzierungsfähigkeit, offener Umgang mit Problemen und geringe Resignationstendenz bei Misserfolgen • Begleitet von positiven Emotionen im Sinne des beruflichen Erfolgserlebens und der Lebenszufriedenheit
Typ B	• Geringe Bedeutsamkeit der Arbeit und geringer beruflicher Ehrgeiz • Herabgesetzte Widerstandsfähigkeit, d.h. eingeschränkte Distanzierungsfähigkeit bei belastenden Situationen, hohe Resignati-

2.3 Kompetenzen zur Förderung der Lehrkräftegesundheit

Tab. 2.2: Die vier Typen arbeitsbezogener Verhaltens- und Erlebensmuster (AVEM) – Fortsetzung

Typ	Merkmal
»Risikotyp B« (Resignation, Burnout)	onstendenz, fehlende offensive Problembewältigung, geringe innere Ruhe und Ausgeglichenheit • Assoziiert mit negativen Emotionen, Erschöpfungserleben und Nähe für Kernsymptome des Burnouts
Typ A »Risikotyp A« (Selbstüberforderung)	• Hohe Anstrengung im Beruf, Verausgabungsbereitschaft, Ehrgeiz und Perfektion, jedoch Schwierigkeiten sich von beruflichen Belangen zu distanzieren • Geringe Widerstandsfähigkeit bei negativen Emotionen • Hohe Anstrengung findet keine positive emotionale Entsprechung • Trotz großem Arbeitseinsatzes Ausbleiben des Erlebens von Anerkennung • Empirisch assoziiert mit pathogenen Erscheinungen wie kardiovaskulären Problemen (Infarktrisiko)

In einer aktuellen Studie wurde versucht, die vier AVEM-Typen mit günstigen oder ungünstigen Erholungsprozessen, wie dem psychologischem Detachment sowie mit der arbeitsbezogenen Rumination, in Verbindung zu bringen (Kalani et al., 2023). Wie wahrscheinlich ist es, dass Lehrkräfte mit hoher/niedriger arbeitsbezogener Rumination oder mit einem hohen/niedrigen psychologischen Detachment in eine der beiden AVEM-Risikogruppen einzuordnen sind?

Die Ergebnisse zeigten, dass die Wahrscheinlichkeit, dem Risikotyp B (»Resignation, Burnout«) statt dem Gesundheitstyp G (»Gesundheit«) zugeordnet zu werden, bei den untersuchten Lehrkräften um 61 % stieg, wenn diese in höherem Maße über affektive Rumination während der Erholungsphasen berichteten. Dieses Risiko sank allerdings wiederum, wenn die Beschäftigten mehr problemlösende Rumination betrieben, und verringerte sich noch stärker, wenn sie mehr psychologisches Detachment berichteten. Es sind also vor allem die wiederkehrenden negativen arbeitsbezogenen Gedanken und weniger die zielbezogenen Arbeitsgedanken in der arbeitsfreien Zeit, die langfristig in chronischen Erschöpfungssymptomen münden können.

Für den Risikotyp A (»Selbstüberforderung«) fanden sich ähnliche Muster. Das Risiko, tendenziell in diesem eher ungünstigen Muster statt im Typ G zu landen, stieg um 33 %, wenn Lehrkräfte stärker affektiv ruminierten. Das Risiko verringert sich, wenn Lehrkräfte gut abschalten konnten. Das Ausmaß problemlösender Rumination schien für dieses Muster allerdings keine bedeutsame Rolle zu spielen.

Schlussfolgernd kann festgehalten werden, dass insbesondere eine Zunahme der affektiven Rumination – und damit die Unfähigkeit sich von arbeitsbezogenen Gedanken und negativen Emotionen zu lösen – die Wahrscheinlichkeit erhöht, eher ungünstige arbeitsbezogene Verhaltensmuster zu entfalten. Lehrkräfte in den Typen A und B finden es herausfordernd – und es gelingt ihnen weniger gut –, berufsbezogene Probleme von anderen Lebensbereichen zu trennen. Dadurch können sie Schwierigkeiten haben, berufsbedingten Stress und berufsbedingte Belastungen daran zu hindern, sich auf ihre Freizeit und auf die Erholungsphasen auszuwirken. Dahingegen kann die Fähigkeit zum psychologischen Detachment eine bedeutsame Ressource darstellen, um diesem Risiko entgegenzuwirken.

Weiterführende Literatur

Kieschke, U., & Krumrey, F. (2019). Gesundheit und Gesundheitsförderung im Lehrberuf. Kohlhammer Verlag

3 Zur Erholungssituation bei Lehrkräften

3.1 Warum die Erholung von Lehrkräften grundsätzlich wichtig ist

Die Frage, ob und inwiefern Erholung – im Sinne der mentalen Distanzierung – bei Lehrkräften beeinträchtigt ist, rückt immer stärker in den Fokus der Forschung. Aus zahlreichen Studien ist bereits bekannt, dass Lehrtätigkeiten und andere erzieherische Tätigkeiten durch bestimmte berufsspezifischen Stressoren geprägt sind (McCarthy et al., 2016). Es wurde ebenfalls festgestellt, dass Beschäftigte in diesen Berufen – im Vergleich zu denen in anderen Berufszweigen – im Durchschnitt stärker von einem Mangel an Erholung betroffen sind (Bundesanstalt für Arbeitsschutz und Arbeitsmedizin, 2020). Weiterhin zeigen repräsentative Daten, dass 51 % der Beschäftigten in sozialen und kulturellen Dienstleistungsberufen, darunter auch Lehrkräfte, nur schwer von der Arbeit abschalten können und damit im Berufsgruppenvergleich Rang eins belegen (Lohmann-Haislah et al., 2019).

In einer Überblicksarbeit aus dem Jahr 2020 wurde systematisch geprüft, welche personen- und arbeitsbezogenen Merkmale das Ausmaß an gedanklichem Abschalten von der Arbeit voraussagen und wie sich ein geringes Abschalten auf die psychische Gesundheit auswirkt (Türktorun et al., 2020). Insgesamt konnten zunächst lediglich 12 Studien identifiziert werden, die sich mit dieser Thematik beschäftigt hatten. Diese Arbeiten haben jedoch eins gemein: Sie zeigen, dass vor allem im Lehrberuf Grenzen von Arbeits- und Ruhezeit verschwimmen und dass diese Vermischung die mentale Erholung von der Arbeit erschwert. Typische Tätigkeiten, die meist nicht in der Schule, sondern häufig auch zu Hause ausgeführt werden, sind beispielsweise die Vor- und Nachbereitung des Unterrichts, die Korrektur von Klassenarbeiten und Hausaufgaben, die gelegentlichen Ab- und Rücksprachen mit Kolleg*innen und auch Eltern. Diese Arten von Tätigkeiten können eine klare Trennung von Arbeit und Freizeit und damit das Abschalten von der Arbeit erschweren. Außerdem zeigte sich ein positiver Zusammenhang zwischen bestimmten personenbezogenen sowie arbeitsbezogenen Variablen und einer geringeren mentalen Distanzierung von der Arbeit während der Erholungsphasen. Zu den Risikofaktoren für die Erholung zählen demnach eine übermäßige Verbundenheit mit dem Beruf, hoher Zeitdruck bei der Arbeit und eine erhöhte Arbeitsmenge im Schulalltag.

Die Ergebnisse verschiedener Studien zeigen eindrücklich, warum vor allem eine Balance zwischen Engagement im Beruf und eine gesunde Distanzierung vom

Beruf so relevant für den Bildungskontext ist. Wenn Lehrkräfte Schwierigkeiten haben, aufgrund persönlicher und/oder beruflicher Belange im Feierabend von arbeitsbezogenen Gedanken loszulassen, so können sie sich in Folge erschöpft und ausgelaugt fühlen und des Weiteren berichten sie von schlechtem Schlaf und negativer Stimmung (Hillert et al., 2016; Iancu et al., 2018). Die beeinträchtigte psychische Gesundheit schlägt sich wiederum in ungünstigem Arbeitsverhalten nieder (Klusmann et al., 2008, 2014) und bedingt beispielsweise Frühpensionierung oder dauerhafte Dienstunfähigkeit, was durch arbeitsmedizinische Studien bereits gut belegt ist (z. B. Scheuch et al., 2015). Umgekehrt deuten immer mehr Studien darauf hin, dass psychisches Wohlbefinden eine notwendige Voraussetzung dafür ist, vielfältigen Anforderungen überhaupt gerecht zu werden (vgl. Guthier et al., 2020). Das Handeln einer erschöpften Lehrkraft spiegelt sich in verschiedenen Bereichen wider. Klusmann et al. (2014, 2016) zeigen, dass dies sowohl zu schwächeren Schüler*innenleistungen als auch zu einer geringeren Unterrichtsqualität führen kann. Eine neuere Studie von Klusmann und Kollegen (2022) untersuchte den Zusammenhang zwischen emotionaler Erschöpfung von Lehrkräften und ihrer Arbeitsleistung. Betrachtet wurden Schulklassen der Sekundarstufe in den Fächern Deutsch und Englisch. Schüler*innen in Klassen von stark erschöpften Lehrkräften berichteten in beiden Fächern von geringerer emotionaler Unterstützung und schlechterer Klassenorganisation im Vergleich zu Schüler*innen von weniger erschöpften Lehrkräften. Diese wahrgenommene geringere Unterrichtsqualität führte dazu, dass die Schüler*innen weniger Interesse an den Unterrichtsinhalten zeigten, ein schlechteres Selbstbild hatten und niedrigere Testergebnisse im Fach Deutsch erzielten.

Neben emotionaler Erschöpfung ist ein weiterer Aspekt des psychischen Wohlbefindens auch die Arbeitszufriedenheit. Diese kann ebenfalls ausschlaggebend für das schulische Handeln einer Lehrkraft sein (Wartenberg et al., 2023). In diesem Sinne reflektiert die Arbeitszufriedenheit, wie Lehrkräfte über ihre Arbeit denken, ob sie ihre Bedürfnisse am Arbeitsplatz erfüllt sehen und ob sie ein ausgewogenes Verhältnis zwischen den erhaltenen Belohnungen und der investierten Energie wahrnehmen. Die Metaanalyse von Wartenberg und Kollegen (2023) zeigt, dass zufriedene Lehrkräfte seltener kündigen und weniger oft fehlen. Zufriedene Lehrkräfte schaffen es auch besser, positive Beziehungen zu ihren Schüler*innen aufzubauen und gestalten fürsorgliche, strukturierte und motivierende Lernumgebungen. Dies wird von Lehrkräften selbst, von Schüler*innen, von der Schulleitung und außenstehenden Beobachter*innen so wahrgenommen. Schüler*innen von zufriedenen Lehrkräften sind meist motivierter und haben bessere Leistungen. Allerdings ist der Zusammenhang zwischen der Zufriedenheit der Lehrkraft und den Leistungen der Schüler*innen zwar gegeben, aber als eher gering einzuordnen.

Die oben aufgeführten Befunde liefern erste Hinweise, dass die Themen Erholung, Selbstfürsorge und persönliches Wohlbefinden der Lehrkräfte hochrelevant sind, um dem Bildungsauftrag gerecht werden zu können.

Doch welche Faktoren begünstigen nun das Abschalten? Und mit welchen Konsequenzen müssen Lehrkräfte rechnen, wenn sie schlechter abschalten? Zur Beantwortung dieser Forschungsfragen wurden Daten der großangelegten Erwerbstätigenbefragung der Bundesanstalt für Arbeitsschutz und Arbeitsmedizin

2018 ausgewertet (Varol et al., 2021; Varol, Weiher, Wendsche, et al., 2023). Auf Basis dieser repräsentativen Befragung mit Daten von über 1.500 deutschen Lehrkräften sollte zunächst festgestellt werden, wie hoch die Prävalenz von Schwierigkeiten beim Abschalten bei Lehrkräften in Deutschland ist. Die Prävalenz bezeichnet hier die Häufigkeit des Nicht-Abschalten-Könnens als Prozentsatz unter den befragten Lehrkräften. Dafür wurden die Lehrkräfte je nach Schulform zunächst in zwei Gruppen eingeteilt: Die erste Gruppe bestand aus Primar- und Sekundarstufenlehrkräften. Die zweite Gruppe umfasste »andere« Lehrkräfte. Zu dieser zählten unter anderem Berufsschullehrkräfte, Hochschul- und Förderschullehrkräfte. Diese Daten wurden dann mit Daten von Beschäftigten aus anderen Berufen (über 16.000 Personen) in Deutschland verglichen.

Wir wollten zunächst herausfinden, ob und inwiefern Lehrkräfte sich je nach Schulform hinsichtlich des Abschaltens von der Arbeit und damit hinsichtlich ihrer mentalen Erholung unterscheiden und somit prüfen, ob Lehrkräfte grundsätzlich besser oder schlechter als Beschäftigte anderer Berufsgruppen abschalten können. Die Ergebnisse zeigten, dass Lehrkräfte der Primar- und Sekundarstufe (41 %) und andere Lehrkräfte (29 %) häufiger über Schwierigkeiten beim Abschalten berichten als Beschäftigte aus anderen Professionen (21 %). Vor allem quantitative Arbeitsanforderungen wie Termin- und Leistungsdruck sowie emotionale Anforderungen stellten jeweils die stärksten Risikofaktoren für das Nicht-Abschalten-Können bei den Lehrkräften dar. In der Gruppe der Primar- und Sekundarschullehrkräften war das sogenannte »Multitasking«, das heißt zwischen mehreren Aufgabenanforderungen jonglieren zu müssen, ein weiterer entscheidender Risikofaktor. Dahingegen zeigte sich, dass Unterstützung durch Kolleg*innen das Risiko verringerte, schlechter abschalten zu können. Wir konnten zusätzlich zeigen, dass in beiden Lehrkräftegruppen Schwierigkeiten beim Abschalten mit häufig berichteten Schlafstörungen und häufiger berichteter emotionaler Erschöpfung einhergehen.

Unsere Ergebnisse unterstützen die zuvor in der systematischen Überblicksarbeit gewonnenen Erkenntnisse zu den Einflussgrößen und Wirkungen der mentalen Erholung bei Lehrkräften. Darüber hinaus zeigen unsere Ergebnisse, dass das Nicht-Abschalten-Können bei Primar- und Sekundarschullehrkräften auch das Risiko erhöht, langfristig körperliche Beschwerden zu entwickeln (z. B. Muskel-Skelett-Beschwerden) sowie krankheitsbedingt mehr zu fehlen. Dies ist insofern ein bedeutsamer Beleg für die Annahme, dass Erholung auch einen wichtigen Beitrag leistet, Fachkräfteengpässen und hohen Krankenständen vorzubeugen.

3.2 Wie die Erholungssituation bei Lehrkräften in Deutschland aussieht

3.2.1 Wie die Erholungssituation bei angehenden Lehrkräften aussieht

Der schulische und berufliche Kontext sowie die Schulform können die mentale Erholung von Lehrkräften beeinflussen. Doch welche Bedeutung hat die jeweilige Berufsphase, insbesondere für Berufseinsteiger*innen, und bestehen hier spezielle Risiken? Ein tieferes Verständnis dieser Faktoren ist essenziell, um die Gesundheit, Zufriedenheit und berufliche Bindung der Lehrkräfte zu fördern und so das Risiko berufsbedingter Erkrankungen oder Berufswechsel zu verringern.

Während eine landesweite Untersuchung von Lehrkräften zwar einen repräsentativen und breiten Überblick zur Erholungssituation verschaffen kann, gilt es zu berücksichtigen, dass es sich hierbei um eine einmalige Momentaufnahme handelt. Im Gegensatz zu einem solchen Forschungsansatz können Lehrkräfte auch im Rahmen von Tagebuchstudien dezidierter in ihrem Berufsalltag begleitet und befragt werden. In einer Tagebuchstudie berichten die Teilnehmenden mehrmals am Tag und/oder mehrmals in der Woche über das Vorliegen oder Ausmaß im Interesse stehender Phänomene, z. B. ihre aktuellen Emotionen, Gedanken, Ziele, Aufgaben, Herausforderungen oder Erholungserfahrungen. Dadurch lassen sich nicht nur Unterschiede zwischen den Lehrkräften, sondern auch tagesbezogene Veränderungen innerhalb einer Lehrkraft ermitteln. Eine solche Tagebuchstudie wurde beispielsweise genutzt, um das Erholungsverhalten von Lehrkräften im Vorbereitungsdienst (LiV) zu untersuchen (Weiher et al., 2022).

Doch vorab einige Worte zur beruflichen Situation der LiV. Sie stehen am Anfang ihrer Berufsbiografie und übernehmen nach ihrem Studium erstmals unter der Anleitung erfahrener Lehrkräfte Aufgaben einer praktizierenden Lehrkraft. Aus bisherigen Untersuchungen ist bekannt, dass der Beginn dieser praktischen Ausbildungsphase zu einem sogenannten Praxisschock führen kann (z. B. Dicke et al., 2016). Der Praxisschock bezieht sich auf die Kluft zwischen den idealistischen Vorstellungen, die LiV oft zu Beginn ihrer beruflichen Tätigkeit haben, und den realen Herausforderungen, denen sie im täglichen Unterricht gegenüberstehen. So verläuft die Praxis des Unterrichtens nicht immer so glatt, wie es sich angehende Lehrkräfte vielleicht vorgestellt haben. Der Praxisschock kann sich insbesondere zu Beginn des Vorbereitungsdienstes in emotionaler Erschöpfung äußern (Voss & Kunter, 2020). Obwohl dieser Erschöpfungszustand mit zunehmender Berufserfahrung und damit im Laufe der Zeit abzunehmen scheint, kann eine Überforderung dennoch einen vorzeitigen Abbruch des Vorbereitungsdienstes begünstigen (Voss & Kunter, 2020).

Allerdings ist es wichtig, dass auch die emotionale Bewertung der Arbeitsanforderungen beim Berufseinstieg einen wichtigen Einfluss auf das Wohlbefinden der Berufseinsteiger*innen im Lehrerberuf hat. Schmidt et al. (2017) zeigten in einer Tagebuchstudie, dass neben der Anzahl unterrichteter Klassen vor allem negativ erlebte berufliche Anforderungen an einem Unterrichtstag (z. B. Lärm im Unterricht, Störungen durch Schüler*innen bei Schulausflügen, Vermeiden geplanter Korrekturaufgaben) mit mehr Erschöpfungssymptomen am Abend einhergehen, während positiv erlebte Aspekte der Unterrichtsdurchführung (z. B. erfolgreiche Gruppenarbeit der Schulklasse) oder der Interaktion mit den Schüler*innen (z. B. Gespräch über Zukunftspläne nach dem Abitur) mit weniger Erschöpfungssymptomen assoziiert sind. Die bewusste Wahrnehmung solcher positiven Arbeitserlebnisse und die Vermittlung von Strategien zur erfolgreichen Bewältigung stressbezogener Arbeitsanforderungen können demnach wichtige Ansatzstellen zur Gesundheitsförderung von Lehrkräften in frühen Berufsphasen darstellen.

Neben der mangelnden Berufserfahrung stellt vor allem die Aufgabenvielfalt die LiV vor eine große Herausforderung. Zusätzlich zum Besuch eines Studienseminars müssen sie eigenständig Unterrichtsstunden planen und durchzuführen. Dabei müssen sie den Lehrplan, die Bedürfnisse der Schüler*innen und die pädagogischen Ziele berücksichtigen und erstmals den Umgang mit diesen komplexen Planungsanforderungen erproben. Sie haben oft einen vollen Stundenplan, da neben der Vor- und Nachbereitung des Unterrichts auch Lehrproben, Prüfungen und weitere schulische Aktivitäten auf ihrer Agenda stehen. Ein effektives Zeitmanagement ist daher unerlässlich, um die Fülle an Aufgaben zu bewältigen.

Für Erholung bleibt in dieser Phase nicht viel Zeit. Doch wie wirkt sich die Menge an Aufgaben – und gerade unerledigter Aufgaben – auf das Erholungsverhalten aus? Es gibt eine Reihe an Studien, die sich mit unerledigten Aufgaben und ihrer Wirkung beschäftigt haben. All jene kommen zu dem Ergebnis, dass eine höhere Anzahl an unerledigten Aufgaben mit mehr Schwierigkeiten, von der Arbeit abzuschalten zu können, einhergeht (Syrek et al., 2017; Weigelt & Syrek, 2017). Erklärt wird dies in der psychologischen Forschung mit dem sogenannten »Zeigarnik-Effekt«. Dieser Effekt wurde von der russischen Psychologin Bluma Zeigarnik in den 1920er Jahren in die Literatur eingeführt und besagt, dass unvollendete Aufgaben oder ungelöste Probleme in unserem Gedächtnis präsenter sind und besser erinnert werden als abgeschlossene Aufgaben (Zeigarnik, 1927). In ihren ursprünglichen Experimenten beobachtete sie, dass Kellner*innen sich besser daran erinnern konnten, welche Bestellungen noch nicht abgeschlossen waren, als daran, welche bereits serviert wurden. Im Grunde wird hier also theoretisch angenommen, dass unerledigte Aufgaben oder ungelöste Probleme ein Gefühl der Unvollständigkeit im Kopf entstehen lassen. Dies führt dazu, dass unser Gedächtnis aktiviert bleibt und die unvollendete Aufgabe weiterhin unsere Aufmerksamkeit fordert. Dieser Zustand der Spannung wird als Antrieb empfunden, die Aufgabe abzuschließen oder das Problem zu lösen. Kommen wir nicht zu einem Abschluss oder zu einer Problemlösung, beschäftigen wir uns mental damit, was hinderlich für das Abschalten und die Erholung nach der Arbeit ist.

Zurück zu den Ergebnissen der angesprochenen Tagebuchstudie bei den LiV, die sich tagtäglich unerledigte Aufgaben dieser LiV in Bezug auf das Abschalten von der Arbeit am Abend genauer angeschaut hat. Befragt wurden über 70 LiV unterschiedlicher Schultypen an hessischen Schulen (Weiher et al., 2022). Zusätzlich zu den unerledigten Aufgaben, die als Indikator für eine gescheiterte oder geringe Zielerreichung in der Arbeitswoche sowie am Wochenende erfasst wurden, machten die LiV auch Angaben zu ihrer Müdigkeit am Abend, zu ihrer Vitalität am Morgen und zum Ausmaß affektiver Rumination. Müdigkeit gilt hierbei als Indikator für eine ausgeschöpfte Kraftressource oder verringerte Erholung. Vitalität dahingegen bezieht sich auf das Gefühl von Frische, Energie und Wachheit nach dem Aufwachen und beinhaltet oft ein angenehmes Gefühl von körperlicher und geistiger Bereitschaft, die es erleichtert, in den Tag zu starten. Affektive Rumination steht im Kontrast zum Abschalten und bedeutet, dass man immer wieder negative Gedanken über die Arbeit hat, die von unangenehmen Gefühlen begleitet sind. Metastudien zeigen, dass dieser negative Zustand des Grübelns die Erholung beeinträchtigen kann (z. B. Jimenez et al., 2022). Die Ergebnisse der Tagebuchstudie verdeutlichen, dass gerade LiV, die im Durchschnitt mehr unerledigte Aufgaben im schulischen Alltag berichteten oder Erholung dringend benötigten (also müde waren), zu erhöhter affektiver Rumination neigten, also in höherem Maße und in negativer Konnotation während ihrer Erholungsphasen über die Arbeit grübelten. Eine erhöhte affektive Rumination am Abend hing wiederum mit einer geringen Vitalität am nächsten Morgen vor der Schule zusammen.

Die Studie zeigt damit zwei Dinge. Erstens stellen unerledigte Aufgaben ein Erholungsrisiko für die LiV dar. Hier wäre also zu prüfen, ob diese durch geeignete Arbeits- und Planungsstrategien als auch Arbeitsgestaltungsmaßnahmen, wie beispielsweise die Begrenzung der Aufgabenmenge für LiV, zumindest reduzierbar sind. Zweitens berichten LiV, die am Abend negativ über ihre Arbeit grübelten, auch am nächsten Morgen weniger fit und aktiv zu sein. Ihre Arbeitsfähigkeit ist damit begrenzt. Dies kann u. a. auch dazu führen, dass Aufgaben, die sonst einfach von der Hand gehen, nun mit psychischem Mehraufwand bewältigt werden müssen, was die Beanspruchungssituation als auch den Erholungsbedarf weiter verstärkt. Insofern wäre es sinnvoll, Strategien zu erlernen und anzuwenden, die helfen, solche negativen Grübelspiralen zu durchbrechen.

Nach dem Motto »Der frühe Vogel fängt den Wurm« sollte das Erlernen solcher erholungsförderlichen Techniken sinnvollerweise bereits im Lehramtsstudium stattfinden. Aber wie steht es eigentlich um die Erholungssituation der (Lehramts-)Studierenden?

3.2.2 Wie die Erholungssituation bei (Lehramts-) Studierenden aussieht

Die Erforschung derjenigen Faktoren, die gesundheitliche Risiken für Lehrkräfte erhöhen oder aber reduzieren, findet nicht nur bei bereits praktizierenden Lehrkräften statt. Es ist wichtig, diese auch schon bei Lehramtsstudierenden in den Blick zu nehmen, um Erkenntnisse darüber zu gewinnen, wie deren Gesundheit in den frühen Phasen ihrer Ausbildung und der anschließenden beruflichen Laufbahn geschützt und gefördert werden kann.

Die Erforschung der positiven Auswirkungen von Erholung auf das Wohlbefinden gewinnt daher auch im universitären Bildungskontext zunehmend an Bedeutung (Merino-Tejedor et al., 2017). Bisher gibt es nur vereinzelte Erkenntnisse zur Rolle der Erholung während des Studiums. Da sich insbesondere die Erholungsfacette psychologisches Detachment definitionsgemäß auf das Abschalten von den arbeitsbezogenen Aufgaben bezieht, scheint die Betrachtung des Abschaltens von studienbezogenen Aufgaben auf den ersten Blick weit hergeholt. Deshalb ist es nicht verwunderlich, dass die Erholungsthematik bei denjenigen Studierenden betrachtet wird, die neben ihrem Studium auch einer bezahlten Arbeit, zum Beispiel in Nebenjobs, nachgehen. Aus diesen Untersuchungen ist beispielsweise bekannt, dass das Zusammenkommen von beruflichen Anforderungen und den Anforderungen des Studiums sowohl das psychologische Detachment verringern als auch eine schlechtere Schlafqualität, mehr Müdigkeit und andere gesundheitliche Beeinträchtigungen begünstigen kann (Park & Sprung, 2015; Taylor et al., 2020).

Allerdings gibt es auch Untersuchungen, die Parallelen zwischen Studium und Arbeit noch stärker herausgearbeitet haben und schlussfolgerten, dass in beiden Lebensdomänen Menschen mit vergleichbaren Stressoren konfrontiert sein können. Dazu zählen unter anderem eine hohe Arbeitsbelastung, das Erleben von Leistungs- und Zeitdruck oder die Konfrontation mit emotionalen Anforderungen (Luta et al., 2020; Ragsdale et al., 2011). Eine weitere Gemeinsamkeit ist, dass es in beiden Lebensdomänen einen mehr oder weniger strukturierten Wochenplan gibt (regelmäßige Arbeitsabläufe, Veranstaltungen etc.) und Stressprozesse im Wochenzyklus auch bei Studierenden auftreten können, während das Wochenende einen größeren Teil der frei geplanten Zeit ausmacht. Andere Aspekte des studentischen Lebens, wie beispielsweise das regelmäßige Ablegen von Prüfungen, Beurteilungen durch Noten und fehlende finanzielle Mittel können wiederum eher spezifische Stressfaktoren für Studierende darstellen.

Wenn Studierende also ähnlichen Stressoren und Belastungen ausgesetzt sind wie Arbeitnehmer*innen, so kann die Funktionsweise der Erholung ebenso ähnlich sein. Dies legen zumindest erste Untersuchungen nahe. So wurden das Belastungsniveau von Studierenden am Ende einer akademischen Arbeitswoche gemessen und ihre Einschätzung der Erholung sowie die ausgeführten Erholungsaktivitäten am Wochenende abgefragt (Ragsdale et al., 2011). Die Studie ergab, dass Studierende, die während des Wochenendes erholungsförderliche Aktivitäten (z. B. sportliche Betätigung, sozialer Austausch, Entspannung auf der Couch) ausführten, besser von studienbezogenen Aufgaben abschalten konnten. Intensivere Erholungserfahrungen hingen wiederum mit einer höheren Erholungsqualität zusammen.

Darüber hinaus untersuchten Schraub et al. (2013) im Rahmen einer Tagebuchstudie die Rolle von Erholungserfahrungen im Zusammenhang zwischen emotionalem Stress und emotionalem Wohlbefinden bei studienbezogenen Ereignissen. Sie konnten zum einen feststellen, dass der wahrgenommene emotionale Stress während studienbezogener Ereignisse das emotionale Wohlbefinden der Studierenden zur Schlafenszeit reduzierte. Zum anderen vermittelten weniger wahrgenommene Erholungserfahrungen den Zusammenhang zwischen dem Stresserleben und einem beeinträchtigten Wohlbefinden. Die Ergebnisse deuten also darauf hin, dass Studierende im universitären Umfeld von Erholungserfahrungen profitieren und ihr Wohlbefinden verbessern können.

Außerdem geht aus einer weiteren Untersuchung mit Studierenden hervor, dass sich ein geringes psychologisches Detachement auf das Stressempfinden auswirkt und einen negativen Einfluss auf die Lebenszufriedenheit hat (Safstrom & Hartig, 2013). Insgesamt liefern die Ergebnisse dieser Studien erste Belege, dass bereits vor der Berufseinstiegsphase Studierende durch gelungene Erholung ihr Wohlbefinden verbessern können.

Eine weitere Untersuchung zum psychologischen Detachment bei Lehramtsstudierenden erfolgte im Praktikumskontext und damit in der frühen berufsbiografischen Phase von Lehrkräften (Varol, Weiher, Wenzel, et al., 2023). Psychologisches Detachment beschreibt in dieser Untersuchung das Abschalten von praktikumsbezogenen Aufgaben und Anforderungen und bedeutet damit, sich geistig vom Praktikumsplatz zu lösen. Eine Besonderheit des Praktikums ist, dass angehende Lehrkräfte erst im Rahmen ihrer Praktikumserfahrung die im Studium erlernten theoretischen Ansätze und das fachspezifische sowie didaktische Wissen im Unterricht in Anwendung bringen. Sie sollen früh in ihrer Ausbildung realistische Einblicke in den Lehrberuf und ihre zukünftige Arbeitsumgebung erhalten, um ihre Eignung für den Beruf kritisch zu reflektieren. Während des Praktikums übernehmen sie zwar nicht die volle Verantwortung für Klassen und agieren nicht als vollwertige Lehrkräfte, müssen jedoch zahlreiche praxisorientierte Anforderungen erfüllen und werden beispielsweise in die Planung und Durchführung von Unterrichtseinheiten einbezogen. Außerdem werden sie während der ersten Lehrversuche von Betreuungspersonen beobachtet und bewertet. Neben dem Besuch begleitender Veranstaltungen an der Universität sind sie somit in die lehrpraktischen Aspekte an der Schule involviert. Während des Praktikums gewährleisten schulische oder universitäre Betreuungspersonen die Unterstützung und führen unter anderem Feedback- und Reflexionsgespräche mit den Studierenden durch.

Bisherige Forschungsarbeiten haben sich hauptsächlich auf die positive Wirkung von Feedback und Reflexion durch Betreuungspersonen auf die Unterrichtspraxis konzentriert. Allerdings ist es möglich, dass Feedback und Reflexion über arbeitsbezogene Aktivitäten auch negative Auswirkungen auf das Wohlbefinden und die Gesundheit haben können, indem sie arbeitsbezogene Gedanken auslösen und fördern. Obwohl diese Annahme im Hinblick auf die arbeitsbezogene mentale Distanzierung noch nicht ausreichend und spezifisch untersucht wurde, deuten erste Ergebnisse aus der Lehrkräfteforschung auf einen positiven Zusammenhang zwischen Reflexion und Rumination (i. S. wiederholten Grübelns über negative Arbeitsaspekte) hin, wobei Rumination zudem mit Stress im Unterricht und emotionaler Erschöpfung assoziiert ist (Košir et al., 2015).

Die Untersuchung von Varol und Kolleg*innen (2023) lieferte erste empirische Hinweise für die Annahmen, dass eine höhere Arbeitsbelastung während des Praktikums mit einer erhöhten emotionalen Erschöpfung und einem geringeren psychologischen Detachment bei Lehramtsstudierenden einhergeht. Außerdem wurde psychologisches Detachment als wichtiges Bindeglied zwischen Arbeitsbelastung und emotionaler Erschöpfung identifiziert. Dies bedeutet, dass Lehramtsstudierende, die einer hohen Arbeitsbelastung ausgesetzt waren, öfter Schwierigkeiten damit hatten, während der Erholungsphase geistig von den

Praktikumsaufgaben abzuschalten, was wiederum zu Gefühlen der Erschöpfung führte. Außerdem zeigen die Studienergebnisse, dass, neben der Arbeitsbelastung, auch das Feedback der Praktikumsbetreuer*innen und die Reflexion über die durchgeführten Unterrichtsstunden das Ausmaß der mentalen Distanzierung von arbeitsbezogenen Gedanken verringerte. Das bedeutet, dass diese Art von Gesprächen Lehramtsstudierende grundsätzlich mental beschäftigen können. Allerdings darf nicht vernachlässigt werden, dass Feedback- und Reflexionsgespräche für Lehramtsstudierende inhaltlich emotional positiv oder negativ geladen sein können. Das Ziel von Feedback und Reflexion besteht vorrangig darin, angehende Lehrkräfte bei ihrer persönlichen Entwicklung zu unterstützen, bewährte Praktiken zu bestätigen und gemeinsam Lösungen für auftretende Unterrichtsprobleme zu erarbeiten. Zwar wurde in der besagten Studie nicht erhoben, ob das Feedback und die Reflexion negativ oder positiv konnotiert waren. Jedoch deuten Ergebnisse aus anderen Untersuchungen darauf hin, dass das Feedback, wenn es emotional belastend ist und Lehramtsstudierende persönlich trifft, in Folge des Gesprächs zu intensiveren und anstrengenderen Gedanken führen kann (Timoštšuk & Ugaste, 2012). Schließlich geht es bei diesen Gesprächen um die kritische Beurteilung einer erbrachten Leistung und um künftige Hinweise zur Unterrichtsgestaltung. Ein kritisches Feedback kann das Spannungsniveau bei Lehramtsstudierenden erhöhen und das mentale Abschalten erschweren. Im Vergleich dazu könnte konstruktives Feedback eine gezielte Auseinandersetzung mit Unterrichtsproblemen unterstützen und zur Verbesserung der Leistung und persönlichen Entwicklung beitragen. Praktikumsbetreuer*innen an Schulen sollten deshalb wohlüberlegt ihre Reflexions- und Feedbackgespräche hinsichtlich des Inhaltes und der Form gestalten, da dies die Erholung und das Beanspruchungserleben der Praktikant*innen beeinflusst und damit auch Auswirkungen auf deren weitere Studien- und Schullaufbahnplanung haben kann.

Abschalten von studienbezogenen Inhalten

- Nicht nur im Berufsleben, sondern auch im studentischen Leben ist das Abschalten von studienbezogenen Aufgaben relevant für die Erholung.
- Erholungserfahrungen (z. B. erholungsförderliche Aktivitäten am Wochenende) können das Stresserleben der Studierenden mindern und ihr Wohlbefinden (z. B. besserer Schlaf) steigern.

Feedback, Reflexion und psychologisches Detachment

- Konstruktives Feedback durch erfahrene Lehrkräfte kann bei angehenden Lehrkräften eine gezielte Auseinandersetzung mit Unterrichtsproblemen fördern und sowohl die Leistung als auch die persönliche Entwicklung verbessern.
- Auch wenn in Feedback- und Reflexionsgesprächen negative Aspekte des Verhaltens von Lehramtsstudierenden thematisiert werden, sollte effektives Feedback konkret sein und mehr als nur Kritik enthalten.

- Feedback, das emotional belastend ist und möglicherweise persönlich berührt, kann dazu führen, dass Lehramtsstudierende stärker grübeln und es ihnen schwerer fällt, abzuschalten.

Exkurs: Befunde aus einer qualitativen Untersuchung bei Studierenden

Eine kanadische Interviewstudie mit Studierenden erlaubte tiefere Einblicke in das Erholungsverhalten während der Freizeit von Studierenden. Es zeigte sich, dass die mentale Abkopplung von studienbezogenen Aufgaben nicht immer einfach ist (Luta et al., 2020). Die Befragten äußerten grundsätzlich eine hohe Identifikation mit ihrer studentischen Rolle, was ihnen allerdings erschwere, ihre Freizeit gegenüber ihren studienbezogenen Verpflichtungen zu priorisieren und sich selbst die Erlaubnis zu erteilen, sich völlig von studienbezogenen Aufgaben loszulösen. Manche von ihnen beschrieben, dass aufdringliche Gedanken und studienbezogene Sorgen dauerhaft vorhanden seien und sie gleichsam beschatten. Dies dämpfe oft ihre Freude und Entspannung während der Freizeit. So merkte beispielsweise eine Person an, dass allein schon der Anblick des Vorlesungsgebäudes vom Fenster des Wohnheims sie davon abhalte, die Freizeit zu genießen. Studierende schilderten außerdem, dass die Wahl ihrer Freizeitbeschäftigung selbst weniger wichtig sei, um das psychologische Detachment zu fördern. Als viel wichtiger wurde der Akt der bewussten Beschäftigung mit etwas anderem als mit studienbezogenen Aufgaben eingeschätzt. Die Ergebnisse zeigen damit, dass es keine »ideale« Freizeitaktivität zur Förderung psychologischen Detachments gibt und jede Person unterschiedliche Vorzüge hat, welche Aktivitäten in der Freizeit ausgeübt werden, um sich gedanklich zu distanzieren.

Zu den Aktivitäten, die von Studierenden dennoch durchweg als vorteilhaft empfunden wurden, gehörten solche, die eine »mentale Flucht« aus dem Stress und dem studentischen Leben erlauben, z. B. körperliche Aktivitäten, Spaziergänge oder das Hören von Musik. Bezüglich des sozialen Austauschs waren die Meinungen gespalten. Einige Studierende äußerten, dass der Kontakt zu anderen Studierenden des gleichen Studiengangs oder Semesters auch dazu führe, dass sich Gesprächsinhalte gerade in der Freizeit um universitäre Anliegen drehen und sie dadurch Gedanken an das Studium nicht hinter sich lassen können. So hielten es einige Befragte für erholungsförderlich, Zeit mit Freund*innen zu verbringen, die in anderen Kursen eingeschrieben sind, oder solchen, die erst gar nicht ihrer Universität angehören. Andere wiederum berichteten, dass sie durch den Austausch über studienbezogene Inhalte in der Freizeit neue Erkenntnisse darüber gewinnen konnten, wie sie ihre Probleme lösen und den Lehrstoff aufbereiten können, was sich letztlich positiv auf ihre universitären Leistungen und ihr Wohlbefinden auswirke.

Die Studie zeigt weiterhin, dass sich das Detachmentverhalten während des Semesters und über die Semester hinweg verändert. Trotz einer gewissen Flexibilität bei der Wahl der Unterrichtszeiten und der Entscheidung, wann studienbezogene Aufgaben erledigt werden, beschrieben mehrere Studierende, dass sie sich während einer regulären Woche im Semester in einem stark reglementierten Arbeitsrhythmus befinden und ihre Arbeiten für das Studium strategisch im Rhythmus einer traditionellen Arbeitswoche (Nine-to-Five-Job) organisieren. Eine solche formale und strukturierte Planung des Studienalltags für die Erledigung von studienbezogenen Aufgaben ermögliche eine klare und vorsehbare Trennung zwischen Studium und Freizeit. Eine Änderung des Stundenplans von Semester zu Semester könne diesen Rhythmus umwerfen und sich ungünstig auf das psychologische Detachment auswirken. Wenn der Stundenplan beispielsweise mehrere anspruchsvolle Kurse umfasse, sich Aufgaben und Prüfungstermine überschnitten oder eng aufeinanderfolgten, oder wenn Abendkurse zeitlich bis in die Freizeit hineinreichten, erschwerten diese Bedingungen möglicherweise das Abschalten.

Insgesamt konnte in dieser Studie also festgestellt werden, dass Studierende prinzipiell bemüht sind, Strategien zu nutzen, die ihnen das Abschalten von studienbezogen Aufgaben und Verpflichtungen ermöglichen. Dennoch gibt es Rahmenbedingungen und kontextuelle Faktoren des universitären Lebens, die strukturelle Hindernisse für ein erfolgreiches psychologisches Detachment mit sich bringen.

3.3 Wie sich Arbeitszeiten erholungsförderlich gestalten lassen

Die Ausgestaltung der Arbeitszeit spielt eine entscheidende Rolle für die Wirkungen von Arbeitsbelastungsfaktoren auf die Entwicklung von Beanspruchungsfolgen. Kernmerkmale von Arbeitszeit sind deren Dauer, Lage und Verteilung. Arbeitszeiten beeinflussen zeitliche Aspekte der Erholung und setzen dafür auch gesetzliche Gestaltungsanforderungen in Gang. Im Arbeitszeitgesetz ist beispielsweise geregelt, wie lange Ruhezeiten sein müssen (elf Stunden zwischen zwei Arbeitstagen), unter welchen Umständen Wochenendarbeit erlaubt ist oder ab welcher täglichen Arbeitszeit Ruhepausen verpflichtend werden (z. B. ab sechs Stunden). Wichtige Aspekte bei der Betrachtung von Arbeitszeiten sind daneben auch Abweichungen zwischen vertraglichen Regelungen als vereinbarten Arbeitszeiten und tatsächlichen Arbeitszeiten. Aus ihrer Differenz können Hinweise für Mehrarbeitsanforderungen (i. S. freiwillig länger oder mehr als vereinbart zu arbeiten) oder Überstundenanforderungen (i. S. einer Forderung des Arbeitgebers, länger oder mehr als vereinbart zu arbeiten). Wir hatten in den vorangegangenen Kapiteln bereits gesehen, dass Lehrkräfte ganz besonderen Arbeitszeitbedingungen ausgesetzt sind und diese vermutlich auch massiv die Erholungssituation prägen.

Denn Arbeitszeiten haben vor allem eine grenzsetzende Funktion, um das Verhältnis zwischen Arbeit und Freizeit zu regeln. Bereits Anfang der 2000er Jahre wurden in einer repräsentativen Befragung 661 Lehrkräfte aus Baden-Württemberg zu ihrer Sichtweise auf die vorliegenden Arbeitszeiten befragt (Lacroix et al., 2005). Die Ergebnisse zeigten, dass vor allem die Trennung zwischen Arbeit und Freizeit eine grundlegende Herausforderung für eine geregelte Arbeitszeit des Lehrberufs darstellen kann. Diese Herausforderung resultiert daraus, dass das festgelegte Lehrdeputat nur ein Teil des Aufgabenspektrums abbildet und damit zeitlich reguliert ist. Alle anderen Aufgaben und Pflichten, die darüber hinausgehen, sind in Eigenverantwortung und meist von zu Hause aus zu erledigen. Einerseits bietet die Arbeit von Zuhause (manchmal auch Telearbeit, Homeoffice oder Heimarbeit genannt) eine große zeitliche Souveränität. Das heißt, Lehrkräfte können über die Ausgestaltung hoher Anteile ihrer Arbeitszeit selbst bestimmen. Die Kehrseite der Medaille ist allerdings, dass diese Freiheit auch eine Gefahr für einen geregelten Arbeitsrhythmus mit sich bringt. Lehrkräfte haben häufig das Gefühl, ihre Arbeit niemals richtig abschließen zu können, bspw. die Arbeit auch physisch im Lehrerzimmer hinter sich zu lassen und sich geistig vollständig von ihren Arbeitspflichten zu distanzieren. Deshalb schlussfolgerten die Autoren, dass »*Arbeitszeitregelungen [für Lehrkräfte] so zu gestalten [sind], dass diese zu einer klaren Trennung von Arbeit und Freizeit beitragen*« (Lacroix et al., 2005, S. 50).

Innerhalb der letzten Jahrzehnte haben sich die Aufgaben der Lehrkräfte gewandelt. Die breite Einführung und Nutzung digitaler Technologien in das Arbeitssystem Schule spielte dabei sicherlich eine Rolle. Wenn es allerdings um die Gesamtarbeitszeit und die Aufgabenstruktur von Lehrkräften in Deutschland geht, so zeigen neuere Studien, dass diese Entwicklungen nicht mit einer Verbesserung der Arbeitszeitsituation einhergingen. Laut einer repräsentativen Studie mit über 6000 in Vollzeit tätigen deutschen Lehrkräften arbeiten diese länger als es die europäischen Richtlinien zulassen (Kreuzfeld et al., 2022). Die Studie zeigte, dass 36 % der Lehrkräfte mehr als 48 Stunden pro Woche und 15 % der Lehrkräfte sogar mehr als 55 Stunden pro Woche arbeiten. Lehrkräfte, die mehr als 45 Stunden pro Woche arbeiten, berichten häufiger, unter Erholungsunfähigkeit (46 %) und emotionaler Erschöpfung (32 %) zu leiden als Lehrkräfte, die weniger als 40 Stunden pro Woche arbeiten (26 % bzw. 22 %). Als Ursache für die diagnostizierten langen Wochenarbeitszeiten verweisen die Autoren auf den hohen Anteil an Zusatzarbeit, der neben den Pflichtstunden erledigt werden muss. In Anlehnung an Flaxman et al. (2023) bedeutet Zusatzarbeit bei Lehrkräften, dass sie als Vollzeitbeschäftigte die ihnen zugewiesenen Aufgaben außerhalb der regulären Arbeitszeiten von zu Hause aus erledigen. Dabei gibt es keine formellen Verträge oder Vergütungsvereinbarungen. Der Begriff »Zusatzarbeit« trifft den Charakter dieser Tätigkeit sehr gut, denn sie dient der Erweiterung oder Ergänzung der Aufgaben, die an einem herkömmlichen Arbeitsplatz ausgeführt werden und ersetzt diese nicht. Lehrkräfte erledigen diese Aufgaben häufig abends und an Wochenenden von zu Hause aus. Dies erschwert es ihnen, sich geistig von der Arbeit zu lösen und macht geregelte Arbeitszeiten unabdingbar.

Ob eine hohe Zahl von Arbeitsstunden letztlich ein Gesundheitsrisiko darstellt, hängt wahrscheinlich von der Art und Weise ab, wie einzelne Lehrkräfte mit beruflichen Anforderungen im schulischen Alltag umgehen. Die geringe Fähigkeit, sich angemessen zu erholen, wird als eine mangelhafte Bewältigungsstrategie im Umgang mit den beruflichen Anforderungen angesehen (z. B. eine ineffiziente

Priorisierung von Arbeitszielen, Aufgabenwiederholungen oder Schwierigkeiten beim Abschließen von Aufgaben) und ist mit übermäßigem Arbeitsengagement (engl. »Overcommitment«) und der Akzeptanz einer begrenzten Erholung verbunden (Weigelt et al., 2023). So weisen Kreuzfeld und Kollegen (2022) darauf hin, dass Lehrkräfte, die über eine geringe Erholungsfähigkeit verfügen, eher gefährdet sind, ihre eigenen körperlichen und mentalen Ressourcen zu überschätzen und eher unter Erschöpfung leiden. Damit liefern die vorgestellten Ergebnisse aus dieser Studie weitere Hinweise dafür, dass lange Arbeitszeiten Erholungsprozesse hemmen und das Risiko einer emotionalen Erschöpfung erhöhen.

Exkurs: Arbeitszeit und Unterrichtsfächer

Auch die Fächerkombination kann zu erhöhten quantitativen Anforderungen führen und die Arbeitszeiten über die üblichen Ruhezeiten hinaus ausdehnen. Zum Beispiel legt die Untersuchung von Kreuzfeld und Kollegen (2022) nahe, dass Lehrkräfte, die Sprachen unterrichten, im Vergleich zu Lehrkräften, die in den naturwissenschaftlichen Fächern unterrichten, mit längeren wöchentlichen Arbeitszeiten belastet sind. Diesen Befund erklären die Autoren damit, dass Lehrkräfte, die Klausuren mit umfangreicheren Freitexten bewerten müssen, einen höheren zeitlichen Nachbereitungs- und Korrekturaufwand haben, im Vergleich mit Lehrkräften, die in den Bereichen Naturwissenschaften, Kunst oder Sport unterrichten.

Es wäre ratsam, Studieninteressierte, Studierende als auch Lehrkraftquereinsteiger bereits frühzeitig auf diese Arbeitsbedingungen hinzuweisen, beispielsweise im Rahmen von Berufsberatungen oder im Rahmen eines Orientierungspraktikums. Diese Informationen können hilfreich sein, um die eigene Profil- und Fächerwahl nicht nur wissens- und interessensmäßig, sondern auch belastungsorientiert sorgfältig abzuwägen und sich dadurch realistisch (mental) auf die zünftige Rolle vorzubereiten.

Auf der anderen Seite sollten die Fächerkombinationen im Sinne von Anrechnungsfaktoren berücksichtigt werden, wenn es um die vertragliche Vereinbarung der Arbeitszeiten von Lehrkräften geht. Aufgrund der berichteten Dynamiken in den letzten Jahrzehnten hinsichtlich der zusätzlichen oder veränderten Arbeitsaufgaben und aufgrund der Veränderungen in den Arbeitsmitteln und Unterrichtsmethoden (z.B. durch Digitalisierung) müsste die Festlegung von Faktorwerten ohnehin in regelmäßigen Abständen überprüft werden.

3.4 Wie sich Arbeitspausen erholungsförderlich gestalten lassen

Arbeitspausen sind neben dem Feierabend, dem Wochenende und dem Urlaub eine zentrale und rhythmisch wiederkehrende Erholungsmöglichkeit in unserem Leben. Unter Arbeitspausen werden in der arbeitswissenschaftlichen Literatur Arbeitsunterbrechungen während einer Arbeitsschicht verstanden, die funktional der Erholung des Beschäftigten dienen. Gegenüber der Erholung zwischen den Arbeitstagen, auch als Ruhezeit definierbar, liegt ihre Besonderheit nicht nur in der kürzeren Erholungsdauer, sondern auch in ihrem speziellen Kontext. Arbeitspausen finden während der Arbeit statt und stellen hier eine eigene Tätigkeitskategorie dar.

Aber Pause als »Nicht-mehr-Arbeiten« ist nicht gleich Pause. Arbeitspausen unterscheiden sich von anderen Arten von Arbeitsunterbrechungen, wie Wartezeiten (z. B. Warten auf die volle Funktionsfähigkeit eines Beamers im Unterricht) oder anderen externen, meist ungeplanten, Störungen des Arbeitsablaufs (z. B. Probealarm, Anruf im Unterricht). Diese Unterbrechungen sind nicht erholsam, weil sich der Beschäftigte weiterhin für die Arbeit zur Verfügung halten muss oder weil die Person anderen Arbeitstätigkeiten nachgehen muss.

Pausen haben im Arbeitskontext zahlreiche Funktionen (Wendsche & Lohmann-Haislah, 2016, 2018). Die Erholungsfunktion von Pausen meint, dass während der Pausen negative Beanspruchungsfolgen (wie körperliche oder psychische Ermüdung, psychische Sättigung, Monotonie und Stress) abgebaut werden. Diese Beanspruchungsfolgen entstehen eigentlich immer, wenn wir arbeiten. Ihr Ausmaß hängt positiv exponentiell von Art und Dauer der vorherigen Arbeitsbelastung ab. Das bedeutet beispielsweise, dass Ermüdungssymptome mit fortschreitender Arbeitsdauer nicht linear gleichförmig, sondern mit jeder Stunde beschleunigt und immer stärker zunehmen. Regelmäßige Pausen haben damit auch eine Präventivfunktion, indem sie das Überschreiten von Leistungsgrenzen (z. B., wenn man so müde wäre, dass man gar nicht mehr arbeiten könnte) vorbeugen. Aber wann findet Erholung in einer Pause eigentlich statt? Immer dann, wenn die Pause geplant werden kann, sie vorhersehbar ist, sie unter unserer individuellen Kontrolle stattfindet und wenn während der Pause nicht gearbeitet werden muss. Nicht zu arbeiten bedeutet hier allerdings nicht Nichtstun. Sowohl für die Pausenaktivitäten als auch für den Wechsel von Arbeitstätigkeiten gilt, dass immer dann Erholung stattfindet, wenn die nachfolgende Tätigkeit andere körperliche oder psychische Ressourcen beansprucht. Lehrkräfte können dieses Prinzip also nicht nur während ihrer eigentlichen Arbeitspausen, sondern auch im Sinne eines Methodenwechsels im Unterricht nutzen, indem sie beispielsweise Phasen des Frontalunterrichts durch Ruhearbeitsphasen der Schüler*innen systematisch alternieren lassen. Kompensatorische Tätigkeitswechsel gelten auch als Empfehlung für die Gestaltung der Pausen. Musste eine Lehrkraft beispielsweise in der Unterrichtsstunde lange sitzen, so sollte sie sich in der Pause bewegen. Musste im Unterricht hochkonzentriert referiert werden, sollte die Lehrkraft in der Pause eher entspannenden und wenig interaktiven Tätigkeiten nachgehen.

Neben der Erholungsfunktion haben Pausen weitere Funktionen. Sie wirken motivierend, weil sie den Arbeitstag in kürzere Teilarbeitsphasen unterteilen (»Blumenfeld-Effekt«), sie dienen der Umstellung auf neue Arbeitsphasen, sie ermöglichen es, individuellen Bedürfnissen nachzugehen und sie haben in Arbeitsgruppen eine soziale (i. S. v. teamstärkend und identitätsstiftend) und stressbewältigende Funktion (Wendsche & Lohmann-Haislah, 2018).

3.4.1 Wirkungen von Arbeitspausen

Die wissenschaftliche Beschäftigung mit den Wirkungen von Arbeitspausen begann Ende des 19. Jahrhunderts, so dass nun inzwischen zahlreiche gesicherte Erkenntnisse aus systematischen Übersichtsarbeiten vorliegen.

Wendsche und Lohmann-Haislah (2016) fanden bei der Sichtung von 157 wissenschaftlichen Publikationen (10 Reviews, 135 Primärstudien, 12 qualitative Studien) heraus, dass Pausen mit günstigen Wirkungen auf das Wohlbefinden (z. B. weniger Ermüdung und Stress sowie geringere negative Stimmung) sowie die körperliche Gesundheit und die Arbeitsleistung von Beschäftigten assoziiert sind. Eine neuere Studie von Vieten et al. (2023) mit 5979 in Vollzeit arbeitenden deutschen Beschäftigten konnte diese Wirkungen bestätigen. Beschäftigte, die eine längere Pausendauer, weniger Pausenausfall und weniger Pausenunterbrechungen berichteten, gaben in den Befragungen auch weniger Beschwerden an (z. B. Ermüdung, Erschöpfung, Schmerzen in verschiedenen Körperregionen).

Bekannt ist inzwischen auch, dass regelmäßige Arbeitspausen sich positiv auf die Arbeitssicherheit auswirken und dass Unfallrisiken nach einer Pause abnehmen (Fischer et al., 2017). Bereits sehr kurze Pausen mit bis zu 30 Minuten Länge bringen solche Vorteile. Allerdings hält die Pausenwirkungen nur bis zu einer Stunde nach dem Pausenende an. Dies spricht für ein Prinzip der Pausenorganisation, welches der deutsche Arzt und Psychologe Otto Graf bereits in den 1920er Jahren vorschlug. Er fragte sich, ob Pausen nicht wie üblich als seltene und vergleichsweise längere Pausen für die Mahlzeiten, sondern eher kurz und regelmäßig in den Arbeitstag eingeplant werden müssten. Seine Studien lieferten zahlreiche Belege für dieses Kurzpausenprinzip, da unter anderem Arbeitsleistungen stabiler wurden (Wendsche & Lohmann-Haislah, 2018). Diese Leistungseffekte von Kurzpausensystemen sind auf drei Prozesse rückführbar: (1) negative Beanspruchungsfolgen werden abgebaut beziehungsweise ihrer Kumulation vorgebeugt, (2) die Verkürzung der ununterbrochenen Arbeitsphasen und die Vorwegnahme der nahenden Pausen wirkt motivierend und (3) der Anteil häufig auftretender maskierter Pausen wird reduziert (damit sind unnötige und kaum erholsame Nebentätigkeiten gemeint, die als Flucht in eine Pause verstanden werden können; Wendsche, 2017). Gerade maskierte Pausen treten regelmäßig bei Beschäftigten auf und umfassen zwischen 5–15 % der täglichen Arbeitszeit. Damit sind Nebentätigkeiten gemeint, die für die Zielerreichung eigentlich unnötig sind. Sie ermöglichen allerdings eine kurze Flucht aus der Arbeit, wenn diese zunehmend weniger motivierend wird oder wenn die Arbeitsfähigkeit eingeschränkt ist und ein offizielles Pausieren nicht erlaubt ist.

Die Vorteile von Kurzpausen für das körperliche und psychische Wohlbefinden im Vergleich zu pausenlosem Arbeiten oder der Nutzung von wenigen aber langen Blockpausen sind inzwischen in drei Übersichtsarbeiten nachgewiesen worden (Albulescu et al., 2022; Wendsche, 2017; Wendsche et al., 2016). So wurde beispielsweise in der Metaanalyse von Wendsche et al. (2016) anhand der Aggregation von Daten aus elf Studien gezeigt, dass solche Kurzpausen trotz einer Arbeitszeitreduktion von durchschnittlich 10 % Leistungsmehrwerte zwischen 5 bis 9 % erbringen – ein Beleg für die von Otto Graf damals gewählte Beschreibung dieses Prinzips als »lohnende Pausen«.

Die Nützlichkeit von Pausen für den Lernerfolg von Schüler*innen ist Lehrkräften sicherlich nicht unbekannt, bestimmen doch kürzere und längere Unterrichtspausen die Struktur des Schulalltages. So wurde vielfach nachgewiesen, dass verteiltes Lernen (das Lernen findet über einen längeren Zeitraum in regelmäßigen, kürzeren Sitzungen statt) im Vergleich zu massiertem Lernen (das Lernen konzentriert sich auf intensive Lernphasen, bei denen viel Stoff in kurzer Zeit in wenigen Sitzungen gelernt wird), den Lernerfolg erhöht (Donovan & Radosevich, 1999) und dass nach einer Pause die Problemlöseleistung steigt (Sio & Ormerod, 2009). Auch beim Modelllernen bzw. unterstützendem Lernen, bei dem sich der Lernende das zu verändernde Verhalten vom Lehrenden abschaut bzw. dieser Verbesserungshinweise gibt, wurde gezeigt, dass intermittierende Pausen während der Lernphasen den Lernerfolg beschleunigen (Wendsche, 2017).

Im Arbeitskontext zeigten sich weitere erstaunliche Wirkungen von Arbeitspausen, beispielsweise die Reduktion der Mitarbeiterfluktuation (Wendsche et al., 2014, 2017, 2022), wenn die Pausen im Team beziehungsweise regelmäßig erfolgen. Zudem gibt es Hinweise, dass auch Fehlzeiten von Beschäftigten durch regelmäßige Pausen reduziert werden können (Wendsche & Lohmann-Haislah, 2018).

Neben den generellen Wirkungen von Pausen hat man sich in der Pausenforschung auch mit zahlreichen Kontextmerkmalen der Pausenorganisation befasst. Ein Überblick zu zentralen Erkenntnissen und Empfehlungen ist in Tabelle 3.1 dargestellt.

Tab. 3.1: Erkenntnisse und Empfehlungen zur Gestaltung von Arbeitspausen (Wendsche, 2023; Wendsche & Lohmann-Haislah, 2016, 2023)

Gestaltungselement	Erkenntnisse und Gestaltungsempfehlungen
Pausenregime	• Mehrere Pausen während des Arbeitstages einlegen. • Bei höheren Arbeitsanforderungen (z. B. körperlich, geistig, längere Arbeitszeiten) häufigere Pausen einlegen (z. B. mehr Pausen in zweiter als in erster Schichthälfte). • Rahmenvorgaben für Pausenzeiten (Lage, Dauer, Verteilung) festlegen und individuelle Spielräume der Beschäftigten ermöglichen (i. S. v. Pausenzeitfenstern). • Bei Bildschirmtätigkeiten (z. B. bei der Arbeit von Zuhause) können spezielle PC-Programme (Pausensoftware) oder Apps die Pausen-

Tab. 3.1: Erkenntnisse und Empfehlungen zur Gestaltung von Arbeitspausen (Wendsche, 2023; Wendsche & Lohmann-Haislah, 2016, 2023) – Fortsetzung

Gestaltungselement	Erkenntnisse und Gestaltungsempfehlungen
	organisation unterstützen (z. B. durch Erinnerungshilfen und Pausensignale).
Pausenort	• Arbeitsplatz während der Pause verlassen • Pausenräume bzw. Pauseninseln in Arbeitsstätte implementieren. • Möglichkeiten zu Pausen in natürlichen Umgebungen fördern. • Störungs- und unterbrechungsfreie Pausen ermöglichen. • Starken physischen Stressoren vorbeugen (z. B. Lärm, Hitze, grelles Licht, unangenehme Gerüche). • Betriebliche Pausenorte sollten Einzelpausen als auch Teampausen ermöglichen.
Pausentätigkeit	• Anforderungswechsel sollte ermöglichen, von der Arbeit abzuschalten, sich zu entspannen, Gefühl der Kontrolle und Autonomie zu haben, sich sozial eingebunden zu fühlen, etwas Bedeutsames zu tun, etwas dazulernen zu können. • Kurzschlaf (z. B. Napping mit Dauer unter 15 Minuten) kann starke Ermüdung reduzieren. Allerdings bedarf es hier privat nutzbarer und geschützter Erholungsorte (z. B. »Silent room«).
Betriebliche Organisation	• Pausenzeiten für Kolleg*innen transparent machen • Mitbestimmung bei der Pausenorganisation fördern • Springer-/Vertretersysteme installieren, wenn eine Dauerbesetzung des Arbeitsplatzes nötig ist. Im Schulkontext betrifft das z. B. Pausenaufsichten. So könnten die Aufsichtspflichten regelmäßig wechseln, damit alle Lehrkräfte regelmäßig in Pause gehen können. • Pausenzeiten erfassen.

3.4.2 Gesetzliche Regelungen

Grundanforderungen an die Gestaltung von Arbeitspausen sind in Deutschland durch die Umsetzung der europäischen Arbeitszeitdirektive 2003 im Arbeitszeitgesetz (§ 4) geregelt. Zunächst einmal dürfen Beschäftigte nicht länger als sechs Stunden ohne Ruhepausen arbeiten. Die Dauer und Lage der Ruhepausen muss vor Arbeitsbeginn – zumindest im Zeitrahmen – feststehen. Bei sechs- bis neunstündiger Arbeit besteht ein Anspruch auf 30 Minuten Ruhepause(n), bei Arbeitszeiten über neun Stunden auf 45 Minuten. Unter Ruhepausen werden solche Pausen verstanden, die mindestens 15 Minuten lang sind und während derer der Beschäftigte frei über sein Handeln und seinen Aufenthaltsort bestimmen kann und er sich nicht für Arbeitsbelange zu Verfügung halten muss. Die Pausenzeit muss von Arbeitgeber*innen nicht bezahlt werden. Wird allerdings gegen die vorherigen Anforderungen verstoßen – beispielsweise, weil man nach 10 Minuten Pause im Lehrerzimmer von Schulleiter*innen zu einem Gespräch gebeten wird – gilt die verstrichene Zeit als zu bezahlende Arbeitszeit.

Für Beamt*innen finden sich in den Arbeitszeitverordnungen der Länder vergleichbare Regeln.

3.4.3 Pausensituation bei deutschen Lehrkräften

Die besondere Pausensituation von Lehrkräften in Deutschland ist bisher kaum systematisch in den Blick genommen worden (siehe auch Wendsche, 2023). Denn unterrichtsfreie Zeiten zwischen den Schulstunden sind zwar meist eine Schüler*innenpause, seltener jedoch für die Lehrkraft. Es müssen häufig Räume gewechselt, Unterrichtsvorbereitungen getätigt, Aufsichten abgehalten oder Schüler*innenanliegen geklärt werden. Die vermeintliche Pause ist daher für die Lehrkraft eher normale Arbeitszeit statt Zeit zur freien Erholung.

Aktuelle Repräsentativdaten der deutschen Erwerbsbevölkerung bestätigten diese Annahme. In der BIBB-BAuA-Erwerbstätigenbefragung 2012 gibt jede(r) Dritte Beschäftigte aus Erziehung und Unterricht (34 %) an, dass Ruhepausen häufig ausfallen (Lohmann-Haislah, 2012). Damit befindet sich dieser Beschäftigungszweig über dem Durchschnitt aller und reiht sich in die Top-3-Risikowirtschaftszweige für pausenloses Arbeiten ein (neben Gastgewerbe sowie Gesundheits- und Sozialwesen mit je 38 %).

In der BAuA-Arbeitszeitbefragung 2017 (Wendsche & Braun, 2023) berichten (1) 45 % der Grundschul- und Sekundarschullehrkräften mit gesetzlichem Pausenanspruch, dass ihre Pausen häufig ausfallen, (2) 47 %, dass ihre Pausen häufig unterbrochen/verkürzt werden (andere abhängig Beschäftigte 27 % bzw. 16 %) und (3) 31 %, dass Mittagspausen weniger als 30 Minuten lang sind (andere 21 %). 91 % dieser Lehrkräfte geben an, wenig/keinen Einfluss auf den Pausenzeitpunkt zu haben (andere 43 %). Eine ähnliche Befundlage ergibt sich auch für Berufsschullehrkräfte (Mittagspausen < 30 Minuten: 24 %, häufiger Pausenausfall: 39 %; häufige Unterbrechung/Verkürzung von Pausen: 49 %; keinen/wenige Einfluss auf Pausen: 84 %). Schaut man sich Arbeitsfaktoren an, die bei den Grund- und Sekundarschullehrkräften mit dem Ausfall, der Verkürzung und der Unterbrechung von Pausen zusammenhängen, so sind dies vor allem erhöhte quantitative als auch emotionale Arbeitsanforderungen (z. B. Zeit- und Leistungsdruck, Unterbrechungen durch Kolleg*innen, verkürzte Ruhezeiten, Verbergen von Gefühlen in der Arbeit). Wenn Grund- und Sekundarschullehrkräfte einen häufigen Ausfall ihrer Ruhepausen berichten, ist dies mit erhöhten Risiken assoziiert, auch gesundheitliche Beschwerden in den letzten zwölf Monaten erlebt zu haben (z. B. schlechtere allgemeine Gesundheit, mehr Müdigkeit und Erschöpfung, mehr Rücken- und Nackenschmerzen).

In einer sächsischen Lehrkraftstudie von Debitz et al. (2022) berichten ca. 65 % der Schulleitungen und 77 % der Personalvertretungen, dass die Erholungsmöglichkeiten in den Pausen der Lehrkräfte eingeschränkt sind. Diese Ergebnisse sind als schulartübergreifend zu verstehen. Gleichzeitig zählte der Erholungs- und Pausenmangel zu den arbeitsorganisatorischen Belastungsschwerpunkten (neben »große Leistungsunterschiede zwischen Schülerinnen und Schülern« sowie »besondere Anforderungen durch betreuungsintensive Schülerinnen und Schülern«).

In der niedersächsischen Arbeitsbelastungsstudie 2016 berichteten 87 % der Lehrkräfte belastet zu sein, da Erholungsmöglichkeiten in den Schulpausen fehlen (Mußmann et al., 2017). Eine Nachfolgestudie an Schulen in Frankfurt/Main fand ähnliche Ergebnisse und es gaben 77 % der Lehrkräfte an, dass sie Pausen häufig verkürzen oder ausfallen lassen müssen (Mußmann et al., 2021).

Insgesamt zeigen die Studienergebnisse sehr eindrücklich, dass Lehrkräfte, im Gegensatz zu Beschäftigten anderer Professionen, wesentlich seltener die Möglichkeit haben, erholsame Ruhepausen in ihren Arbeitsalltag einzuplanen und hier aus Sicht des Arbeitsschutzes ein dringender Verbesserungsbedarf besteht. Dabei müssen vor allem treibende arbeitskontextuelle Rahmenbedingungen in den Fokus genommen werden. Aber welche sind das?

Zwei Studien mit finnischen Lehrkräften geben hier erste Anhaltspunkte. Kinnunen et al. (2019) zeigten zunächst in einer Befragungsstudie, dass Lehrkräfte sich generell in ihren Pausen weniger entspannen oder von der Arbeit abschalten können. Klassenlehrkräfte waren von diesen Erholungsproblemen noch stärker als Fachlehrkräfte betroffen, vermutlich aufgrund der zusätzlichen bzw. besonderen Aufgaben in dieser Funktion. Generell war ein Mangel an Erholung in den Pausen (wenig Entspannung, wenig Abschalten) mit mehr Ermüdungs- und Erschöpfungssymptomen assoziiert. Erholung fiel den Lehrkräften in den Pausen dann schwerer, wenn sie häufiger Zeitdruck in ihrer Arbeit erlebten. In einer weiteren Tagebuchstudie ging diese Forscher*innengruppe einem weiteren Belastungsfaktor der Arbeit von Lehrkräften nach (Virtanen et al., 2021). Hier zeigte sich, dass über den Effekt von Zeitdruck hinaus das Erleben hoher emotionaler Anforderungen in der Arbeit das Abschalten und Entspannen in den Pausen erschwert. Vor allem die mangelnde Distanzierung von der Arbeit in den Pausen ging damit einher, dass das Wohlbefinden der Lehrkräfte am Nachmittag und am Abend reduziert war. Die Studie belegt, dass ein Mangel an Erholung während der Arbeitspausen auch das Befinden in nachgelagerten und längeren Erholungsphasen beeinträchtigen kann.

Die besondere Rolle von Arbeits- und Organisationsbedingungen für das Gelingen oder Misslingen der täglichen Pausen wurde auch in zahlreichen anderen Studien gefunden (Wendsche & Lohmann-Haislah, 2016, 2018). Die Ursachen für den Ausfall von Pausen sind dabei sehr vielfältig. So berichten Beschäftigte vor allem eine fehlende Passung der Pausen in den Arbeitsablauf oder einen Mangel an Zeit. Weitere Faktoren sind Führungsverantwortung, generell lange Wochenarbeitszeiten und Überstunden, Arbeit am Wochenende, Rufbereitschaft/Bereitschaftsdienste, Termin- und Leistungsdruck, Arbeiten an der Grenze der Leistungsfähigkeit, das gleichzeitige Erledigen verschiedener Arbeitstätigkeiten, Arbeitsunterbrechungen sowie eine tätigkeitsbedingte hohe gefühlsmäßige Belastung.

Der Verzicht auf Pausen scheint daher entweder strukturell nicht möglich zu sein, weil beispielsweise gar keine Pausenzeiten in den Arbeitsablauf eingeplant sind, oder er entwickelt sich als eine reaktive individuelle Strategie, um die besonders hohe Arbeitsbelastung auszugleichen. Darauf deuten auch Ergebnisse aus einer Interviewstudie von Phan und Beck (2023). Hier gaben die Beschäftigten unter anderem an, dass sie Pausen auch deshalb ausfallen lassen, um ihre Arbeitsaufgaben beenden zu können, mental in der Aufgabenbewältigung präsent zu bleiben, nicht die Gedanken zu verlieren oder besonders rationell arbeiten zu können (i.S.v. Zeit sparen). Wir hatten bereits vorher auf den sogenannten Zeigarnik-Effekt hingewiesen (Syrek et al., 2017; Weigelt & Syrek, 2017). Unerledigte

Arbeitsaufgaben wirken emotional stark aversiv und erzeugen einen inneren Antrieb zu Beendigung, oft auf Kosten alternativer Tätigkeiten, beispielsweise Erholungspausen. Demnach wäre es aus arbeitsgestalterischer Sicht wichtig, Belastungsfaktoren bei Lehrkräften zu reduzieren, die unerledigte Arbeitsaufgaben vor Pausen wahrscheinlicher machen. Eine weitere Variante wäre es für Lehrkräfte, Übergangsrituale in die Pause einzubauen, die zumindest das subjektive Abschließen von Aufgaben fördern.

3.5 Wie Ruhephasen wirksam genutzt werden können

Nach einer intensiven Arbeitswoche bieten Wochenenden eine gute Möglichkeit, eine Ruhephase einzulegen. Diese dauert im Unterschied zu den täglichen Arbeitspausen und Feierabenden länger als nur ein paar Minuten oder Stunden. In Studien zur Wirksamkeit dieser Erholungsphasen werden beispielsweise Veränderungen der Erholung und der Beanspruchungsfolgen vor und nach dem Wochenende oder während des Wochenendes betrachtet.

Die meisten Studien aus der arbeitsmedizinischen und arbeitspsychologischen Forschung haben Veränderungen in den Erholungserfahrungen in den Blick genommen, indem sie beispielsweise die Erschöpfung von Beschäftigten am Sonntag oder Montag vorhersagten, nachdem sie den Grad der Erschöpfung am Freitag erfasst hatten. So fand man beispielsweise, dass das Erschöpfungserleben zwischen dem Ende der Arbeitswoche (Freitag) und dem Beginn der neuen Arbeitswoche (Montag) bei Beschäftigten im Durchschnitt leicht abnimmt (Ragsdale et al., 2011; Ragsdale & Beehr, 2016). Verschiedene Forscher*innengruppen prüften nun die Annahme, dass insbesondere die Wiederherstellung der während der Arbeitswoche verbrauchten psychischen Ressourcen diese Veränderungen über das Wochenende erklären. Der Ressourcenzustand wurde dabei über zahlreiche Kenngrößen erfasst: das Erholungsbedürfnis, die Erschöpfung (Ragsdale et al., 2011), das Erleben von Müdigkeit oder Heiterkeit (Fritz, Sonnentag, et al., 2010), die Selbstregulationsfähigkeit, der Zustandsoptimismus und Burnoutsymptome (Ragsdale & Beehr, 2016).

Die Studie von Ragsdale et al. (2011) lieferte Hinweise dafür, dass hohes psychologisches Detachment, mehr Entspannungs- und mehr Kontrollerleben während des Wochenendes mit einer Verringerung des Erholungsbedarfs und der emotionalen Erschöpfung einhergehen. Andererseits berichteten Ragsdale und Beehr (2016), dass Entspannungs- und Kontrollerfahrungen keine Veränderungen des Ressourcenstatus vorhersagten und dass ein höheres Maß an psychologischem Detachment sogar mit einer Abnahme des Optimismus und letztlich mit einer Zunahme des Burnout assoziiert war. In beiden Studien war allerdings das Gefühl,

Kontrolle über seine Erholungssituation zu haben, die einzige Erholungserfahrung, die sich positiv auf die Indikatoren des Ressourcenstatus auswirkte.

Im Schulkontext untersuchten Fritz und Kollegen (2010) in einer Studie, ob die Erholungserfahrungen von Lehrkräften am Wochenende einen Einfluss auf ihre emotionale Verfassung bei der Rückkehr in Arbeit haben. Für diese Untersuchung wurden Lehrkräfte zunächst vor Beginn des Wochenendes (Freitagabend nach der Arbeit) nach ihrer aktuellen Stimmung gefragt (Heiterkeit, Selbstsicherheit, Gelassenheit, Angst, Feindseligkeit, Traurigkeit, Müdigkeit). Eine weitere Befragung folgte dann am Sonntagabend, um unter anderem Erholungserfahrungen (Entspannung, Kontrolle, Herausforderungen meistern, psychologisches Detachment) am Wochenende zu erfassen. Die letzte und damit dritte Befragung erfasste das Stimmungsbild während der Arbeitswoche und wurde am Ende der darauffolgenden Arbeitswoche am Freitagabend durchgeführt. Die Ergebnisse zeigten, dass ausreichende »Entspannung« am Wochenende die positive Stimmung im Laufe der Arbeitswoche erhöhte und die negative Stimmung verringerte. Die Forschenden schlussfolgerten, dass Entspannungserfahrungen Stress abbauen und möglicherweise die Regeneration von Ressourcen ermöglichen. Auch die Erholungserfahrung »Kontrolle« über die Freizeit verstärkte den positiven Stimmungszustand. Allerdings verschwanden diese Zusammenhänge, wenn andere Erholungserfahrungen und vorherige Stimmungszustände berücksichtigt wurden. Es scheint also, dass die Erfahrung der Kontrolle am Wochenende bei Lehrkräften etwas weniger Einfluss auf Stimmung nach einem Wochenende hat als andere Erholungserfahrungen. Die Erholungserfahrung »Herausforderungen meistern« wies eine starke Assoziation mit positiver Stimmung auf, was wiederum auf einen Gewinn an individuellen Ressourcen hindeutet (z. B. mehr Heiterkeit, Selbstvertrauen und Gelassenheit). Das psychologische Detachment von der Arbeit während des Wochenendes sagte positive, aber keine negativen Stimmungen für die anstehende Arbeitswoche vorher. Dieses Ergebnis implizierte, dass das Abschalten am Wochenende eventuell mehr mit Aktivitäten einhergeht, die angenehme und positive Merkmale aufweisen, was die Zunahme einer positiven Stimmung zur Folge haben könnte. Allerdings stand psychologisches Detachment in keinem Zusammenhang mit Veränderungen im Erschöpfungserleben.

Exkurs: »Thank God it's Friday«-Effekt

Während der Arbeitstage können sich Stress und Erschöpfung aufbauen. Das Wochenende bietet die Möglichkeit, diese Beanspruchungsfolgen abzubauen und sich zu erholen. Der »Thank God It's Friday«-Effekt bezieht sich auf das Phänomen, dass viele Menschen am Freitag eine bessere Stimmung und eine positivere Arbeitseinstellung haben, da das Wochenende bevorsteht. Es wird angenommen, dass dieser Effekt auf die Vorfreude auf Freizeit, Entspannung und den Ausstieg aus beruflichen Verpflichtungen zurückzuführen ist. Es gibt verschiedene wissenschaftliche Studien, die den »Thank God It's Friday«-Effekt untersucht haben. Deren Ergebnisse zeigen, dass viele Menschen, den Freitag positiver als den Rest der Arbeitswoche erleben (siehe Stone et al., 2012). Eine

Studie von Weigelt und Kollegen (2021) konnte dies replizieren. Die Studie fand während des Übergangs von Donnerstag auf Freitag Hinweise auf eine bedeutsame Zunahme an Vitalität – ein Zustand bei dem sich Personen energiegeladen, enthusiastisch, lebendig und aufmerksam fühlen – und einen Rückgang an Müdigkeit. Diese Ergebnisse legen nahe, dass das Energieniveau am Freitag höher ist als während der restlichen Arbeitswoche.

Exkurs: »Blue Monday«-Effekt

Der »Blue Monday«-Effekt bezieht sich auf die Annahme, dass Menschen beim Übergang zwischen dem Wochenende und der nächsten Arbeitswoche, also von Sonntag auf Montag, eine gesenkte positive Stimmung und eine erhöhte Unzufriedenheit erleben. Dieser Effekt wird oft mit einem Gefühl der Demotivation in Verbindung gebracht, vor allem, wenn Personen eine unangenehme Arbeitswoche, z. B. eine hohe anstehende Arbeitsbelastung, vorausahnen. Die Forschungsbefunde hinsichtlich des »Blue Monday«-Effekts sind allerdings uneindeutig. Während Hülsheger und Kollegen (2022) keine Hinweise für den »Blue Monday« fanden, zeigte die Studie von Weigelt et al. (2021), dass die Vitalität von Sonntag auf Montag abnimmt, während die Müdigkeit zunimmt. Es ist also wichtig, anzumerken, dass die Wahrnehmung des »Blue Monday«-Effekts womöglich stärker bewertet wird, weil es einen beobachtbaren Stimmungswechsel von Sonntag zu Montag geben kann, obwohl es keinen wirklichen Unterschied in der Stimmung zwischen Montag und den restlichen Arbeitstagen (Dienstag bis Donnerstag) gibt (Stone et al., 2012). Außerdem muss dieser Effekt nicht alle Menschen gleichermaßen betreffen. So können einige Menschen sich zum Beispiel auf die Herausforderungen der Arbeitswoche freuen und eine positive Einstellung gegenüber dem Arbeitswochenstart haben.

Neben den Wochenenden stellt insbesondere die Urlaubszeit eine einzigartige Möglichkeit dar, um Erkenntnisse darüber zu gewinnen, wie die Abwesenheit von Arbeit über einen längeren Zeitraum den Belastungen und Beanspruchungsfolgen entgegenwirken kann und welche spezifischen Verhaltensweisen und Erfahrungen in der Urlaubszeit zu diesem Prozess beitragen (Flaxman et al., 2023). Aber Urlaub bedeutet für einige Beschäftigte auch »Stress«. Die Reise muss geplant werden, die Familie zum Packen der Kleidung bewegt werden, das Haustier eventuell in Betreuung gebracht und die Urlaubsübergabe auf der Arbeitsstelle rechtzeitig organisiert werden. Die Urlaubszeit kann also selbst zur Belastung werden. Auf dem Flug geht das Gepäck verloren, das Hotel entspricht nicht der Beschreibung und die Kinder geraten in Dauerstreit. Und nach dem Urlaub? Berge an Wäsche und liegengebliebener Arbeitsaufgaben geben den aus dem Urlaub Zurückkehrenden den Rest. Die Frage, ob Urlaub also tatsächlich das Wohlbefinden von Beschäftigten fördern kann, ist daher für Erholungsforschende hochinteressant.

Ferienzeiten (Oster-, Sommer-, Herbst- und Winterferien) gehören im Lehrkräfteberuf zu den formellen Ruhephasen, die das Schuljahr regelmäßig und relativ homogen für die gesamte Gruppe der Beschäftigten im Schuldienst unterbrechen. Für Erholungsforschende sind Lehrkräfte deshalb eine beliebte Berufsgruppe, um Urlaubseffekten auf den Grund zu gehen. Zur Beantwortung der Frage, wie lange Lehrkräfte von der Ferienzeit profitieren und wie schnell mögliche positive Urlaubseffekte nachlassen, wurden deutsche Lehrkräfte vor und mehrmals nach einer zweiwöchigen Ferienzeit befragt (Kühnel & Sonnentag, 2011). Die Ergebnisse zeigten, dass unmittelbar nach den Ferien das Arbeitsengagement höher und die berichtete Erschöpfung der Lehrkräfte bedeutend niedriger war als vor den Ferien. Allerdings reduzierte sich deren Wohlbefinden relativ schnell wieder mit Einstieg in den Arbeitsalltag und nach vier Wochen entsprach es sogar dem Vor-Ferien-Niveau. Ein hohes Maß an wahrgenommenem Fehlverhalten der Schüler*innen und der vorherrschende Zeitdruck im Berufsalltag verweisen auf eine Zunahme der emotionalen Erschöpfung nach den Ferien. Allerdings zeigte sich auch, dass bei einem gewissen Grad an täglicher Entspannung während der Arbeitswoche nach den Ferien der Verbrauch psychischer Ressourcen kompensiert und damit der positive Urlaubseffekt verlängert werden kann.

Auch Flaxman und Kollegen (2023) konnten den bekannten positiven Effekt von Urlaub auf das Wohlbefinden aus vorherigen Untersuchungen gut replizieren. Sie zeigten in ihrer Studie weiterhin, dass neben einer Abnahme an Erschöpfung auch das Ausmaß an ängstlicher und depressiver Stimmung bei den Lehrkräften während des Urlaubs abnahm. Allerdings nahm die ängstliche Stimmung im Vergleich zur Erschöpfung und zur depressiven Stimmung nach dem Urlaub schneller wieder zu und erreichte innerhalb von zwei Wochen nach dem Urlaub wieder ihren Höhepunkt. Diese Ergebnisse verdeutlichen prinzipiell, dass die vorteilhaften Auswirkungen des Urlaubs auf das Wohlbefinden schnell abklingen, sobald die Lehrkräfte wieder an den Arbeitsplatz zurückkehren.

Die Forschenden kamen während ihrer Untersuchung zu einem weiteren spannenden Ergebnis. Je mehr Zeit die Lehrkräfte mit zusätzlichen beruflichen Aufgaben während des Urlaubs verbrachten, desto geringer war in der Regel der Anstieg der ängstlichen Stimmung nach dem Urlaubsende. Dieses Resultat legt nahe, dass Lehrkräfte vermutlich erleichtert sind, wenn sie während des Urlaubs schon einige anstehende Aufgaben erfolgreich erledigt oder zumindest vorbereitet haben, und sie deshalb weniger belastet in den Arbeitsalltag zurückkehren. Das Engagement in beruflichen Aktivitäten während des Urlaubs hatte dennoch seinen Preis für die Erholung: Eine längere Beschäftigung mit zusätzlichen Arbeitsaktivitäten während des Urlaubs ging mit einer geringeren Abnahme an Erschöpfung während des Urlaubs einher und beschleunigte zudem die Erschöpfungszunahme nach dem Urlaub. Letzteres impliziert, dass gerade Lehrkräfte, die ihren Urlaub nicht für Erholung nutzen, potenziell einem größeren Risiko für Burnout ausgesetzt sein können. Aber lassen sich diese Einzelbefunde verallgemeinern?

Eine erste umfassende Literatursichtung zu den Wirkungen von Urlaub auf das Wohlbefinden und die Gesundheit von Beschäftigten führten Jessica de Bloom und Kollegen im Jahr 2009 durch (de Bloom et al., 2009). Auf Basis von Daten aus sieben Studien zeigte sich, dass Urlaub im Durchschnitt tatsächlich das psychische und körperliche Wohlbefinden von Beschäftigten verbessert. In einer aktuelleren Metaanalyse (Speth et al., 2023) wurde die Datenbasis um neuere Studien erweitert, so dass nun insgesamt Daten aus 13 Studien mit insgesamt 1428 Beschäftigten vorlagen. In diesen Studien wurden die Wirkungen einzelner Urlaubsphasen zwischen vier und 23 Tagen untersucht. Was waren die Ergebnisse? Urlaub steigerte auch hier im Durchschnitt das Wohlbefinden der Beschäftigten. Die Beschäftigten erleben nach einem Urlaub weniger Stress und Erschöpfung als im Vergleichszeitraum vor dem Urlaub. Allerdings kann die allgemeine Lebenszufriedenheit durch einen Urlaub eher nicht substanziell verändert werden. Weiterhin zeigte sich, dass die Steigerung des Wohlbefindens durch einen Urlaub nicht höher ausfällt, als wenn man in seiner Arbeit regelmäßig Kurzpausen einlegt und dass Veränderungen des Wohlbefindens nicht von der Dauer eines einzelnen Urlaubs abhängen. Dieser Befund widerlegt die teilweise geäußerte Meinung, dass längere Erholungsphasen auch unmittelbar mit stärkeren Erholungseffekten einhergehen. Schon in frühen arbeitswissenschaftlichen Untersuchungen wurde gezeigt, dass die stärkste Abnahme beeinträchtigender Beanspruchungsfolgen am Anfang einer Erholungsphase stattfindet und dann zunehmend sinkt (Wendsche & Lohmann-Haislah, 2018). Man sollte also keinesfalls an täglicher oder wöchentlicher Erholung sparen, um bei der Arbeit möglichst viel zu schaffen und dann auf die »Superwirkung« des langen Jahresurlaubs zu hoffen. Diese Strategie wird nicht aufgehen.

Die neuere Metaanalyse zeigt auch, dass sich das eigene Wohlbefinden bereits ab der zweiten Nachurlaubswoche nicht mehr vom Zustand vor dem Urlaub unterscheidet. Diese »Ausschleicheffekte« von Erholungsgewinnen waren in der Urlaubsforschung schon länger bekannt; die Geschwindigkeit, mit der diese stattfinden, ist allerdings doch erstaunlich. Als sich die Autoren nochmals mögliche unterschiedliche Urlaubswirkungen in Abhängigkeit vom Beruf der Studienteilnehmer*innen anschauten, erkannten sie, dass Urlaub bei Lehrkräften im Vergleich zu anderen Berufsgruppen am stärksten das Wohlbefinden beförderte. Lehrkräfte sind weder erholungskompetenter als andere Beschäftigte – Schulz et al. (2020) zeigten sogar, dass in dieser Berufsgruppe der Anteil an erholungsbeeinträchtigten Personen höher ist (23 % bei Lehrkräften vs. 13 % im Durchschnitt bei allen Beschäftigten in Deutschland) – noch verbringen sie ihren Urlaub anders. Vielmehr ist für diesen Effekt vermutlich entscheidend, dass Lehrkräfte vor ihrem Urlaub ein wesentlich höheres Niveau an Beeinträchtigungen ihres Wohlbefindens erreichen. Ein Urlaub kann also gerade bei Lehrkräften auch viel an Besserung bewirken (Brosch et al., 2023).

3.6   Wann es sinnvoll ist, nicht zu stark abzuschalten

Bislang haben wir uns vor allem die Vorteile von Erholung und die unterschiedlichen Beschreibungs- und Wirkdimensionen von Erholung in unterschiedlichen Kontexten angeschaut. Als wir den Blick auf die ureigene psychologische Definition von Erholung als einen Prozess geworfen haben, diskutierten wir theoretische und empirische Beispiele, die zeigen, dass vor allem das Abschalten von der Arbeit mit Vorteilen für die Gesundheit von Beschäftigten einhergeht. Aber gibt es auch Gründe, weshalb man nicht von der Arbeit abschalten sollte? Gibt es ein individuelles Optimum an Erholung und mentaler Distanzierung? Kann man wirklich behaupten, dass mentale Distanzierung immer von Vorteil ist?

Pierce und Aguinis (2013) kritisieren, dass Forschende, die sich mit der Entwicklung von wissenschaftlichen Theorien und deren Anwendungsfeldern bzw. Umsetzungen beschäftigen, in der Regel dazu neigen, implizit das metatheoretische Prinzip »je mehr, desto besser« anzunehmen. Im Englischen ist dieses Prinzip auch unter »Too-much-of-a-good-thing« (TMGT)-Phänomen bekannt (Pierce & Aguinis, 2013). Das Phänomen unterstreicht die Notwendigkeit eines ausgewogenen Ansatzes, um sicherzustellen, dass positive Eigenschaften oder Verhaltensweisen nicht in einem Ausmaß gefördert werden, so dass sie schädlich werden. Das bedeutet, dass meist intuitiv davon ausgegangen wird, dass die Veränderung einer Variable (der Ursache) mit einer linearen Veränderung einer anderen Variablen (der Folge) direkt einhergeht. Je stärker ich auf das Gaspedal des Autos trete, desto mehr Strecke lege ich in gleicher Zeit zurück, die Geschwindigkeit steigt linear. Oder je mehr Masse ein Körper hat (z. B. Tellerstapel unterschiedlicher Höhe), desto mehr Kraft muss ich aufwenden, um diesen zu bewegen (ab einer gewissen Höhe des Tellerstapels bekommen wir ihn nicht mehr auf einmal in den Schrank). Aber gilt dies auch für psychologische Variablen und deren Zusammenhänge? Tatsächlich muss dies nicht (immer) der Fall sein. Pierce and Aguinis (2013) schlagen vor, auch Annahmen zu entwickeln und zu testen, die auf ein Gleichgewicht zwischen »Defizit und Exzess« hinauslaufen. Als möglicherweise intuitives Beispiel: Das Setzen von Terminfristen bei der Arbeit führt zunächst zu einer Leistungszunahme. Sind die Fristen allerdings zu eng gesetzt, kaum einzuhalten und damit unrealistisch für die Aufgabenbewältigung, so geben Beschäftigte ihre Bemühungen auf und die Leistung sinkt.

Eine solche Annahme wurde in einer Studie getestet, in der die Beziehung zwischen der Stärke der Identifikation von Mitarbeitenden mit ihrer Organisation, ihrem Grad an Überengagement in ihrem Beruf und ihrem allgemeinen Wohlbefinden untersucht wurde (Avanzi et al., 2022). Die Ergebnisse zeigen, dass eine Identifikation mit der Organisation im Allgemeinen die Gesundheit und das Wohlbefinden der Mitarbeiter fördert, es jedoch einen Schwellenwert gibt, ab dem eine erhöhte Identifikation negative Auswirkungen haben kann. Insbesondere kann eine übermäßige Identifikation zu Überengagement führen, was wiederum mit höheren psychischen Belastungen und Burnout verbunden ist. Tatsächlich könnte zumindest für einige Phänomene in der Arbeitswelt die Beziehung zwischen zwei Variablen besser durch einen sogenannten kurvilinearen Zusammenhang (Ansatz: eine zu niedrige und zu hohe Merkmalsausprägung sind kontraproduktiv; das Optimum findet sich im Mittelmaß) als durch eine lineare Form (Ansatz: »je mehr, desto besser«) erklärt werden. In Bezug auf die Studie von Avanzi et al. (2022) bedeutet dies, dass ein moderates Identifikationsniveau optimal ist. Auch in der Erholungsforschung hat man sich solche kurvilinearen Zusammenhänge angeschaut. Shimazu und Kollegen (2016) untersuchten beispielsweise, ob ein stetig hohes psychologisches Detachment mit einer stetig besseren psychischen Gesundheit von Beschäftigten verbunden ist und ob das psychologische Detachment zugleich einen kurvilinearen Zusammenhang mit dem Arbeitsengagement aufweist. Zur Beantwortung dieser Fragestellung wurde eine Online-Befragung bei über 2200 Beschäftigten in Japan durchgeführt. Die Ergebnisse zeigten, dass sich die subjektiv eingeschätzte psychische Gesundheit generell verbessert, wenn Personen von ihrer Arbeit abschalten. Allerdings kommt es irgendwann zu einer (gesundheitlichen) Stagnation, so dass ein extrem hohes Ausmaß des psychologischen Detachments nicht mit weiteren Verbesserungen der psychischen Gesundheit einhergeht. Wichtig zu erwähnen ist hier, dass die psychische Gesundheit allerdings auch bei einem sehr hohen Maß an psychologischem Detachment keinen Schaden nimmt.

Für das Arbeitsengagement gab es ein anderes Befundmuster: Obwohl ein hohes Maß an psychologischem Detachment die psychische Gesundheit der Beschäftigten verbessern kann, ist im Gegensatz dazu ein mittleres Maß an psychologischer Distanzierung am vorteilhaftesten für das Arbeitsengagement. Shimazu und Kollegen (2016) erklären dieses Phänomen damit, dass ein sehr geringes Maß an psychologischem Detachment die eigenen Ressourcen erschöpfen und deren Wiederherstellung verhindern kann, was im Ergebnis zu einem (unerwünscht) geminderten Arbeitsengagement führt. Distanziert man sich jedoch zu stark von den arbeitsbezogenen Aufgaben und Anforderungen, so wird zu viel Zeit benötigt, um wieder in den »Arbeitsmodus« zu gelangen. Auch dies wird sich negativ auf das Arbeitsengagement auswirken.

Zu einem ähnlichen Ergebnis kamen Fritz und Kollegen (2010), die ebenfalls zeigen konnten, dass sowohl ein sehr hohes Maß als auch ein sehr niedriges Ausmaß an psychologischem Detachment mit einem niedrigen Leistungsniveau verbunden sind, während ein mittleres Ausmaß an Distanzierung offenbar das Optimum darstellt. Ein ähnliches Befundmuster entdeckten He und Liu (2022) im Sinne eines umgekehrt U-förmigen Zusammenhangs zwischen dem (kognitiven) Detachment und der selbsteingeschätzten Kreativität. Allerdings war dieser Zusammenhang insbesondere bei den intrinsisch motivierten Beschäftigten aufzufinden. Dies deutet darauf hin, dass weitere Personenmerkmale, wie die individuelle Bedeutsamkeit der Tätigkeit und der Anregungscharakter der Arbeit, hier eine zusätzliche Rolle spielen können.

Obgleich insgesamt noch wenig beforscht, zeigten diese Studien, dass es insbesondere hinsichtlich motivationaler und leistungsbezogener Zielvariablen Vorteile im mittleren Ausmaß an psychologischem Detachment zu geben scheint. Auf den Lehrkräftealltag angewandt kann dies bedeuten, dass Lehrkräfte während einer aktuellen Unterrichtsstunde möglicherweise keine Zeit haben, ein neuartiges Problem oder eine Problemlösung ausreichend zu durchdenken, weshalb sich diese Arbeitsanforderungen, und die damit verbundenen notwendigen Denkprozesse, in die arbeitsfreie Zeit verlagern. Das muss kein Schaden sein. Denn würden sie das Problem komplett ignorieren und erst wieder zu Beginn des nächsten Arbeitstages angehen, wäre womöglich nicht genügend Zeit, um nächste Schritte zu planen, Aufgaben zu erledigen oder sinnvoll zu priorisieren. Problematisch wird das Nicht-Abschalten erst dann, wenn dieses die gesamte freie Zeit überschattet und wenn unvorteilhafte und chronische Grübelkreisläufe ausgelöst werden.

3.6.1 Welche Rolle das psychologische Reattachment spielt

Eine weitere, noch wenig beantwortete Frage liegt darin, wie lange und bis wann ein gelungenes Abschalten von der Arbeit eigentlich nötig ist. In einem anderen Forschungsbereich, der sich mit Erholung beschäftigt, der Sportpsychologie, hat man früh festgestellt, dass eine mangelnde mentale Neueinstellung auf die Aufgaben nach einer Erholungsphase mit Problemen hinsichtlich der Handlungssteuerung einhergehen kann. So nimmt Allmer (1996) an, dass während der Erholungsphase nach einer Distanzierungs- (Detachment) und Regenerationsphase unbedingt eine Orientierungsphase erfolgen muss, um optimale Aktivierungsprozesse wieder in Gang zu setzen. So wurde unter anderem im Golfsport entdeckt, dass nach einem Abschlag (Belastungsphase) zunächst mentales Distanzieren, dann ein Erholen (ruhig durchatmen, sich entspannt zum nächsten Abschlagort bewegen) und anschließend ein mentales Imaginieren des nächsten Schlages die Erfolgsquote beim nächsten Abschlag erhöht. In der arbeitspsychologischen Literatur wurde das Konzept des Sich-Wiedereinstellens und des Aufbaus einer mentalen Verbindung zur Arbeit nach einer Erholungsphase kürzlich als »psychological reattachment« eingeführt (Sonnentag & Kühnel, 2016).

So wurde unter anderem gezeigt, dass über die günstigen Wirkungen des abendlichen Abschaltens von der Arbeit hinaus eine intensivere Wiederherstellung der mentalen Verbindung zur Arbeit (reattachment) am Morgen danach mit einem höheren Arbeitsengagement (Sonnentag & Kühnel, 2016), einer stärker positiven Stimmung (Fritz et al., 2021) und mehr proaktivem Verhalten (d. h., selbstinitiiertes Verhalten das berufliche Umfeld positiv zu verändern; Schleupner et al., 2023) am Folgetag assoziiert ist. In einer weiteren Studie stellten Sonnentag et al. (2020) fest, dass die Steigerung des Arbeitsengagements durch die mentale Wiederanbindung an die Arbeit auf verschiedene psychologische Prozesse zurückzuführen ist: die mentale Aktivierung von Arbeitszielen, die Fokussierung der Gedanken auf die anstehenden Arbeitsaufgaben, die Aktivierung einer positiven emotionalen Lage und die verstärkte Wahrnehmung arbeitsbezogener Ressourcen, wie soziale Unterstützung und das Erleben von Kontrolle in der Arbeit.

Was können Lehrkräfte daraus lernen? Die Befunde zeigen, dass es ein gutes Ausbalancieren zwischen mentaler Loslösung von der Arbeit und mentaler Anbindung an die Arbeit braucht. Wer nun bei sich entdeckt, dass es schon ab und zu mal vorkommt, dass der Kopf selbst beim Abwasch noch in der Schule steckt, sei aber beruhigt. Das geht vielen Menschen so. Langfristig gesundheitsgefährdend kann es allerdings sein, wenn dies chronisch über längere Zeiträume auftritt und vor allem, wenn negative Gedanken an die Arbeit im Mittelpunkt der Gedanken stehen. Wir haben gesehen, dass sowohl ein nicht vollständiges Loslösen von der Arbeit am Abend als auch ein geistiges Sich-Wiedereinstellen auf die Arbeit vor Arbeitsbeginn am Folgetag durchaus mit positiven motivationalen und letztlich auch leistungsbezogenen Wirkungen einhergehen kann. Es kommt also auf das kluge Ausbalancieren von Grenzen zwischen Arbeits- und Erholungsphasen an.

Im folgenden Kapitel 4 präsentieren wir spezifische Strategien, die wir als Abgrenzungsstrategien bezeichnen. Diese Strategien zielen darauf ab, die Vermischung von Arbeits- und Privatleben zu minimieren, um mögliche gesundheitliche

Beeinträchtigungen zu reduzieren oder zu vermeiden. Durch die Anwendung dieser Methoden sollen persönliche und berufliche Bereiche geschützt und Erholung sowie eine gesunde Balance zwischen verschiedenen Lebensbereichen gefördert werden. Neben den Strategien und Tipps finden Sie auch drei praktische Aufgaben, die es Ihnen ermöglichen, die theoretisch vorgestellten Konzepte direkt anzuwenden. Schriftliche Notizen zu den Aufgaben können direkt im Buch festgehalten werden.

4 Abgrenzungsstrategien

4.1 Abgrenzungsstrategien in der Schulpause

Verschiedene Studien mit Lehrkräften haben gezeigt, dass während der Pause insbesondere Entspannung und mentale Distanzierung von der Arbeit die Erholung fördern und zur Reduktion von Ermüdungs- und Erschöpfungssymptomen sowie zur Steigerung des eigenen Wohlbefindens, auch nach der Arbeit, beitragen (Kinnunen et al., 2019; Virtanen et al., 2021).

4.1.1 Gestaltung von Arbeitspausen

Inzwischen weiß man eine ganze Menge darüber, wie die Abgrenzung von der Arbeit während einer Arbeitspause gelingen kann (Lohmann-Haislah et al., 2019). Wir haben einige dieser Vorschläge in der nachfolgenden Tabelle zusammengetragen (▶ Tab. 4.1).

Tab. 4.1: Erkenntnisse und Empfehlungen zur Gestaltung von Arbeitspausen

Gestaltungs-element	Erkenntnisse und Gestaltungsempfehlungen
Pausen planen	Kürzere Arbeitsphasen helfen bei der mentalen Abgrenzung in der Pause.
	Empfehlung: Überlegen Sie sich, wann Sie durch regelmäßige kurze Pausen die Dauer ihrer Arbeitsphasen verkürzen können. Planen Sie diese Pausen an jedem Tag Ihrer Arbeitswoche ein. Bedenken Sie bei der Planung die unterschiedlichen Bedingungen und Herausforderungen (z.B. Unterricht bei bestimmten Klassen, Klassenleiterstunde, Abstimmungsbedarfe, Fachkonferenzen, Arbeit von zu Hause). Ihr Stundenplan und Tagesplan enthält nun nicht mehr nur Klassen, Fächer und Unterrichtszeiten, sondern erweitert sich um die geplanten Pausen.
Arbeit vor den Pausen	Vor allem Zeitdruck, hohe emotionale Anforderungen und ein Mangel an Autonomie vor der Pause erschweren die Abgrenzung. Gleichzeitig machen sie Erholungsphasen umso nötiger.
	Empfehlung: Überlegen Sie sich Rituale, um vor der Pause dringliche Aufgaben zu beenden oder auf eine To-Do-Liste für spätere Arbeitsphasen zu übertragen. Erlangen Sie durch rechtzeitige Vorbereitung

Tab. 4.1: Erkenntnisse und Empfehlungen zur Gestaltung von Arbeitspausen – Fortsetzung

Gestaltungs-element	Erkenntnisse und Gestaltungsempfehlungen
	des Arbeitstages Kontrolle über ihr Handeln.
	Eine negative Stimmungslage vor der Pause erschwert die Abgrenzung.
	Empfehlung: Achten Sie zunächst auf Signale, die darauf hinweisen, dass es Ihnen nicht gut geht. Was hilft Ihnen, um in eine positive Stimmung zu kommen? Helfen Ihnen Entspannungs- oder Atemtechniken?
Während der Pausen	Abgrenzung gelingt leichter, wenn Sie den Arbeitsplatz verlassen.
	Empfehlung: Eventuell gibt es Möglichkeiten, in längeren Pausen ohne Aufsichtstätigkeit das Schulgelände zu verlassen. Vielleicht gibt es auch ruhige und private Orte im Schulgebäude bzw. auf dem Schulgelände. Mit zunehmender Distanz zum eigenen Arbeitsplatz (bspw. Arbeitsplatz der Kolleg*innen/Fachleiterzimmer, Schulkantine, Außenbereich, außerhalb des Schulgeländes) fällt das Abschalten und Entspannen leichter. Sie können diesen Tipp auch bei den Vorbereitungsarbeiten von zu Hause nutzen.
	Abschalten fällt dann leichter, wenn man sich bewegt und in natürlichen Umgebungen aufhält.
	Empfehlung: Gehen Sie in der Pause ein paar Schritte auf dem Schulgang oder auch zwischen den Etagen. Gibt es auf dem Schulgelände Bereiche mit Bäumen oder Wiesen, die Sie aufsuchen können? Übrigens, Studien haben gezeigt, dass auch Naturelemente in Pausenräumen das Abschalten fördern. Warum nicht eine Naturtapete im Lehrerzimmer anbringen?
	Führen Sie Pausengespräche mit Kolleg*innen in Maßen.
	Empfehlung: Studien haben gezeigt, dass Gespräche mit Kolleg*innen einerseits eine stressbewältigende Funktion haben, anderseits aber auch oft das Abschalten und Entspannen von der Arbeit erschweren. Suchen Sie sich einen Mittelweg. Welche Pause wollen Sie im Kollegium verbringen, welche lieber allein?
	Störungs- und unterbrechungsfreie Pausen ermöglichen.
	Empfehlung: Eine große Herausforderung ist es sicherlich, Kolleg*innen als auch Schüler*innen zu vermitteln, dass auch eine Lehrkraft mal eine ungestörte Pause braucht. Welche Ideen haben Sie?

4.1 Abgrenzungsstrategien in der Schulpause

Aufgabe – Damit Abgrenzung in der Schulpause gelingt!

Pausen planen

Sie haben nun endlich die Möglichkeit, Ihren Stundenplan so zu gestalten, dass dieser auch ihre Pausen enthält. Tragen Sie diese ein. Sie können zusätzliche Informationen zum Pausenort oder zu geplanten Pausentätigkeiten ergänzen. Bedenken Sie bei der Planung, ob es Hindernisse für erholsame Pausen gibt, beispielsweise:

- Aufsichtstätigkeiten
- Klassen mit besonderen Anforderungen, zum Beispiel hinsichtlich Vorbereitungs-/Nachbereitungs-/Redebedarf
- Raumwechsel

Stunde	Zeit	Montag	Dienstag	Mittwoch	Donnerstag	Freitag
1						
	Pause?					
2						
	Pause?					
3						
	Pause?					
4						
	Pause?					
5						
	Pause?					
6						
	Pause?					
7						
	Pause?					
8						
	Pause?					
9						

Stichwort Raumwechsel – Haben Sie Einfälle, wie der Weg in den nächsten Unterrichtsraum Ihre Erholung fördern kann?

4 Abgrenzungsstrategien

Erholungssignale erkennen und wirksame Strategien festlegen

Menschen, die auf regelmäßige Pausen verzichten, gefährden ihre Gesundheit. Dabei kann der Bedarf an Erholung nicht einfach auf den Feierabend oder das Wochenende verschoben werden. Wenn im Laufe des Tages mehrere der folgenden Anzeichen auftreten, ist es dringend an der Zeit, eine regelmäßige und angemessene Erholungspause einzulegen:

- Man fühlt sich müde und schläfrig.
- Man fühlt sich verspannt.
- Man zwinkert öfter.
- Man gähnt öfter.
- Man hat den Drang, die Arbeitssituation zu verlassen.
- Man hat keine Motivation mehr weiterzuarbeiten.
- Man wird zappelig und will sich bewegen und strecken.
- Man verliert schnell den Gedanken.
- Der Kopf fühl sich leer an.
- Man hat das Gefühl, anderen nicht mehr zuhören zu können.
- Flüchtigkeitsfehler schleichen sich in die Arbeit.

Schreiben Sie solche persönlichen Erholungssignale auf und überlegen Sie sich, welche Tätigkeit ihnen in der Pause helfen kann, um diese wirksam zu bewältigen.

Meine Erholungssignale	Was mir in der Pause hilft
•	•
•	•
•	•

Störungen und Unterbrechungen in der Pause vorbeugen

Notieren Sie drei bis vier Maßnahmen, um zu verhindern, dass Sie in Ihren Pausen unterbrochen werden:

Damit meine Kolleg*innen meine Pause nicht unterbrechen, werde ich ...

Damit meine Schüler*innen meine Pause nicht unterbrechen, werde ich …

Die Arbeit loslassen – Mein Ritual für eine erholsame Pause

Was kann Ihnen persönlich in den Unterrichtspausen helfen. Notieren Sie Ihr Bedürfnis in drei bis sechs Worten:

4.2 Abgrenzungsstrategien während der Arbeitszeit

In diesem Fall geht es nicht darum, sich von der Arbeit, sondern von der Außenwelt abzugrenzen, um die verfügbare Arbeitszeit effektiv nutzen zu können. Dafür bedarf es eines Rahmens, der festlegt, wann die eigenen Arbeitszeiten stattfinden, wann der Feierabend startet und welche Aufgaben in diesem Zeitfenster erledigt werden. Ansonsten läuft man Gefahr, nie »fertig zu werden«, was den Feierabend herauszögern und die Erholungszeit verkürzen kann.

4.2.1 Hinweise zur effektiven Gestaltung der Arbeitszeit

Hinweis Nr. 1: Zeitmanagement und Prioritätensetzung fördern

Legen Sie klare Zeitfenster für bestimmte Aufgaben fest und halten Sie sich daran. Vermeiden Sie Überstunden, indem Sie realistische Zeitpläne erstellen und Prioritäten setzen. Für die Erstellung eines realistischen Zeitplans hinsichtlich der anstehenden Arbeitsaufgaben kann Ihnen die sogenannte SMART-Methode helfen. SMART bedeutet:
Spezifisch (specific): Ziele sollten klar und präzise formuliert sein. Anstatt ein allgemeines Ziel wie »Ich möchte meine Unterrichtsstunde schnell vorbereiten.« zu setzen, könnte ein spezifisches Ziel lauten: »Ich möchte heute die 45-minütige

Sitzung zur Photosynthese im Biologieunterricht entwickeln, indem ich eine Gruppenübung und zwei Arbeitsblätter dazu aufbereite.«

Messbar (measurable): Ziele sollten quantifizierbar sein, um den Fortschritt messen zu können. Statt einfach zu sagen: »Ich möchte mehr zum Thema Photosynthese lesen und mein Vorwissen auffrischen.« könnte ein messbares Ziel lauten: »Ich möchte bis Ende dieser Woche mindestens zwei Kapitel (etwa 40 Seiten) aus dem Sachbuch gelesen und mir Notizen dazu gemacht haben.«

Erreichbar (attainable): Ziele sollten erreichbar sein, basierend auf den eigenen Fähigkeiten, Ressourcen und Umständen. Daher sollten die Ziele auch mit Ihrem Leben (z. B. Ihren Werten, Ihren Prioritäten) im Einklang stehen. Wenn Sie wissen, dass Sie nach dem Unterricht noch einen Zahnarzttermin haben und anschließend noch Freund*innen beim Umzug helfen wollen, bleibt eventuell kein großes Zeitfenster mehr für das konzentrierte Lesen der Fachliteratur zur Photosynthese übrig. Erreichbar wäre das Ziel eventuell an einem anderen Tag der Woche, wo Sie mehr Zeitpuffer nach der Arbeit haben.

Relevant (relevant): Ziele sollten relevant und bedeutsam für die eigene Arbeit sein. Sie sollten einen positiven Einfluss auf das gewünschte Ergebnis haben. Es ist wichtig, sicherzustellen, dass die gesetzten Ziele mit Werten, Interessen und langfristigen Zielen in Einklang stehen. Wenn die Behandlung des Themas »Photosynthese« curricular vorgegeben ist und Sie die Schüler*innen der vorgesehenen Klassenstufe prüfen müssen, so gewinnt die Behandlung des Themas im Unterricht an Relevanz.

Terminiert (timely): Ziele sollten mit einem klaren Zeitrahmen versehen werden, um einen Sinn für Dringlichkeit und Verantwortlichkeit zu schaffen. Dafür ist es wichtig, dass Sie Ihre Termine und Deadlines überblicken und außerdem abwägen können, wie viel Zeit welche Aufgabe in Anspruch nehmen darf und wann sie fällig wird.

Der SMART-Plan erlaubt es also, klare und messbare Ziele zu setzen, die realistisch und relevant sind und mit einem klaren Zeitrahmen versehen werden, um so die eigene Produktivität zu steigern und auf eine strukturierte Weise an der Erreichung der Ziele zu arbeiten.

Probieren Sie den SMART-Plan selbst aus (▶ Abb. 4.1) und halten Sie im Folgenden ein Ziel für eine anstehende arbeitsbezogene Aufgabe schriftlich fest:

Doch gerade der letzte Punkt des SMART-Plans, »zeitgerecht«, kann eine Herausforderung darstellen, wenn viele Aufgaben und Termine zeitgleich jongliert werden müssen und die Prioritäten noch nicht klar definiert sind. In diesem Fall kann das sogenannte Eisenhower-Prinzip weiterhelfen (▶ Abb. 4.2).

Das Eisenhower-Prinzip, auch bekannt als Eisenhower-Matrix, ist eine Methode zur Priorisierung und Organisation von Aufgaben. Es basiert auf der Idee des ehemaligen US-Präsidenten Dwight D. Eisenhower, der in einer seiner Reden sagte: »Was wichtig ist, ist selten dringend, und was dringend ist, ist selten wichtig.«

Aus dieser Redewendung ergab sich das Eisenhower-Prinzip, welches Aufgaben in vier Kategorien einteilt, basierend auf ihrer Dringlichkeit und Wichtigkeit (z. B. Mittelstädt & Mittelstädt, 2011).

4.2 Abgrenzungsstrategien während der Arbeitszeit

Ziele setzen nach der SMART-Methode	
Spezifisch	Mein Ziel lautet konkret und präzise ...
Messbar	Ich erkenne, dass ich das Ziel erreicht habe daran, dass ...
Attraktiv	Mein Ziel ist erstrebenswert, weil ...
Realistisch	Mein Ziel ist wirklich umsetzbar, weil ...
Terminiert	Mein Ziel habe ich erreicht bis ...

Abb. 4.1: Ziele setzen mit der SMART-Methode

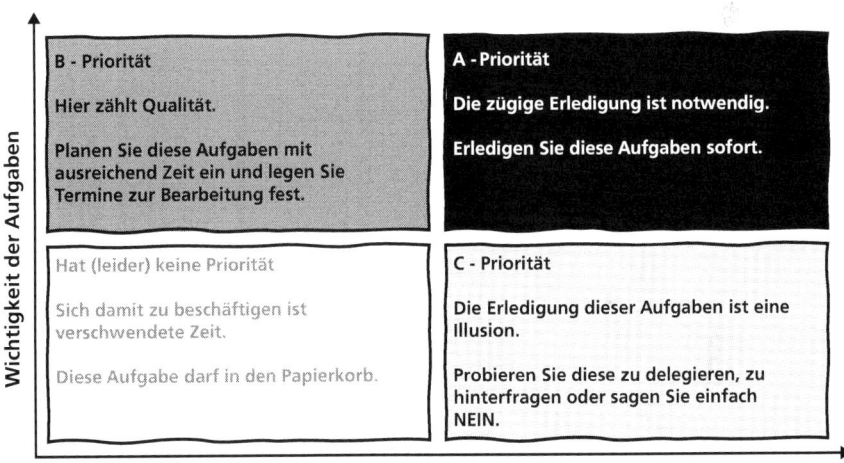

Abb. 4.2: Das Eisenhower-Prinzip zur Kategorisierung von Aufgaben

Wichtig und dringend: Aufgaben, die sofort erledigt werden müssen, da sie sowohl wichtig als auch zeitkritisch sind. Diese Aufgaben haben hohe Priorität und sollten sofort angegangen werden. Beispiele dafür sind:

- Vorbereitung auf eine bevorstehende Unterrichtsstunde oder Präsentation, die am nächsten Tag stattfindet
- Beantwortung von dringenden E-Mails oder Nachrichten von Eltern, Kolleg*innen oder der Schulleitung, die sofortige Aufmerksamkeit erfordern

- Bewältigung von unvorhergesehenen Problemen oder Notfällen im Klassenzimmer, wie Konflikte zwischen Schüler*innen oder technische Schwierigkeiten mit Medien im Unterricht

Wichtig, aber nicht dringend: Aufgaben, die wichtig sind, aber keine unmittelbare Deadline haben. Diese Aufgaben erfordern eine gewisse Planung und sollten langfristig angegangen werden, um mögliche Dringlichkeit zu vermeiden. Beispiele dafür sind:

- Entwicklung von langfristigen Unterrichtsplänen oder Lehrplänen für das gesamte Schuljahr
- Fortbildung und berufliche Weiterentwicklung, wie die Teilnahme an Konferenzen oder das Lesen pädagogischer Fachliteratur
- Überarbeitung und Verbesserung von Unterrichtsmaterialien, um den Lernprozess zu optimieren

Dringend, aber nicht so wichtig: Aufgaben, die zeitkritisch sind, aber weniger Bedeutung oder Wert haben. Sie erzeugen eine Illusion der Wichtigkeit. Diese Aufgaben können oft delegiert oder ausgelagert werden, um Zeit für wichtige Aufgaben zu schaffen. Beispiele dafür sind:

- Administrative Aufgaben, wie das Ausfüllen von Formularen oder das Erstellen von Berichten
- Routineaufgaben, wie das Kopieren von Unterrichtsmaterialien oder das Organisieren von Klassenzimmerressourcen
- Teilnahme an kurzfristigen Besprechungen oder nicht dringenden Angelegenheiten, die von Kolleg*innen aufgedrängt werden

Nicht dringend und nicht wichtig: Aufgaben, die weder dringend noch wichtig sind. Diese Aufgaben sollten vermieden oder eliminiert werden, da sie keine produktive Zeit beanspruchen sollten. Beispiele dafür sind:

- Zeitverschwendende Aktivitäten, wie übermäßige Recherchen im Internet oder übermäßiger Zeitaufwand für Aktivitäten in sozialen Medien während der Arbeitszeit
- Meetings oder Aktivitäten, die keinen Mehrwert für den Unterricht oder die Schüler*innen bieten
- Nicht lehrplanrelevante Aufgaben, die von anderen aufgedrängt werden, aber nicht zur Haupttätigkeit der Lehrkraft beitragen, wie das Gießen von Blumen im Klassenzimmer

Hinweis Nr. 2: Konzentrierte Arbeitsphasen festlegen

Setzen Sie sich gezielt Zeiten, in denen Sie sich ungestört auf bestimmte Aufgaben konzentrieren können. Schalten Sie insbesondere digitale Benachrichtigungen (bspw. E-Mails, Messenger-Apps etc.) aus und minimieren Sie Ablenkungen, um produktive Arbeitszeiten zu gewährleisten. Kommunizieren Sie klar Ihre Arbeitszeiten und Verfügbarkeiten. Lassen Sie Kolleg*innen und Führungskräfte, aber auch Familienmitglieder wissen, dass Sie während bestimmter Zeiträume nicht gestört werden möchten, es sei denn, es liegt ein dringender Notfall vor.

Um diese Arbeitszeit dann auch tatsächlich konzentriert nutzen zu können, ohne Aufgaben aufzuschieben oder sich selbst abzulenken, kann die Pomodoro-Technik als beliebte Zeitmanagement-Methode helfen. Die Pomodoro-Technik wurde von Francesco Cirillo in den späten 1980er Jahren entwickelt und ist nach einer Küchenuhr in Form einer Tomate (Italienisch: »Pomodoro«) benannt, die er während seines Studiums verwendete. Die Pomodoro-Technik besteht aus folgenden Schritten:

- **Aufgabenliste erstellen:** Zu Beginn der Arbeitsphase erstellt man eine Liste der zu erledigenden Aufgaben. Hierbei kann auf den vorherigen SMART-Plan zurückgegriffen werden.
- **Wecker auf 25 Minuten stellen:** Man stellt einen Wecker auf 25 Minuten ein, diese Zeitspanne wird als »Pomodoro« bezeichnet.
- **Aufgabe bearbeiten:** Während des Pomodoros arbeitet man konzentriert und ohne Ablenkungen an einer einzelnen Aufgabe, und zwar genau 25 Minuten lang.
- **Pause:** Nachdem die Zeit abgelaufen ist, folgt eine kurze Pause von 5 Minuten, um sich zu erholen.
- **Pomodoro-Zyklen wiederholen:** Man wiederholt die Schritte 2 bis 4, arbeitet an der nächsten Aufgabe und macht nach jedem abgeschlossenen Pomodoro eine kurze Pause.
- **Längere Pause:** Nach vier Pomodoros (also nach etwa zwei Stunden) folgt eine längere Pause von 15 bis 30 Minuten.

Die Pomodoro-Technik fördert die Fokussierung auf die Aufgabenbewältigung und verhindert Prokrastination, indem sie die Arbeit in kurze, gut strukturierte Intervalle unterteilt.

Durch die regelmäßigen Pausen bleibt man frisch und erhält die mentale Energie aufrecht. Die Technik kann auch dabei helfen, den Fortschritt bei der Bearbeitung von Aufgaben zu überwachen und eine realistische Einschätzung der benötigten Zeit zu gewinnen.

Hinweis Nr. 3. Pausen einplanen

Wie in Kapitel 4.1 beschrieben, braucht es nicht nur in der Schule regelmäßige Pausen, um Ihren Geist zu erfrischen und neue Energie zu tanken. Auch beim Arbeiten zu Hause sollte eine kurze Auszeit genutzt werden, um bewusst abzuschalten, indem Sie kurze Atemübungen, Meditation oder Pausen in der Natur durchführen.

Eine relativ einfache, aber wirksame Maßnahme ist es, den Arbeitsplatz während einer Pause zu verlassen. In einer Studie (Wendsche, 2023) hatte sich gezeigt, dass Pausen abseits des Arbeitsplatzes eher dazu führen, dass man sich entspannen und von der Arbeit abschalten kann, dass solche Pausen auch seltener unterbrochen werden und u.a. dadurch auch die Erholungsdauer steigt und Beschäftigte mit einem solchen Pausenverhalten am Ende des Arbeitstages weniger erschöpft und müde sind.

Warum es sich lohnt, in den Pausen auch ins Freie zu gehen oder Zeit in einem Garten oder Park zu verbringen, soll im Folgenden näher erläutert werden.

> **Exkurs: Orte und Kontexte von Erholungen**
>
> Gerade Orte in der Natur können einen Einfluss auf unsere Erholung haben. Das nimmt die sogenannte »Attention Restoration Theory« (ART) nach Kaplan (1995) an. Die ART konzentriert sich dabei auf die Rolle der Umgebung und des Kontextes bei der Wiederherstellung der menschlichen Aufmerksamkeit und untersucht, wie bestimmte Merkmale der Umgebung die mentale Ermüdung reduzieren können. Unterschieden werden zwei Arten der Aufmerksamkeit:
>
> - **Fokussierte Aufmerksamkeit (Focused Attention):** Die fokussierte Aufmerksamkeit ist eine bewusste, anstrengende Form der Aufmerksamkeit. Sie tritt auf, wenn wir unsere Konzentration bewusst auf eine spezifische Aufgabe, eine Person oder ein Objekt richten. Es ist die Art von Aufmerksamkeit, die wir benötigen, um uns auf komplexe oder anspruchsvolle Tätigkeiten zu konzentrieren, wie zum Beispiel auf das Lösen von Problemen, das Absolvieren einer schwierigen Aufgabe oder das Lesen eines komplexen Textes. Fokussierte Aufmerksamkeit erfordert eine hohe kognitive Anstrengung und ist oft mit einem engen Bewusstseinsfokus verbunden.
> - **Sanfte Aufmerksamkeit (Soft Attention):** Die sanfte Aufmerksamkeit ist eine weniger bewusste und entspanntere Form der Aufmerksamkeit. Sie tritt auf, wenn wir uns in einer Umgebung befinden, die nur wenige kognitive Anforderungen stellt und es uns erlaubt, unsere Aufmerksamkeit diffus und entspannt schweifen zu lassen.
>
> ART nennt vier Merkmale von Umgebungen, die zur Erholung und Wiederherstellung der Aufmerksamkeit beitragen können:
>
> - **Faszination:** Natürliche Umgebungen haben oft Eigenschaften, die unsere Aufmerksamkeit ohne Anstrengung auf sich ziehen, wie zum Beispiel fließendes Wasser, Vogelgesang oder grüne Landschaften.
> - **Kohärenz:** Eine Umgebung sollte eine gewisse Ordnung und Struktur aufweisen, damit unsere Aufmerksamkeit nicht durch unerwartete Reize gestört wird, sondern unser Geist sich mit substantiellen Inhalten beschäftigen kann.

- **Abgeschiedenheit:** Eine ruhige und ungestörte Umgebung macht es leichter, sich von den ständigen Ablenkungen des Alltags zu erholen und psychologische Distanz zu gewinnen.
- **Kompatibilität:** Die Umgebung sollte unseren individuellen Vorlieben und Bedürfnissen entsprechen, um eine positive Reaktion und Entspannung zu fördern.

Indem wir uns in Umgebungen aufhalten, die diese vier Merkmale aufweisen, können wir unsere fokussierte Aufmerksamkeit leichter wiederherstellen und unsere mentale Ermüdung rascher reduzieren. Natürliche und andere entspannende Umgebungen bieten eine willkommene Abwechslung von den ständigen und wechselhaften Anforderungen und Reizen der modernen Welt und ermöglichen es uns, uns zu erholen und zu regenerieren.

Man sollte berücksichtigen, dass eine bestimmte Umgebung nicht per se eine Erholungswirkung auslöst. Wichtig ist, umgebungsbezogen das Potenzial für das Auftreten und die Förderung bestimmter Erholungserfahrungen in den Blick zu nehmen.

So sollten Settings, in denen es wahrscheinlicher ist, dass sie geringere reizbezogene Verarbeitungsnotwendigkeiten mit sich bringen, erholungsförderlicher sein als städtische bzw. bebaute Umgebungen. Eine naheliegende Empfehlung besteht deshalb darin, Spaziergänge zu unternehmen. Sie sind insbesondere in »grünen« Umgebungen (dazu gehören Wälder, Hügel und natürliche Landschaften) nachweislich erholungsförderlich. Hingegen wird das Erholungspotenzial von Grünflächen in städtischen Umgebungen als vergleichsweise gering angesehen. Dennoch bieten auch urbane Grünflächen eine bessere Erholungsmöglichkeit als bebaute städtische Räume. Aber auch »blaue Umgebungen«, das heißt aquatische Räume, wie Küsten, Flüsse, Seen und das Meer, haben sich in Untersuchungen als besonders erholsam erwiesen.

Hinweis Nr. 4: Häusliche Arbeitsumgebung nach ART gestalten

Schaffen Sie einen klaren Arbeitsbereich, der Ihnen hilft, sich auf Ihre Aufgaben zu konzentrieren. Richten Sie Ihren Arbeitsplatz so ein, dass er Ihren Bedürfnissen entspricht und eine produktive Atmosphäre fördert.

Die ART nach Kaplan (1995), kann Ihnen dabei helfen:
Umgebende Faszination: Platzieren Sie Zimmerpflanzen oder stellen Sie den Schreibtisch in der Nähe eines Fensters auf, um die Verbindung zur Natur zu fördern und Ihre Arbeitsumgebung faszinierender zu gestalten.

Kohärenz: Halten Sie den Arbeitsbereich sauber und aufgeräumt, um eine kohärente Umgebung und Struktur zu schaffen, die die Konzentration unterstützt. Ihre Arbeitsmaterialien sollten hier parat liegen, damit Sie Ihren Arbeitsprozess nicht unterbrechen müssen, wenn Sie etwas brauchen.

Abgeschiedenheit: Versuchen Sie, störende Geräusche zu minimieren und finden Sie eine ruhige Ecke im Haus, um eine abgeschiedene und ungestörte Arbeitsumgebung zu schaffen. Wenn Geräusche Sie stören, können Sie Kopfhörer verwenden, um sich abzuschotten beziehungsweise um entspannende Hintergrundgeräusche oder Musik zu hören. Eine räumliche Abgrenzung zu Ihren regulären Ruhebereichen sollte gegeben sein.

Kompatibilität: Gestalten Sie den Arbeitsplatz nach eigenen Vorlieben und Bedürfnissen. Fügen Sie persönliche Gegenstände, Farben und Dekorationen oder ätherische Öle hinzu, um eine angenehme, ruhige und eine kompatible Atmosphäre zu schaffen.

Hinweis Nr. 5: Erholung im Unterricht thematisieren

Das Thema »Erholung« kann zum Lerngegenstand des Unterrichts gemacht werden. Durch eine solche Unterrichtseinheit sollen Schüler*innen für das Thema der Erholung sensibilisiert und der positive Beitrag von Erholungsaktivitäten und -management soll bewusstgemacht werden. Um dieses Ziel zu erreichen, kann man auf das Prinzip des »didaktischen Doppeldeckers« zurückgreifen. Dieses Prinzip basiert auf der Idee, dass sich der behandelte Lerngegenstand (das Thema »Erholung«) mit den entsprechenden Lehr- und Lernaktivitäten (Ausführung von Erholungsaktivitäten im Unterricht) deckt und der Lernstoff damit auf zwei Ebenen präsentiert wird.

Oberdeck: In dieser Ebene wird der Lernstoff durch die Lehrkraft in seiner ursprünglichen Form präsentiert. Es können Fachbegriffe, Theorien oder umfangreiche Informationen enthalten sein. Diese Ebene soll es den Schüler*innen ermöglichen, einen ersten Überblick über das Themengebiet zu erhalten und sich mit dem Gesamtzusammenhang vertraut zu machen. Bezogen auf das Thema Erholung würde dies bedeuten, dass es zunächst eine Einführung in das Konzept der Erholung und ihrer Bedeutung für das Wohlbefinden gäbe.

- Definition von Erholung und ihre Rolle bei der Reduktion von schulischem Stresserleben
- Erklärung der verschiedenen Aspekte der Erholung, einschließlich physischer, psychischer und sozialer Erholung
- Veranschaulichung der langfristigen Auswirkungen von unzureichender Erholung auf die Gesundheit und Leistungsfähigkeit

Unterdeck: Auf dieser Ebene erfolgt dann die Vereinfachung des Lerninhalts durch ihre praktische Anwendung. Bezogen auf das Thema Erholung wäre das Ziel, Strategien oder Übungen zur Förderung der Erholung im Alltag umzusetzen, die den Lernstoff für Schüler*innen zugänglicher machen.

- Vorstellung und Durchführung von verschiedenen Entspannungstechniken, wie Fantasiereisen, Meditation, Yoga und Atemübungen im Unterricht
- Aufzeigen von gesunden Schlafgewohnheiten und deren Bedeutung für eine erholsame Nachtruhe

- Hinweise zur Einbindung von Naturerlebnissen und Outdoor-Aktivitäten zur Förderung der sanften Aufmerksamkeit und Entspannung
- Ausarbeitung von Tipps zur effektiven Zeitgestaltung für Schulpausen und Freizeitaktivitäten

Für eine solche Unterrichtseinheit können Lehrkräfte auf bereits existierende Unterrichtsmaterialien zurückgreifen. So bietet beispielsweise die Deutsche gesetzliche Unfallversicherung (DGUV) kostenlose Arbeitsmaterialien zum Thema »Richtige Pausen machen« unter:

 www.dguv-lug.de/berufsbildende-schulen/gesundheitsschutz/richtig-pause-machen/

Hier geht es explizit darum, Schüler*innen den Wert von Pausen näher zu bringen und sie über ihr Pausenverhalten reflektieren zu lassen. Neben Hintergrundinformationen für Lehrkräfte bietet die DGUV einen Überblick zu den Fach-, Methoden- und Sozialkompetenzen, die im Rahmen einer solchen Unterrichtseinheit durch Schüler*innen erworben werden sollen. Darüber hinaus können Lernmaterialien, wie Schaubilder oder Arbeitsblätter, abgerufen werden, die der Analyse und Verbesserung des eigenen Pausenverhaltens dienen.

Weiterführende Literatur

Klusmann, U., & Waschke, N. (2018). Gesundheit und Wohlbefinden im Lehrerberuf (1. Aufl). Hogrefe.

4.3 Abgrenzungsstrategien nach Feierabend

4.3.1 Den Feierabend einläuten

Für das Erholungserleben ist es nicht unerheblich, sich geistig und mental auf den Feierabend einzulassen. Dabei können gewisse Rituale den Übergang von der Arbeit in den Feierabend vereinfachen. Nachfolgend einige Tipps.

Hinweis 1: Ausschalten digitaler Endgeräte

Schalten Sie nach Feierabend Ihre beruflichen E-Mails und Benachrichtigungen aus und klappen Sie Ihren Arbeitslaptop zu. Dadurch signalisieren Sie dem Gehirn, dass die Arbeit für den Tag abgeschlossen ist. So können Sie sich mental von beruflichen Verpflichtungen lösen und sich auf die Freizeit konzentrieren.

Hinweis 2: Ortswechsel und Raumtrennung

Verlassen Sie den Raum, in dem sich Ihr Arbeitsplatz befindet. Versuchen Sie, Ihren Arbeitsbereich und Ihren Ruhebereich stets voneinander zu trennen, auch wenn beide im selben Raum sind. Nutzen Sie Raumteiler, Regale oder Vorhänge, um eine visuelle Trennung zu schaffen.

Hinweis 3: Feierabendfreundliche Umgebung

In Ihrem Ruhebereich sollten Materialien, die an Arbeit erinnern und die Aufmerksamkeit wieder auf die Arbeit lenken, aus dem Sichtfeld entfernt werden. Dazu gehören Klassenarbeiten, die auf dem Esstisch liegen, oder Elternbriefe, die auf der Kommode platziert sind. Diese Materialien sollten idealerweise in ein separates Arbeitszimmer oder in einen Schrank mit Türen gebracht werden, der speziell für Arbeitsmaterialien vorgesehen ist. Dadurch wird vermieden, dass sie ablenken und die Arbeitsatmosphäre in anderen Räumen beeinflussen.

Hinweis 4: Verwendung von Requisiten

Verwenden Sie spezifische Requisiten, um den Übergang zwischen Arbeit und Entspannung zu symbolisieren. Zum Beispiel könnten Sie einen speziellen Schal oder ein Kissen benutzen, das nur für Ihre Ruhezeiten vorgesehen ist. Wechseln Sie Ihre Kleidung, die Sie in der Regel auf der Arbeit tragen.

Hinweis 5: Routinierte Handlungen

Das Zubereiten einer Tasse Tee oder Kaffee sowie das Einnehmen von Mahlzeiten nach dem Feierabend sind oft alltägliche, routinierte Handlungen. Das Geschmackserlebnis und der Duft von Tee oder Kaffee können ebenfalls dazu beitragen, eine angenehme und entspannte Atmosphäre zu erzeugen, die dem Gehirn signalisieren, dass der Arbeitstag vorbei ist und die Entspannungszeit beginnt. Auch das Hören Ihrer Lieblingsmusik, eine Dusche oder ein Bad zu nehmen sind Aktivitäten, die das Abschalten im Feierabend fördern können, weil sie positive Sinneserfahrungen bieten. Sie können eine beruhigende Wirkung haben, indem sie positive Emotionen hervorrufen und für Ablenkung von negativen Gedanken sorgen.

Arbeitsbezogene Gedanken und Schlaf entkoppeln

Arbeitsbezogene Gedanken können vor allem dann problematisch werden und zu Schlafstörungen führen, wenn sie vor dem Schlafengehen auftreten und vom Einschlafen abhalten. Das gedankliche Durchspielen von Ereignissen verleiht einem zwar die Illusion, sich aktiv mit diesem Gedanken zu beschäftigen, dabei wird allerdings in der Regel nicht überprüft, ob diese Gedanken konstruktiv und zielführend sind. Die endlosen Gedankenschleifen halten von einem erholsamen Schlaf ab. Eine längere Schlafdauer und eine bessere Schlafqualität wirken jedoch nicht nur der Müdigkeit entgegen, sondern gelten als Indikatoren für eine gelungene Erholung und für ein besseres psychisches Wohlbefinden.

Eine Studie von Melo und Kollegen (2021) untersuchte den Zusammenhang zwischen arbeitsbezogener Rumination und Schlaf bei Lehrkräften. So sollten Lehrkräfte vor dem Schlafgehen Fragen zu arbeitsbezogenen Gedanken und Sorgen beantworten. Während des Schlafes trugen sie einen sogenannten Aktigraphen am Handgelenk. Das ist ein Gerät, welches der Messung von Aktivitäts- und Ruhezyklen über Körperbewegungen dient. Außerdem führten die Lehrkräfte an fünf bis sieben aufeinanderfolgenden Tagen ein Schlaftagebuch. Es zeigte sich, dass Lehrkräfte, die viel über arbeitsbezogene Inhalte ruminierten, im Durchschnitt mehr als 15 Minuten länger zum Einschlafen brauchten und im Durchschnitt etwa 60 Minuten früher aufwachten. Die Studiendaten belegen also, dass Schlafbeeinträchtigungen durch arbeitsbezogene Gedanken entstehen können.

Doch warum sollten wir unser Schlafverhalten ernst nehmen? Längsschnittliche Untersuchungen legen nahe, dass ein schlechter Schlaf zu einer Zunahme von arbeitsbedingten Belastungssymptomen beiträgt. So können sich bei schlechtem Schlaf langfristig Burnout-Symptome entwickeln (Armon et al., 2008; Söderström et al., 2012). Schlafbeschwerden können bei Personen mit bereits bestehendem Burnout die Erschöpfungszustände über den Zeitraum von einem Jahr aufrechterhalten (Jansson-Fröjmark & Lindblom, 2010) und bei Personen mit Schlafbeschwerden lässt sich sogar ein Anstieg von depressiven Symptomen noch zwei Jahre später beobachten (Magnusson Hanson et al., 2014). Deshalb sind frühzeitige Interventionen wichtig, um Schlafstörungen zu verhindern oder abzumildern und dadurch deren negative individuelle und berufliche Folgen zu reduzieren. Aus metaanalytischen Untersuchungen ist bekannt, dass sich die Schlafdauer und Schlafqualität durch Interventionen verbessern lassen (Murawski et al., 2018). Manche dieser Interventionen beruhen auf Strategien für eine gute Schlafhygiene. Einige dieser Strategien wollen wir nachfolgend vorstellen.

4.3.2 13 Tipps zur Stärkung der Schlafhygiene

Hillert und Kollegen (2019, S. 207 f.) haben eine Checkliste zu Verhaltensweisen zusammengestellt, die zur guten Schlafhygiene beitragen sollen. Im Folgenden werden diese Punkte aufgegriffen und mit zusätzlichen Hintergrundinformationen bereichert.

Hinweis 1: Legen Sie sich nur dann zum Schlafen nieder, wenn Sie ausgeprägt müde sind.

Hintergrund: Wenn man nicht ausreichend müde ist, kann es schwierig sein, einzuschlafen oder einen tiefen und erholsamen Schlaf zu erreichen. Stattdessen wälzt man sich hin und her und hat einen tendenziell unruhigen Schlaf, was zu einer schlechteren Schlafqualität führt. Gleichzeitig beginnt man sich Gedanken über den Schlafmangel zu machen. Dies kann zusätzlich frustrieren und das Einschlafen erst recht erschweren. Daher wird empfohlen, sich nicht in den Schlaf zu zwingen, denn dieses Verhalten kann den natürlichen Schlaf-Wach-Rhythmus stören. Es ist folglich schwierig, zu einer gewünschten Zeit einzuschlafen, zu der man jedoch noch gar nicht ausreichend müde ist. Folglich hat man dann Schwierigkeiten, am nächsten Morgen früher aufzuwachen, um pünktlich zur ersten Schulstunde zu erscheinen.

Hinweis 2: Stehen Sie jeden Morgen zur gleichen Zeit auf.

Hintergrund: Der Körper hat eine innere Uhr, die als zirkadianer Rhythmus bezeichnet wird. Wenn man jeden Tag zur gleichen Zeit aufsteht – so auch an den Wochenenden – hilft das, den zirkadianen Rhythmus zu stabilisieren. Dadurch fällt es leichter, am Abend einzuschlafen und am Morgen aufzuwachen, da sich der Körper auf einen bestimmten Zeitplan einstellt.

Hinweis 3: Schlafen Sie nicht tagsüber.

Hintergrund: Es gibt Situationen, in denen ein kurzes Nickerchen oder ein geplanter Mittagsschlaf, auch bekannt als Powernap, tatsächlich Vorteile bieten kann. Eine solche Auszeit von etwa 20 bis 30 Minuten kann dazu beitragen, die Energie zu steigern, die geistige Wachsamkeit zu verbessern und die Produktivität während des restlichen Tages zu erhöhen. Kurzschlaf kann auch hilfreich sein, wenn man vorhat, länger als üblich wach zu bleiben, beispielsweise für eine nächtliche Aufsichtspflicht während einer Klassenfahrt.

Jedoch gibt es auch Gründe, warum das regelmäßige Schlafen – über die Powernaps hinaus – tagsüber nicht empfohlen wird. Tagsüber zu schlafen, kann die Qualität des nachfolgenden Nachtschlafs beeinflussen, da ein Teil des biologischen Schlafbedürfnisses durch den Tagschlaf gedeckt wird. Wer tagsüber längere Zeit schläft, ist abends eventuell weniger müde und es kommt zu Schwierigkeiten beim Einschlafen.

Hinweis 4: Benutzen Sie das Bett ausschließlich zum Schlafen und vermeiden Sie längere Wachzeiten im Bett.

Hintergrund: Indem man das Bett ausschließlich zum Schlafen verwendet, schafft man eine starke Schlafassoziation. Körper und Geist werden darauf programmiert, dass das Bett ein Ort der Entspannung und des Schlafes ist. Da der Körper automatisch in den Schlafmodus wechselt, wenn man sich ins Bett legt, fällt es leichter einzuschlafen und eine bessere Schlafqualität zu erreichen. Wenn das Bett allerdings auch für andere Aktivitäten, wie Arbeiten, Essen oder Fernsehen genutzt wird, kann das eine ungewollte Irritation erzeugen. Das Gehirn hat möglicherweise Schwierigkeiten, zwischen Schlaf- und Wachzustand zu unterscheiden. Und da nicht klar zwischen den verschiedenen Aktivitäten und Ruhezeiten unterschieden wird, mündet dies in Unruhe und Schlafstörungen. Daher sollten Sie eine klare Trennung zwischen dem Schlafbereich und anderen Aktivitäten vornehmen. Gewöhnen Sie Ihr Gehirn daran, dass das Bett kein Ort der Aktivität und des Wachseins ist, sondern ein Ort der Entspannung und des Schlafes. Dies fördert eine bessere Schlafdisziplin und hilft, den Fokus auf den Schlaf zu legen.

Hinweis 5: Schaffen Sie zwischen Ihrem Alltag und dem Zubettgehen eine Zeit der »Entschleunigung«.

Hintergrund: Indem man aktiv eine »Entschleunigungs«-Routine einführt, signalisiert man dem eigenen Körper, dass es Zeit ist, zur Ruhe zu kommen. Dafür können entspannende Aktivitäten, wie Lesen, Meditieren, ein warmes Bad nehmen oder leise Musik hören, ausgeführt werden, um Körper und Geist in einen Schlafmodus zu versetzen.

Hinweis 6: Gestalten Sie Ihre Schlafumgebung angenehm (Temperatur, Licht, Geräusche).

Hintergrund: Eine angenehme Schlafumgebung hilft dabei, äußere Störungen zu minimieren. Eine optimale Schlaftemperatur für Erwachsene liegt im Bereich von 15 °C bis 18 °C und wird als angenehm und förderlich für den Schlaf empfunden. Kein oder gedimmtes Licht und eine ruhige Geräuschkulisse können dazu beitragen, dass man schneller einschläft.

Hinweis 7: Wählen Sie Rituale zum Einschlafen.

Hintergrund: Rituale, also Handlungsabläufe vor dem Schlafgehen immer in gleicher Reihenfolge auszuführen, können die Nachtruhe einläuten. Dazu gehören das Anziehen des Schlafanzugs, das Abschminken, das Zähneputzen oder das Ausschalten bzw. Dimmen des Lichtes.

Hinweis 8: Vermeiden Sie es, nachts auf die Uhr zu schauen.

Hintergrund: Das ständige Überprüfen der Uhrzeit kann zu einer gesteigerten Aufmerksamkeit für die Tatsache führen, dass man nicht schlafen kann. Dies erzeugt einen zusätzlichen Schlafdruck. Dadurch beginnt man sich Sorgen darüber zu machen, wie viel Zeit man noch zum Schlafen übrighat, wobei diese Gedanken den Geist noch weiter wach und angespannt halten. Die erzeugte Anspannung und die Angst vor mangelndem Schlaf erschweren den Einschlafprozess zusätzlich.

Hinweis 9: Seien Sie körperlich aktiv, vermeiden Sie jedoch extreme körperliche Anstrengung am Abend.

Hintergrund: Moderate körperliche Bewegung vor dem Schlafengehen kann helfen, Spannungen abzubauen. Dahingegen kann extreme körperliche Aktivität am Abend zu stark aktivieren und das Energielevel erhöhen. Dies kann dazu führen, dass es schwieriger wird, zur Ruhe zu kommen. Daher ist es empfehlenswert, keine intensiven Trainingseinheiten oder extremen körperlichen Anstrengungen kurz vor dem Schlafengehen zu absolvieren. Außerdem kann extreme körperliche Aktivität die Körperkerntemperatur erhöhen. Nach intensiver körperlicher Anstrengung benötigt der Körper wieder Zeit, um sich abzukühlen. Es ist besser, genügend Zeit für die Abkühlung des Körpers einzuplanen.

Hinweis 10: Trinken Sie keine koffeinhaltigen Getränke.

Hintergrund: Bekanntermaßen haben koffeinhaltige Getränke eine stimulierende Wirkung auf den Körper und regen die Aktivität des Nervensystems an. Eine erhöhte Wachheit und Aufmerksamkeit sind nicht schlafförderlich. Alternativen wie koffeinfreier Kaffee oder Tee können gute Optionen sein, wenn der Geschmack ohne die stimulierende Wirkung gewünscht ist.

Hinweis 11: Konsumieren Sie kein Alkohol zum besseren Einschlafen/am späten Abend.

Hintergrund: Obwohl Alkohol anfangs eine sedierende Wirkung haben und das Einschlafen erleichtern kann, beeinträchtigt er die Qualität des Schlafes. Alkohol stört die natürlichen Schlafmuster, indem er den REM-Schlaf (Rapid Eye Movement) beeinflusst, der für die Erholung und das geistige Wohlbefinden während des Schlafes wichtig ist. Dadurch wird der Schlaf weniger erholsam sein und es treten häufiger Aufwachphasen auf.

Hinweis 12: Vermeiden Sie das abendliche Rauchen.

Hintergrund: Nikotin, das in Zigaretten enthalten ist, ist ein stimulierendes Mittel. Es erhöht die Herzfrequenz, den Blutdruck und die Aktivität des Nervensystems. Das Rauchen am Abend begünstigt Schlafstörungen, indem es das Einschlafen erschwert, den Schlaf unruhiger macht und zu häufigem Aufwachen während der Nacht führt.

Hinweis 13: Vermeiden Sie das abendliche Essen.

Hintergrund: Als Faustregel gilt, dass man etwa drei Stunden vor dem Zubettgehen keine größeren Mengen an Essen und/oder Trinken zu sich nehmen sollte. Das Verdauungssystem benötigt Zeit, um Nahrung zu verarbeiten und zu verdauen. Wenn man kurz vor dem Schlafengehen große Mengen an Essen zu sich nimmt, kann dies zu Verdauungsstörungen wie Sodbrennen, Magenbeschwerden und Unwohlsein führen. Diese Beschwerden können den Schlaf stören und die Schlafqualität beeinträchtigen. Große Trinkmengen vor dem Schlafengehen verursachen während der Nacht eventuell häufigeren Harndrang, der den Schlaf unterbricht. Es wird empfohlen, die Flüssigkeitsaufnahme vor dem Schlafengehen zu begrenzen, um nächtliches Wasserlassen zu minimieren.

Weiterführende Literatur

Hillert, A., Lehr, D., Koch, S., Bracht, M., Ueing, S., Sosnowsky-Waschek, N., & Lüdtke, K. (2016). *Lehrergesundheit: AGIL-das Präventionsprogramm für Arbeit und Gesundheit im Lehrerberuf* (2., überarb. Aufl.). Stuttgart: Schattauer

4.4 Abgrenzungsstrategien in der Freizeit

Selbstverständlich bedeutet für jede Person Erholung etwas anders, weshalb die Auswahl von und Präferenz für Erholungsaktivitäten in der Freizeit unterschiedlich ausfällt. Manche Menschen entspannen beim Sport und haben außerordentlich viel Spaß daran; andere wiederum sind davon angestrengt und finden das wenig attraktiv. Welche Erholungsaktivitäten es grundsätzlich gibt und wie gut sie zu uns selbst passen, soll im Folgenden diskutiert werden.

4.4.1 Erholungsaktivitäten auswählen und Verhalten und aufbauen

Ein Ansatz zur Auswahl und Ausübung von Aktivitäten für den Verhaltensaufbau stammt aus der klinischen Psychologie und geht auf die klassischen Methoden der Verhaltenstherapie zurück (Hoyer & Krämer, 2021). Das Ziel dabei ist, im Alltag diejenigen Verhaltensweisen zu fördern, die positiv verstärken und damit für die Person belohnend wirken. Im Mittelpunkt unserer Ausführungen stehen nun solche (neuen) Verhaltensaktivitäten, die gleichzeitig auch erholungsförderlich sind. Der verhaltenszentrierte Ansatz dient als Ausgangspunkt, Personen in die Lage zu versetzen, sich unabhängig von ihrer aktuellen Stimmung zu alltäglichen Handlungen zu motivieren und gewünschte Aktivitäten – in unserem Fall Erholungsaktivitäten – herbeizuführen.

Die Psychotherapeut*innen Jürgen Hoyer und Lena Krämer zielten mit diesem Ansatz darauf ab, depressive Symptome wie Rückzug, Passivität und Antriebslosigkeit zu reduzieren und damit der Entwicklung beziehungsweise Aufrechterhaltung depressiver Störungsbilder entgegenzutreten. Um die Wirksamkeit der Methode zu testen, führten Hoyer und Kollegen (2021) während der Covid-19-

Pandemie eine Interventionsstudie durch, um Strategien zu aktivieren, die helfen, mit sozialer Vereinsamung, sozialem Rückzug und der generellen Begrenzung vieler Alltagsaktivitäten besser umgehen zu können. Im Rahmen ihrer Untersuchung legten sie den Teilnehmenden eine Liste von positiven Aktivitäten vor und koppelten diese Aufzählung zusätzlich an eine Reihe mentaler Vorstellungsaufgaben. Dabei wurden die Teilnehmenden instruiert, (Erholungs-)Aktivitäten aus der Liste auszuwählen und anhand einer selbst ausgewählten Audiodatei sich in die gewählten Szenarien (z. B. ein Musikinstrument spielen) detailliert hineinzuversetzen. Wie erwartet, führte bereits die Auswahl und die Vorstellung der gewählten Aktivitäten zu einer verbesserten Stimmungslage. Es ist davon auszugehen, dass bereits die mentale Imagination einer Aktivität die Motivation und die Wahrscheinlichkeit gegebenenfalls erhöht, diese Aktivität später auch tatsächlich durchzuführen. Im Folgenden nutzen wir ausgewählte Aktivitäten aus der Liste, um persönliche Erholungsszenarien zu identifizieren. Einige dieser Aktivitäten wurden leicht adaptiert. Beginnen Sie nun mit der Aufgabe 1:

Aufgabe – Auswahl von Erholungsaktivitäten

Kreuzen Sie in der unten dargestellten Liste in Tabelle 4.2 an, welche Aktivitäten Sie besonders häufig in ihren Erholungsphasen anwenden und welche Sie eher selten anwenden. Mit welchen Aktivitäten können Sie nichts anfangen?

Tab. 4.2: Auswahl von möglichen Erholungsaktivitäten (angelehnt an Hoyer & Krämer, 2021)

Aktivitäten	selten/nie	häufig
Soziale Aktivitäten		
Soziale Kontakte über Social Media aufnehmen	☐	☐
Mit Freunden oder Familienmitgliedern chatten, telefonieren oder skypen	☐	☐
Mich intensiv (den) Kindern widmen	☐	☐
Weitere eigene gewünschte Aktivtäten: _____ (z. B. Sexualität partnerschaftlich genießen, jemandem Komplimente machen oder ihn loben, Briefe/Karten schreiben, ein liebevolles Geschenk für andere vorbereiten)	☐	☐
Haushaltsbezogene Aktivitäten		
Backen oder Kochen	☐	☐
Hausarbeit oder Wäsche erledigen	☐	☐
Die Wohnung verschönern oder ein Zimmer renovieren	☐	☐
Weitere eigene gewünschte Aktivtäten: _____ (z. B. ein neues Rezept ausprobieren, Lebensmittel einmachen, Garten- oder Hofarbeit verrichten, sauber machen und aufräumen, das Bett frisch beziehen, ein Gemüsebeet anbauen, Pflanzen umtopfen, an technischen Dingen arbeiten: Auto, Fahrrad, Motorrad, Hausgeräte)	☐	☐

Tab. 4.2: Auswahl von möglichen Erholungsaktivitäten (angelehnt an Hoyer & Krämer, 2021) – Fortsetzung

Aktivitäten	selten/nie	häufig
Körperliche Aktivitäten		
Meditation oder Yoga betreiben	☐	☐
Sport treiben (z. B. Home-Workout, Gymnastik, Fitness, Fahrrad fahren)	☐	☐
Laufen, Joggen oder Freiluftübungen betreiben	☐	☐
Kreative, Künstlerische Aktivitäten		
Erzählungen, Theaterstücke oder Gedichte schreiben	☐	☐
Sich künstlerisch betätigen (Malen, Bildhauerei, Zeichnen)	☐	☐
Ein Musikinstrument spielen/erlernen	☐	☐
Weitere eigene gewünschte Aktivtäten: _____ (z. B. Lied texten, mit künstlerischen Materialien arbeiten, Fotoalbum basteln, Fotografieren, Blog-Artikel/Video posten, stricken/häkeln/sticken/nähen)	☐	☐
Selbstfürsorgliche/achtsame Aktivitäten		
Ein Bad nehmen/duschen, sich pflegen (z. B. Haarkur, Gesichtsmaske)	☐	☐
Tagebuch schreiben	☐	☐
Bewusst Musik hören	☐	☐
Weitere eigene gewünschte Aktivtäten: _____ (z. B. Achtsamkeitsübungen, aufmerksam Radio hören, barfuß laufen, für sich alleine tanzen)	☐	☐
Aktivitäten in der Natur		
Sterne, Mond oder Wolken betrachten	☐	☐
Sonnenauf- oder -untergang beobachten	☐	☐
Einen Spaziergang machen	☐	☐
Unterhaltende Aktivitäten		
Einen Film/eine Serie schauen	☐	☐
Ein Hörbuch/Podcast hören	☐	☐
Zeitschriften, Zeitungen, Romane lesen	☐	☐
Weitere eigene gewünschte Aktivtäten: _____ (z. B. Videospiele spielen, lustige Videos anschauen, Witz hören/lesen, Kreuzworträtsel lösen, Gesellschafts- oder Kartenspiele spielen, mit Haustieren spielen, einen Karaokeabend machen)	☐	☐
Lerngelegenheiten schaffen		
Einen Zaubertrick lernen	☐	☐
Etwas Neues lernen (z. B. Jonglieren, Fußballtricks, Handstand, Fremdsprache)	☐	☐
Do-It-Yourself-Videos anschauen und nachmachen	☐	☐

Tab. 4.2: Auswahl von möglichen Erholungsaktivitäten (angelehnt an Hoyer & Krämer, 2021) – Fortsetzung

Aktivitäten	selten/nie	häufig
Aufgaben erledigen		
Alte Fotos durchschauen/sortieren	☐	☐
Ein (aufgeschobenes) Vorhaben oder eine Aufgabe zu Ende bringen	☐	☐
Ein persönliches Problem angehen	☐	☐
Weitere eigene gewünschte Aktivtäten: _____ (z. B. meine finanziellen Angelegenheiten regeln, etwas ordnen oder archivieren, meine Homepage pflegen, Kleidung (aus-) sortieren oder aufwerten)	☐	☐

Notieren Sie sich im nächsten Schritt bis zu zehn Aktivitäten (es können auch weniger sein) in Tabelle 4.3, die Sie persönlich als besonders erholsam erachten. Achten Sie darauf, dass auch solche Aktivitäten darunter sind, die Sie bisher eher selten ausführen (in der Tabelle grau unterlegt).

Tab. 4.3: Meine Top-Ten Erfolgsaktivitäten auf einem Blick

1.
2.
3.
4.
5.
6.
7.
8.
9.
10.

4.4.2 Planung und -monitoring von Erholungsaktivitäten

Mit ihrer Liste (aus Aufgabe 1) haben Sie es nun selbst in der Hand, Erholungsaktivitäten als positive Verstärker in Ihren Alltag einzubauen.

Versuchen Sie, sich nicht zusätzlich zu überfordern oder die Aktivitäten als eine Pflichtaufgabe abzuarbeiten. Das Ziel sollte vielmehr sein, dass Sie für sich umsetzbare Ziele wählen. Fangen Sie also mit kleinen Schritten an. Wenn Sie wieder öfter joggen wollen, können Sie mit einmal in der Woche starten und dann schauen, ob Sie die Dauer und Häufigkeit erhöhen möchten.

Das wichtigste dabei ist, dass Sie Ihre Aktivitäten und Ihre Befindlichkeiten dabei überwachen (monitoren). Was macht Ihnen Spaß? Was ist für Sie eher belastend? Was bessert Ihre Stimmung und das Erholungserleben tatsächlich auf? Welche Aktivitäten haben keinen Einfluss auf Ihre Erholung?

Dafür sollten Sie die ausgewählten Aktivitäten und deren Effekt auf Ihr (emotionales) Erleben über einen längeren Zeitraum hinweg protokollieren. Das wird Ihnen dabei helfen, die Beziehungen zwischen bestimmten Aktivitäten und dem damit verbundenen oder darauffolgenden Erholungserleben zu erkennen. Wenn es Ihnen gelingt, diese Verbindung zu identifizieren, werden Sie feststellen, dass Sie selbst die Möglichkeit haben, Ihr eigenes Erleben zu beeinflussen und mitzugestalten.

Im Folgenden werden zwei Methoden vorgestellt, die das Planen und Protokollieren von Verhaltensweisen und die Umsetzung beziehungsweise das Erreichen von Verhaltenszielen unterstützen.

Methode 1: WOOP

WOOP steht für Wish (Wunsch) – Outcome (Ergebnis) – Obstacle (Hindernis) – Plan (Plan). Die WOOP-Methode ist eine wissenschaftlich fundierte und in der Praxis bewährte Methode zur Planung und Umsetzung von Verhaltensaktivitäten, die von der Professorin für Psychologie Gabriele Oettingen entwickelt wurde. Die Strategie zielt darauf ab, Änderungen von Verhalten und Gewohnheiten zu unterstützen (Oettingen, 2017). Dabei werden die Techniken des mentalen Kontrastierens und der Absichtsbildung für die Umsetzung von Verhaltensvornahmen (Ziele) genutzt. Der Erfolg dieser Technik für das Erreichen selbstgesetzter Ziele im Allgemeinen (Wang et al., 2021), aber auch für die Verbesserung des eigenen Zeitmanagements (Oettingen et al., 2015) sowie der Unterstützung gesundheitsförderlichen Verhaltens – wie beispielsweise einer Änderung des Freizeitverhaltens, der körperlichen Aktivitäten, der Gewichtsabnahme oder des Essverhaltens (Adriaanse et al., 2010; Marquardt et al., 2017; Valshtein et al., 2020) – wurde vielfach in Studien nachgewiesen.

Wenn Ihr Ziel also darin besteht, mehr von den präferierten Erholungsaktivitäten in den Alltag zu integrieren, kann diese Technik genau das Richtige für Sie sein. Doch wie funktioniert die WOOP-Methode und wie kann man sie erlernen? Eine ausführliche Antwort dazu findet sich auf der »WOOP my Life« Webseite, die Interessent*innen dazu einlädt, die Strategie kennenzulernen und auszuprobieren:

 www.woopmylife.org/

Bei WOOP geht es darum, realistische Ziele zu setzen und den Weg zur Zielerreichung konkret und Schritt für Schritt zu planen. Über diesen QR-Code kommen sie rasch auf die WOOPMYLIFE-Homepage und können mit Ihrer Verhaltensänderung beginnen:

Wie bereits erwähnt, arbeitet WOOP dabei mit der Methode des »mentalen Kontrastierens« (Wang et al., 2021). Beim mentalen Kontrastieren sollen sich Personen auf die potenziellen Hindernisse und Schwierigkeiten konzentrieren, die auf dem Weg zur Zielerreichung in der Zukunft auftreten können. Dies bedeutet, dass in der Vorstellung ein (mentaler) Vergleich und ein Zueinander-in-Bezug-Setzen zwischen dem angestrebten Wunsch (Wish) auf der einen Seite und dem zentralen inneren Hindernis (Obstacle), das der Wunscherfüllung eventuell im Wege steht, hergestellt wird. Aus dieser Kontrastierung resultieren Strategien und Pläne (z. B. Wenn-Dann-Pläne), um die Hindernisse zu bewältigen. Hierfür sind weitere zwei Schritte von Bedeutung:

1. **Positives Denken:**
   Zunächst stellt man sich das angestrebte Ziel oder den gewünschten Zielzustand so detailliert wie möglich vor. Man visualisiert, wie es sein wird, das Ziel zu erreichen und welche positiven Auswirkungen die Zielerreichung mit sich bringen wird. Man konzentriert sich auf die Vorteile, Freude und Erfüllung, die mit der Zielerreichung verbunden sind.
   - **Anwendungsbeispiel:** Stellen wir uns vor, dass das Ziel der neuen Erholungsaktivität darin besteht, sich nach einem anstrengenden Schultag bewusst zu entspannen und Energie aufzutanken. Sie visualisieren, wie Sie sich an einem ruhigen Ort befinden, umgeben von Natur, zum Beispiel in einem Park oder in einem Garten. Die Sonne scheint, Vögel zwitschern und Sie nehmen den Duft von frischer Luft und Blumen wahr. Sie spüren, wie sich Ihre Muskeln entspannen, und fühlen sich von der Anspannung befreit. Die Erholungsaktivität ermöglicht es Ihnen, den Geist freizumachen, inneren Frieden zu finden und ihr Wohlbefinden zu steigern. Die Zeit der Erholung erfüllt sie mit Freude und Zufriedenheit.
2. **Hindernisse erkennen:**
   Im nächsten Schritt identifiziert man die Hindernisse, die einen erfolgreichen Weg zur Zielerreichung erschweren können. Hierbei ist es wichtig, realistisch zu sein und mögliche Schwierigkeiten, innere Widerstände oder äußere Umstände zu benennen, die den Fortschritt behindern würden. Die zentrale Frage, die es zu beantworten gilt, lautet deshalb: »Was hindert mich daran, meinen Wunsch zu erreichen?«
   - **Anwendungsbeispiel:** Mögliche Hindernisse, die Sie davon abhalten, die Erholungsaktivität erfolgreich durchzuführen, könnten etwa sein: Zeitmangel aufgrund eines vollen Terminkalenders, Ablenkungen durch digitale Geräte oder auch Nervosität und innere Unruhe. Sie erkennen auch die Gefahren von unvorhergesehenen Verpflichtungen oder unerwarteten Aufgaben, die Ihre Pläne womöglich stören.

Durch die Konfrontation von positiven Vorstellungen mit Blick auf das Ziel und den möglichen Hindernissen auf dem Weg zur Zielerreichung können realistische Strategien entwickelt werden, um diese Hindernisse zu überwinden. Die Vorstellungen helfen nämlich dabei, sich die gewünschte Zukunft vorzustellen und zeigen, was zu tun ist. Bei der Vorstellung der potenziellen Hindernisse findet man heraus, welche Schritte gegebenenfalls zur Überwindung eingeleitet werden müssen. Idealistische Überlegungen zur Zielerreichung erfahren so eine reelle Einordnung. Denn das mentale Kontrastieren hilft auch, potenzielle Fallstricke frühzeitig zu erkennen und geeignete Maßnahmen zu ergreifen, um ihnen entgegenzuwirken. Es ist wichtig anzumerken, dass das mentale Kontrastieren allein keineswegs ausreicht, um eine Zielerreichung zu gewährleisten. Es ist nur eine von mehreren Techniken im Rahmen der WOOP-Strategie, die unterstützend wirkt, Pläne zur Zielerreichung zu verfeinern und auf mögliche Herausforderungen besser vorbereitet zu sein.

Forschungsergebnisse belegen, dass WOOP eine wirksame Methode sein kann, um Verhaltensänderungen anzustoßen und zu fördern sowie um Ziele zu erreichen (Wang et al., 2021). Es ist jedoch wichtig, dass jede*r die Methode für sich selbst ausprobiert, um festzustellen, ob sie für einen selbst effektiv ist. Deshalb ist die Wirksamkeit von WOOP von dem persönlichen Engagement abhängig. Die kostenlos verfügbare WOOP-App zum Ausprobieren der Strategie lässt sich auf mobilen Endgeräten installieren. Sie führt die Anwendenden durch die vier Schritte von WOOP (Wunsch, Ergebnis, Hindernis, Plan) und ermöglicht die individuelle Speicherung der gewünschten Menge an WOOPs. Die Methode lässt sich aber auch ganz traditionell mit Stift und Papier oder auch im Kopf durchführen. Einen Einblick in die vier Schritte von WOOP gibt die folgende schriftliche Übung, welche abrufbar ist unter:

 https://woopmylife.org/de/practice

An dieser Stelle sei angemerkt, dass WOOP gerade bei der Planaufstellung auf sogenannte »Wenn-Dann-Pläne« zurückgreift. Auf diese soll im Folgenden näher eingegangen werden.

Methode 2: Wenn-Dann-Pläne

Im Gegensatz zu allgemeinen Zielvorhaben, die wie »Ich möchte Z erreichen« formuliert sind, haben Wenn-Dann-Pläne ein spezielles Format: »Immer wenn X passiert, dann mache ich Y.« Hierbei ist Y eine Handlung, die direkt dazu beiträgt, das Ziel Z effektiver zu erreichen (Gawrilow, 2016). Durch die Formulierung des Plans wird auf diese Weise gedanklich eine bestimmte Situation mit dem gewünschten Verhalten verknüpft. Warum ist das nötig? Die aktuelle motivationspsychologische Forschung nimmt an, dass der Einsatz von Selbstregulationstechniken nötig ist, um formulierte Ziele tatsächlich auch in zieldienliches Verhalten zu übertragen. Durch Wenn-Dann-Pläne können Handlungen leichter ausgelöst werden, da die Handlungskontrolle vom Selbst an die Umwelt (das X) abgegeben wird (Faude-Koivisto & Gollwitzer, 2009).

Die Wirksamkeit von Wenn-Dann-Plänen für die Steuerung von Plänen ist gut belegt. So fasste eine neue Metaanalyse (Sheeran et al., 2024) die Ergebnisse aus 642 Einzelprüfungen zusammen und stellte fest, dass Wenn-Dann-Pläne tatsächlich mit einer verbesserten Zielerreichung einhergehen (z. B. wenn es um Verhaltensänderungen geht, wie die Durchführung einer Diät, das Erreichen kognitiver Ziele oder Veränderungen in der Emotionsregulation). Planen hilft dabei, sich selbst besser zu kontrollieren, und Wenn-Dann-Pläne sind dabei besonders erfolgreich.

Aufgabe – Wenn-Dann-Pläne erstellen

Probieren Sie aus, wie Sie durch Wenn-Dann-Pläne Ihre Ziele effektiver erreichen können, indem Sie konkrete Handlungen mit bestimmten Situationen verknüpfen. Auch hier können Sie wieder berücksichtigen, welche zukünftigen Wunschereignisse mit potenziellen Hindernissen zusammenhängen und wie Sie dessen Eintreten verhindern können.

Schritt 1: Ziel definieren
Überlegen Sie sich ein konkretes Ziel, das Sie erreichen möchten. Das Ziel sollte klar und messbar sein.
  Beispiel: Statt »Ich möchte mehr Sport treiben.« (unkonkretes und unspezifisches Ziel) besser »Jeden Montag und Mittwoch gehe ich um 18 Uhr für 30 Minuten joggen.«

_____

_____

_____

_____

Schritt 2: Hindernisse identifizieren
Denken Sie an mögliche Hindernisse, die Sie daran hindern könnten, Ihr Ziel zu erreichen. Schreiben Sie diese Hindernisse, die Sie von Ihrem Ziel abhalten könnten, auf.
  Beispiel: »Müdigkeit nach der Arbeit, schlechtes Wetter, keine Lust, zusätzlicher Arbeitstermin.«

_____

_____

_____

Schritt 3: Wenn-Dann-Pläne erstellen
Formulieren Sie konkrete Wenn-Dann-Pläne, um Ihr Ziel zu erreichen. Formulieren Sie auch für jedes Hindernis einen passenden Wenn-Dann-Plan.
  Beispiel: »Wenn ich mich am Montag und Mittwoch um 17 Uhr schon müde fühle, dann ziehe ich sofort meine Sportsachen an und gehe joggen und warte nicht bis 18 Uhr, wenn ich mich noch müder fühle. «
  »Wenn an einem Montag und Mittwoch um 17 Uhr das Wetter schlecht ist, dann mache ich ein 30-minütiges Workout zu Hause. « (der Begriff »Workout« könnte sogar noch weiter spezifiziert werden, bspw. 20x Armkreisen links/rechts, 20x Kniebeugen, 20x Situp, 20x Liegestütze, etc.)

»Wenn ich mich am Montag und Mittwoch um 17 Uhr lustlos fühle, dann höre ich meine Lieblingsmusik, um mich zu motivieren und beginne meine Joggingrunde.«

»Wenn ich an einem Montag oder Mittwoch um 17 Uhr einen zusätzliche Arbeitstermin habe, dann verlege ich den Beginn meiner Joggingrunde auf 18 Uhr. «

Schritt 4: Umsetzung
Setzen Sie Ihre Wenn-Dann-Pläne in der nächsten Woche um und notieren Sie, wie gut sie funktionieren.
Beispiel: »Diese Woche habe ich es einmal geschafft, trotz Müdigkeit nach der Arbeit joggen zu gehen, indem ich meine Sportsachen sofort angezogen habe.«

Schritt 5: Reflexion
Notieren Sie Ihre Erfahrungen und reflektieren Sie, was gut funktioniert hat und was verbessert werden kann. Folgende Fragen können Ihnen dabei helfen:
Welche Wenn-Dann-Pläne haben am besten funktioniert? Welche Hindernisse waren schwieriger zu überwinden als erwartet? Wie können die Wenn-Dann-Pläne angepasst werden, um noch wahrscheinlicher ihre Ziele zu erreichen?

Fazit

Eine wichtige Notiz an dieser Stelle: Wie Hoyer und Krämer (2021) betonen, zielen diese Methoden nicht darauf ab, einfach mehr oder mehr angenehme Aktivitäten auszuführen. Es kann durchaus sein, dass Sie gerne ins Kino gehen, sich aber im Anschluss trotzdem nicht erholt fühlen. Ein Kinobesuch ist in diesem Fall zwar eine positive Unternehmung, allerdings besitzt sie scheinbar nicht die Funktion, Ihre Erholung zu fördern. Überlegen Sie sich deshalb vorher, welche Aktivitäten Sie Ihrem Ziel und Ihren Wünschen näherbringen und welche Werthaltigkeit diese Aktivitäten haben. Das Anschauen eines Actionfilms mag vor dem Hintergrund »Entspannung« eventuell nicht sinnvoll erscheinen, doch ist er vor dem Hintergrund des Wunsches »Ich möchte von meinem Alltag abschalten und mich in eine Phantasiewelt entführen lassen« ein echter Verstärker.

4.4.3 Umgang mit Grübeln als Hindernis für die Aufnahme von Erholungsaktivitäten

Wenn die Lösung von einem arbeitsbezogenen Gedanken kaum noch möglich ist, kann es durchaus vorkommen, dass die Rückbesinnung auf die geplanten erholungsförderlichen Aktivitäten sowie deren Initiierung und Umsetzung blockiert werden. Denn das ständige Grübeln über Ereignisse (z. B. ein Konflikt mit Kolleg*innen, die Diskussion mit den Schüler*innen über die Themen der Klassenarbeit, die Anmerkung eines Vaters im Elterngespräch) stiehlt so viel Energie und Zeit, dass man sich anderen Aktivitäten nicht mehr widmen oder gar an sie denken kann.

In diesem Moment gilt es, die grüblerischen Denkschleifen zu durchbrechen (Hoyer & Krämer, 2021). Konzentrieren Sie sich bewusst auf gegenwärtige Sinneseindrücke. Lenken Sie Ihre Aufmerksamkeit auf aktuelle Aufgaben. Aber wie?

Eine bewährte Herangehensweise dafür ist die *TRAP-zu-TRAC-Methode* (Abb. 4.3). Das Wort TRAP steht im Englischen für »Falle« und ist ein Akronym für »**t**rigger« (Auslöser), »**r**esponse« (Reaktion), »**a**voidance **p**attern« (Vermeidungsmuster). Das Wort TRAC ist ein Akronym für »**t**rigger« (Auslösen), »**r**esponse« (emotionale Reaktion) und »**a**lternative **c**oping« (alternative Bewältigung).

Im Folgenden finden sich beispielhafte Erklärungen zu den besagten Methoden (▶ Tab. 4.4 und ▶ Tab. 4.5).

Tab. 4.4: Elemente und Beispiele für TRAP-Methode

Element der TRAP-Methode	Beispiele
Trigger (T – Auslösesituation)	Eine Lehrkraft erlebt einen Konflikt mit einem Kollegen, der sich auf die Verteilung von Aufgaben und Zuständigkeiten im Team bezieht. Dies führt zu Unstimmigkeiten und Spannungen.
Response (R – Emotionale Reaktion)	Als Reaktion auf den Konflikt fühlt sich die Lehrkraft niedergeschlagen und zweifelt an ihrer Fähigkeit, effektiv im Team zu arbeiten. Die Niedergeschlagenheit hält die Lehrkraft davon ab, ihre geplanten Aktivitäten umzusetzen. Es könnten auch Frustration und Unsicherheit darüber entstehen, wie mit der Situation künftig umzugehen ist. Die Lehrkraft fängt an, wiederholt über den Konflikt nachzudenken und verliert sich in einem Grübelkreislauf.
Avoidance Pattern (AP – Vermeidungsmuster)	Das Vermeidungsmuster der Lehrkraft besteht darin, sich zurückzuziehen und Konfrontationen zu vermeiden. Statt die Situation anzugehen, wird sich die Lehrkraft darauf beschränken, allein zu arbeiten und soziale Interaktionen mit dem Team zu vermeiden.

Die TRAP-Methode kann genutzt werden, um situative Auslöser für Grübelgedanken, emotionale Reaktionen und Vermeidungsverhaltensweisen bei sich selbst und bei anderen besser zu erkennen. In einem zweiten Schritt gilt es jedoch, sich

4.4 Abgrenzungsstrategien in der Freizeit

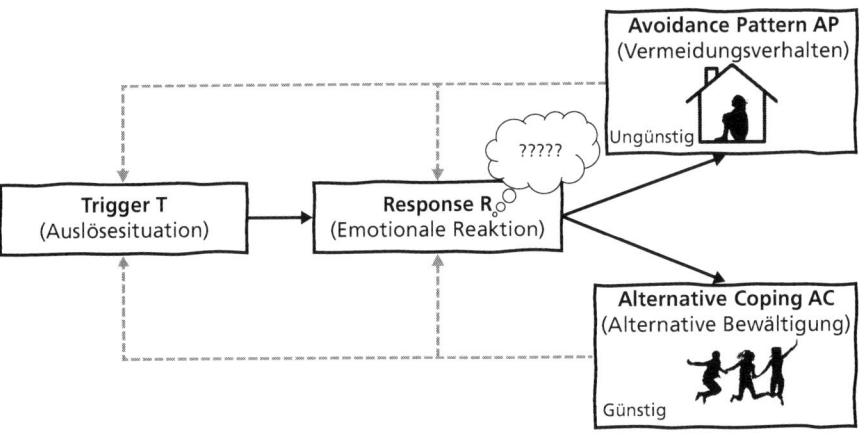

Abb. 4.3: Die TRAP-zu-TRAC-Methode im Überblick

aus dieser »geistigen und emotionalen Falle« zu befreien. Dies kann mit der sogenannten *TRAC-Methode* gelingen (▶ Tab. 4.5).

Aus verhaltenspsychologischer Sicht ist darauf hinzuweisen, dass das gezeigte Verhalten und die damit verbundenen emotionalen Reaktionen sich in wechselseitigen Verstärkungs- und Lernrückkopplungsschleifen sowohl verstärken als auch abschwächen können (gestrichelte Pfeile in Abbildung 4.3).

Ein Vermeidungsverhalten kann beispielsweise die Empfindsamkeit für die Wahrnehmung eines Triggers verstärken (z. B. wenn ein diskursives Gespräch gleich als Konflikt bewertet wird). Auf der anderen Seite kann ein adaptives Bewältigungsverhalten dazu führen, dass man die Trigger nur noch dann als solche wahrnimmt, wenn sie besonders extrem ausgeprägt sind.

Tab. 4.5: Elemente und Beispiele für TRAC-Methode

Element der TRAC-Methode	Beispiele
Trigger (T – Auslösesituation)	Der Konflikt mit dem Kollegen bleibt der Trigger.
Response (R – Emotionale Reaktion)	Die Lehrkraft identifiziert ihre emotionale Reaktion und erkennt den negativen Einfluss auf die eigene Stimmung und Leistungsfähigkeit. Die Lehrkraft merkt, dass sie inzwischen in einem Grübelkreislauf steckt.
Alternative Coping (AC – Alternative Bewältigung)	Als Alternative zum Rückzug und dem Grübeln auf der Couch entscheidet sie sich für einen proaktiven Ansatz. Sie könnte ein Gespräch mit dem Kollegen suchen, um Missverständnisse zu klären und nach Lösungen zu suchen, um die Teamarbeit zu verbessern. Alternativ könnte man auch Hilfe von Führungskräften oder Berater*innen in Anspruch nehmen, um mit der Situation umzugehen. Ist der Konflikt erstmal gelöst und sind die Gedanken wieder frei.

4 Abgrenzungsstrategien

Aufgabe – Grübelgedanken durchbrechen

Probieren Sie die Methode selbst aus:
Notieren Sie sich, was die Auslöser Ihrer Grübelgedanken sind.

_____
_____
_____
_____

Schreiben Sie dazu, welche Emotionen diese Grübelgedanken hervorrufen.

_____
_____
_____
_____

Beschreiben Sie, welche Verhaltensweisen sie typischerweise zeigen. Sind diese günstig, um Grübelkreisläufe zu unterbrechen?

_____
_____
_____
_____

Beschreiben Sie, welche Verhaltensweisen vermutlich besser die Grübelgedanken unterbrechen würden und die sie zukünftig daraufhin zeigen möchten.

_____
_____
_____
_____

Mit zunehmendem Bewusstsein für Ihre Verhaltensreaktionen können Sie lernen, so proaktiv und handlungsorientiert mit situativen Triggern und Emotionen umzugehen, dass Grübeln weniger häufig auftritt und seltener zum Problem wird.

Eine weitere Methode zur Unterbrechung von Grübelkreisläufen haben Klusmann und Waschke (2018) vorgeschlagen. Um aus dem Grübeln herauszukommen, muss erst einmal bewusst werden, dass man in Gedanken gefangen ist und dass diese Gedanken wenig konstruktiv sind. Vier Methoden (lösungsorientiertes Denken, Notizen machen, feste Grübelzeiten oder positive Ablenkung) können dann helfen, aus diesem störenden Gedankenkarussel herauszukommen (▶ Abb. 4.4).

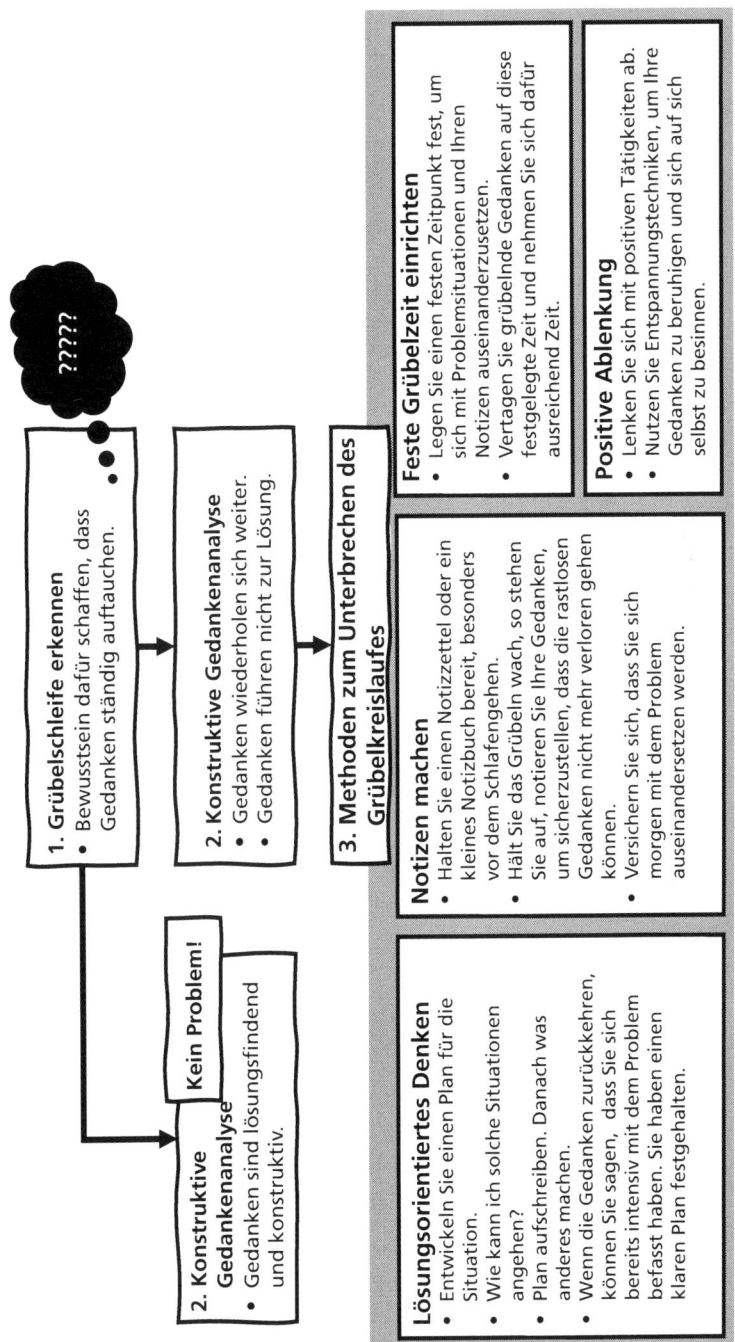

Abb. 4.4: Methoden zur Unterbrechung von Gedankenkreisläufen nach Klusmann & Waschke (2018)

4.5 Abgrenzungsstrategien im Urlaub

Aus den Ergebnissen zahlreicher Urlaubsstudien konnten inzwischen in einigen Übersichtsarbeiten zahlreiche praktische Empfehlungen abgeleitet werden, die helfen, die Erholungswirkung eines Urlaubs und die Möglichkeiten der Abgrenzung von der Arbeit zu steigern (Chen & Petrick, 2013; de Bloom et al., 2009, 2010; Yan et al., 2024). Diese Tipps beziehen sich auf die Phase der Urlaubsvorbereitung, die Urlaubsphase und die Nachurlaubsphase der Rückkehr in die Arbeit.

4.5.1 Phase I: Urlaubsvorbereitung

In der Phase der Urlaubsvorbereitung sind zwei Aufgaben zu bewältigen: (1) die Planung des Urlaubs und (2) die Vorbereitung der beruflichen Abwesenheit, soweit es die (betriebliche) Arbeitsorganisation betrifft.

Zunächst einmal gilt es, möglichst rechtzeitig die Urlaubsphasen über das Jahr zu verteilen und dabei auch Feier- und Brückentage als Möglichkeiten für Kurzurlaube einzuplanen. Bei vielen Beschäftigten geschieht dies zum Jahresbeginn, bei Lehrkräften kann auch der Beginn eines neuen Schuljahres nach den Sommerferien ein solcher Zeitpunkt sein.

Relativ gut belegt ist, dass die Dauer eines Einzelurlaubs nur geringe positive Wirkungen auf die Urlaubseffekte hat. Insbesondere, wenn der Urlaub sieben bis zehn Tage übersteigt, lassen sich kaum noch Steigerungen des Wohlbefindens erreichen (Blasche, 2020). Daher ist es ratsam, über das Jahr hinweg eher häufigere und dadurch kürzere Urlaubsphasen zu planen als auf die Wirkung langer Blockurlaube zu setzen. Die Planungsspielräume von Lehrkräften sind dabei allerdings durch die Festlegung der Ferienzeiten eingeschränkt. Die Unterbrechungen des Schuljahres durch Sommer-, Herbst-, Weihnachts- bzw. Winter-, Oster- und ggf. Pfingstferien kommt den allgemeinen Empfehlungen im Sinne von Kurzurlauben allerdings sehr nahe. Die zusätzlichen Erholungseffekte von Fernreisen, vor allem in warme Regionen, im Vergleich zu wohnortnahen Reisezielen sind nur gering. Vor allem der hohe Planungsaufwand, die reduzierte Kontrollierbarkeit der Reisesituation (z. B. hinsichtlich Anfahrt, Ortskenntnis, Sprache und Verständigung), aber auch Zeitzonenunterschiede können insgesamt erholungsmindernd wirken. Insofern sollten – schon aus Gründen des Umweltschutzes und der Nachhaltigkeit – auch wohnortnahe Reiseziele oder gelegentlich sogar ein Urlaub auf »Balkonien« mit den eigenen Wünschen abgeglichen werden. So zeigte eine Studie (Hruska et al., 2020), dass Personen, die im Urlaub eher zu Hause blieben, ein geringeres Risiko hatten, physiologische Gesundheitsprobleme wie das sogenanntes metabolisches Syndrom zu entwickeln als Personen, die ihren Urlaub fernab des eigenen Wohnortes verbracht haben. Beim metabolischen Syndrom treten mehrere gesundheitliche Probleme wie hoher Blutdruck, hohe Blutfettwerte und ein zu hoher Blutzuckerspiegel gleichzeitig auf, die das Risiko für Herz- und Stoffwechselerkrankungen stark erhöhen. Menschen mit diesem Syndrom haben daher fast doppelt so häufig Herzkrankheiten wie andere, fühlen sich oft weniger gesund und fehlen häufiger krankheitsbedingt bei der Arbeit (Hruska et al., 2020).

Auch über die Rolle des Urlaubsortes für die Erholung gibt es einige Erkenntnisse, die bei der Planung des Reiseziels berücksichtigt werden sollten. So können die Servicequalität vor Ort, die Zugänglichkeit und Erreichbarkeit des Urlaubsortes sowie das Erleben von Verbundenheit mit den Bewohner*innen und der Kultur das Befinden während des Urlaubs positiv beeinflussen. Es wurde auch gezeigt, dass positive Erwartungen an den Urlaub die Urlaubwirkungen steigern. Es kann also helfen, sich in den Vorurlaubswochen bewusst Zeitfenster einzuplanen, um sich intensiv mit dem Urlaubsort und den geplanten Aktivitäten zu beschäftigen.

Hinsichtlich der Vorbereitung des Arbeitsumfeldes hat sich gezeigt, dass vor allem unerledigte Aufgaben vor Urlaubsbeginn erholungsabträglich wirken. Die rechtzeitige Planung und Beendigung bedeutsamer Aufgaben und – wenn möglich – die Delegation von Arbeitsaufgaben an Kolleg*innen oder das Verschieben von Terminfristen beugt dem großen »Stapel an Arbeit« vor und nach dem Urlaub vor. Wie lassen sich diese Empfehlungen im Alltag einer Lehrkraft umsetzen? Sicherlich ist hier zwischen den eher kürzeren und längeren Urlaubs- und Ferienphasen zu unterscheiden. Während die langen Sommerferien es auch möglich machen, unterrichtsvorbereitende Tätigkeiten auf die verbleibenden Wochen vor dem Beginn des neuen Schuljahres aufzuschieben, ist dies in kürzeren Ferienphasen (z. B. Herbst-, Winter-, Osterferien) schlechter möglich. Möglicherweise wäre es für Lehrkräfte sinnvoll, sich bewusst Zeitfenster am Anfang oder Ende dieser Ferien für solche Arbeitstätigkeiten zu blocken oder alternativ in den Wochen vor Ferienbeginn anstehende Arbeitsaufgaben für die Zeit nach dem Ferienende bereits im Voraus abzuarbeiten. Die letztgenannte Strategie stellt jedoch in Anbetracht der bereits anfänglich von uns in diesem Buch dokumentierten langen Wochenarbeitszeiten im Alltag sicherlich kein einfaches Unterfangen dar.

4.5.2 Phase II: Urlaub

In der Urlaubsforschung hat man sich intensiv mit der Frage beschäftigt, welche Urlaubsaktivitäten das Wohlbefinden beeinflussen. Als erholungswirksam wurden nachgewiesen: entspannende Tätigkeiten und Wellnessaktivitäten, Wandern, Aufenthalte in der Natur, der Genuss von Speisen und Getränken, soziale Aktivitäten und Festivalbesuche.

Die Ausführung von Arbeitstätigkeiten während des Urlaubs wird zwar zum Teil von Beschäftigten als befriedigend erlebt, da so einem Aufstauen von Arbeit für die Nachurlaubsphase vorgebeugt wird, allerdings geht dies meist auf Kosten der Erholung. Die Arbeit sollte im Urlaub also lieber liegen bleiben oder zeitlich allenfalls äußerst begrenzt eine Rolle spielen. Wichtig ist hier ein Blick auf die gesetzlichen Regelungen (Arbeitszeitgesetz und Bundesurlaubsgesetz). Demnach darf und muss während der Ruhe- und Urlaubszeit keine Arbeit verrichtet werden und Angestellte müssen sich auch nicht für eventuell anfallende Arbeitstätigkeiten zur Verfügung halten. In der nachfolgenden Tabelle 4.5 haben wir einige Strategien zusammengefasst, um möglichen arbeitsbedingten Urlaubsunterbrechungen vorzubeugen.

Tab. 4.6: Strategien für Lehrkräfte zur Vermeidung von Unterbrechungen während der Abwesenheits- und Urlaubszeiten

Strategie	Maßnahme
Frühzeitige Ankündigung der Abwesenheit	Informieren Sie Schüler*innen und Kolleg*innen rechtzeitig über Ihre Abwesenheit und Urlaubszeit, damit offene Angelegenheiten beizeiten vor der Urlaubszeit geklärt werden können.
Abwesenheitsnachrichten in Klassenzimmern/Schulplattformen	Hängen Sie in Ihren Klassenräumen oder digitalen Kursplattformen sichtbare Hinweise auf, dass Sie sich im Urlaub befinden und geben Sie alternative Kontakte für Notfälle an.
Automatische Benachrichtigungen einrichten	Aktivieren Sie alternativ automatische Abwesenheitsbenachrichtigungen für Ihre E-Mail und andere Kommunikationsmittel.
Vertretung benennen	Weisen Sie vertrauenswürdige Kolleg*innen als Notfallkontakt für dringende Angelegenheiten während Ihrer Abwesenheit aus (z. B. wenn bei Ihnen eine geringe Verfügbarkeit aufgrund einer Fernreise und der damit einhergehenden Zeitverschiebung besteht).
Kontaktzeiten festlegen	Falls Sie trotz Abwesenheitszeiten für dringende Fälle zur Verfügung stehen, so geben Sie vor Ihrer Abreise festgelegte Zeiten an, zu denen Sie erreichbar sein werden. Dies kann dazu beitragen, klare Erwartungen bei Kolleg*innen und Eltern zu setzen.
Kommunikationsmittel festlegen	Klären Sie, welche Kommunikationsmittel (E-Mail, Schul-Messenger etc.) bevorzugt werden sollen, und geben Sie dies klar an. Dies erleichtert die Kontaktaufnahme.

Eine Studie mit Tourist*innen aus den Niederlanden (Gillet et al., 2016) deckte auf, dass die Häufigkeit des Fotografierens während eines Urlaubs mit erhöhtem Wohlbefinden einherging. Einerseits werden dadurch emotional positiv belegte Aktivitäten und Situationen »konserviert«, was bereits Freude auslöst. Anderseits wird das Fotografieren oft auch als Anlass zu sozialer Interaktion genutzt, was sich dann indirekt positiv auf das Wohlbefinden auswirken kann. Neben dem Fotografieren empfehlen Urlaubsforscher generell Erinnerungsstücke (z. B. auch Souvenirs) zu sammeln, da es auf diese Weise leichter fällt, sich in der Nachurlaubsphase wieder in eine positive Stimmung hineinzuversetzen.

In den letzten Jahren haben sich Urlaubsforscher zunehmend damit beschäftigt, Prozesse zu identifizieren, die erklären, warum sich Erholungsaktivitäten überhaupt auf das Wohlbefinden auswirken können. Als günstige psychologische Variablen wurden dabei Gefühle von Zugehörigkeit, Verbundenheit zu Menschen und zur Natur, das Erleben von Spiritualität, das Gewinnen und Erlernen neuer Erkenntnisse und Fertigkeiten, Gefühle eines entschleunigten Alltags, Entspannung und Abschalten von der Arbeit und von Alltagsbelastungen sowie das Erlernen neuer Erkenntnisse über sich selbst entdeckt. Man sollte also im Urlaub bewusst Zeit und Aktivitäten planen, die solche Prozessvariablen stimulieren.

Häufig wurde in Studien auch belegt, dass das Erleben von Autonomie, persönlicher Ermächtigung und Kontrolle eine wichtige Rolle für die Erholung spielt. Da Urlaub meist in sozialen Gruppen (z. B. in der Familie oder mit Freund*innen) stattfindet, können leicht Konflikte entstehen, weil nun Zeit für die etwas ausführlichere Diskussion zwischenmenschlicher Themen bleibt. Auch über die Wahl der Urlaubsaktivitäten kann schnell ein Streit entstehen. Urlaubsforscher*innen geben hier zwei Empfehlungen: Erstens sollten die grundlegenden gemeinsamen Urlaubsaktivitäten bereits zeitnah vor dem Urlaub oder zum Beginn des Urlaubs abgesprochen werden. Zweitens sollte man Zeitfenster für persönliche und individuelle Aktivitäten eines jeden Einzelnen festlegen. Durch diese »Me-Time« (Pindek et al., 2023) wird es möglich, auch beim gemeinsamen Reisen persönlich passende Erholungsaktivitäten zu realisieren, beispielsweise, wenn ein Partner nach Entspannung sucht und möglichst viel lesen möchte, der andere aber eher neue kulturelle Erfahrungen bei der Besichtigung von Museen sammeln will.

Selbstgewählte Aktivitäten, die persönlich Spaß machen, wirken nachweislich erholsam und können durch »Me-Time«-Zeitfenster in sozialen Gruppen besser realisiert werden. Viele Reiseanbieter bieten deshalb beispielsweise auch Betreuungsprogramme für Kinder während des Urlaubs an. In einer Studie zeigten Agate und Kollegen (2015), dass die Nutzung solcher organisierten Angebote tatsächlich zu mehr Zeit für partnerschaftliche Aktivitäten führt und sich positiv auf die Stimmung der Eltern während des Urlaubs auswirkt. Eine weitere Studie zeigte, dass der Zeitanteil für persönliche »Me-Time«-Aktivitäten während des Urlaubs mit dem Erholungserleben und höherer Urlaubszufriedenheit einhergeht (Strauss-Blasche et al., 2000). Mehr persönliche Aktivitäten während eines Urlaubs konnten in dieser Studie vor allem dann realisiert werden, wenn die Beschäftigten einerseits ihre allgemeine Erholungsfähigkeit selbst als höher einschätzten, weniger Stressoren wahrnahmen und andererseits mehrere Tage fernab des eigenen Zuhauses verbrachten.

Obwohl wir in diesem Kapitel hauptsächlich Faktoren diskutiert haben, die sich positiv auf das Wohlbefinden während eines Urlaubs auswirken, soll nicht unterschlagen werden, dass einige Beschäftigte während ihres Urlaubs krank werden. Diese »Leisure Sickness« betrifft fast jeden fünften Beschäftigten. Die Ursachen für dieses Phänomen sind vielfältig und noch nicht abschließend geklärt (Möller, 2017). Zu beachten ist hier aus arbeitsrechtlicher Sicht, dass die Arbeitsunfähigkeit im Urlaub durch ein ärztliches Attest nachgewiesen werden muss, welches dem Arbeitgeber zuzustellen ist. Erst dann ist es möglich, dass die entgangenen Urlaubstage später nachgewährt werden.

Exkurs: Leisure Sickness – Krank im Urlaub

Verschiedene Studien haben gezeigt, dass nicht alle Beschäftigten mit einem gesteigerten Wohlbefinden aus ihrem Urlaub zurückkommen und dass sogar einige regelmäßig im Urlaub krank werden, was als Leisure Sickness bezeichnet wird (Chen & Petrick, 2013). Häufig beschriebene Symptome sind Kopfschmerzen und Migräneattacken, Muskelverspannungen, chronische Ermüdung, Übelkeit sowie Erkältungssymptome und Infekte. Die genauen Ursachen für dieses Phänomen sind bisher unbekannt, aber es gibt eine Reihe möglicher Erklärungen (Van Heck & Vingerhoets, 2007).

1. **Konfrontation mit krankheitserzeugenden Umweltfaktoren.** Aufgrund des Urlaubsortes und der besonderen Urlaubsaktivitäten kann zu einem Kontakt mit krankheitserregenden Stoffen oder Erregern kommen.
2. **Veränderter Lebensstil.** Menschen können während der Urlaubsphase einen anderen Lebensstil pflegen, welcher die Gesundheit beeinträchtigt (z. B. stärkerer Koffein-, Nikotin-, Alkohol- und Drogenkonsum). Auch können die im Urlaub ausgeübten Freizeitaktivitäten mit höheren Verletzungsrisiken einhergehen (z. B. Bergsteigen, Mountainbiking, Paragliding).
3. **Wertkonflikte und sekundärer Krankheitsgewinn.** Die meisten Menschen verbringen ihren Urlaub mit anderen Menschen. Deren Erwartungen an das Verhalten im Urlaub (z. B. jeden Tag gemeinsam frühstücken) kann Stress erzeugen. Diese psychische Belastung kann sich körperlich auswirken. Kranksein kann dabei auch Entlastung bewirken, indem es das »Herausnehmen« aus solchen unerwünschten Situationen entschuldigt.
4. **Veränderte Symptomwahrnehmung.** Die Wahrnehmung körperlicher Symptome hängt von deren Intensität und von Abwesenheit konkurrierender Umweltreize ab. Wer dem hektischen Alltag mit seinen zahlreichen Anforderungen entflieht, bemerkt eventuell erst dann, wie oft eigentlich der Rücken schmerzt.
5. **Probleme mit der physiologischen Anpassung.** Beschäftigte mit hoher Arbeitsbelastung sind physiologisch auch im Urlaub stärker aktiviert und haben eine geringere Immunabwehr. Dies kann sich chronifizieren und selbst während längerer Erholungsphasen erfolgen dann die Rückstellprozesse nur verlangsamt.
6. **Entwöhnung vom Dauerstress auf Arbeit.** Hochbelastete Beschäftigte entwickeln Strategien, um mit den zahlreichen Arbeitsstressoren umzugehen. Während des Urlaubs kann es zu einer Entwöhnung von den täglichen Belastungen kommen. Bei der Rückkehr zur Arbeit werden die sonst gut handhabbaren Anforderungen durch den starken Kontrast zur Urlaubsphase als hochbelastend erlebt. In diesem Fall treten Krankheitssymptome zwar nicht während des Urlaubs, aber direkt im Anschluss auf, was die Erholungseffekte mindern können.
7. **(Un)bewusstes Aufschieben von Krankheit.** Es gibt zahlreiche Hinweise, dass das Sterberisiko an Feier- und Urlaubstagen geringer ist als davor und danach. Man vermutet, dass Schwererkrankte tatsächlich ihren eigenen Tod zumindest kurzfristig willentlich aufschieben können. Es ist denkbar, dass sich dieses Befundmuster auch auf die bloße Wahrnehmung von Krankheitssymptomen übertragen lässt, sodass die Krankheit auf die Urlaubszeit (un)bewusst verschoben wird (siehe auch 4.).

4.5.3 Phase III: Nachurlaub

Da ein Urlaub das Wohlbefinden im Durchschnitt nur bis zu einer Woche nach der Rückkehr in die Arbeit verbessert, stellt sich die Frage, wie man solche »Ausschleicheffekte« etwas verzögern kann. Eine Empfehlung lautet, die Arbeitsbelastung nach dem Urlaub möglichst gering und begrenzt zu halten. Angefallene Aufgaben und vollgestopfte E-Mail-Fächer sollten also nicht sofort, sondern nach und nach abgearbeitet werden. Auch hier hilft der Einsatz bekannter Zeitmanagementstrategien, wie das Ordnen von Aufgaben nach ihrer Dringlichkeit und Wichtigkeit (z. B. durch Prioritätenlisten) und das Blockieren von Zeitfenstern im Kalender für das Abarbeiten dieser Aufgaben.

Zur Begrenzung der Belastungsdauer nach dem Urlaub wird empfohlen, die Anzahl an Arbeitstagen in der ersten Nachurlaubswoche möglichst gering zu halten, beispielsweise indem man nicht zum Wochenbeginn, sondern erst Mitte der Woche (z. B. an einem Mittwoch) wieder in die Arbeit einsteigt. Aufgrund der geringen zeitlichen Spielräume hinsichtlich der Unterrichtszeiten kann diese Empfehlung von Lehrkräften allerdings oft nur schwer umgesetzt werden, möglicherweise aber, wenn es um den Beginn von unterrichtsvorbereitenden Tätigkeiten nach einer längeren Urlaubsphase geht. Umso wichtiger ist es, Erholungsphasen auch nach dem Urlaubsende in den Alltag zu integrieren. So sollte man sich in der Nachurlaubsphase täglich bewusst Zeit für Pausen und erholsame Aktivitäten nehmen und die positiven Urlaubserlebnisse Revue passieren lassen. Hier kommen die im Urlaub gesammelten Fotos und »Mitbringsel« ins Spiel, die dies unterstützen.

5 Gestaltung des Schulsystems

5.1 Erholungskultur stärken

Im Rahmen der Gesundheitsförderung von Lehrkräften besteht eine der zentralen Aufgaben darin, deren Arbeitssystem gesundheits- und erholungsförderlich umzugestalten. Dies bedingt, dass sich Ministerien, Schulleitungen und Lehrkräfte gemeinsam dieses Themas annehmen und so die Erholungskultur verbessern.

Wendsche (2023) hat vorgeschlagen, dass die Stärkung des organisationalen Erholungsklimas ein Ausgangspunkt solcher Initiativen sein kann (Selbstcheck in ▶ Kap. 6.4). Damit sind die geteilten Wahrnehmungen der Beschäftigten darüber gemeint, ob Organisationen …

- dem Thema Beschäftigtenerholung wertschätzend gegenüberstehen und hohe Erwartungen daran haben, dass sich ihre Beschäftigten ausreichend Zeit zur Erholung nehmen.
- Praktiken, Regeln und Strategien implementieren, die zur Förderung der Erholung beitragen. Dazu zählen beispielsweise Pausenregelungen, die Gestaltung von Erholungsgelegenheiten in der Arbeitsstätte als auch das Angebot verhaltenspräventiver Maßnahmen zur Erholungsförderung, wie beispielsweise Entspannungs- und Stressbewältigungstrainings, Achtsamkeitskurse u. ä. (siehe auch Kapitel 4 in Klusmann & Waschke, 2018).
- eine offene Kommunikationskultur zum Thema Erholung pflegen.
- die Führungskräfte anregen, selbst als Vorbild für ein gesundes Erholungsverhalten voranzugehen. Führungskräfte müssen eventuell darin geschult werden. Ein gutes Erholungsverhalten der Führungskräfte sollte dann auch normativ wirken.

Ein starkes Erholungsklima in Organisationen fördert die Gesundheit der Beschäftigten nicht nur, indem günstigeres Erholungsverhalten gefördert wird, sondern auch dadurch, dass ergonomische Arbeitsbedingungen eher realisiert werden. Folgende weitere Auswirkungen des Erholungsklimas sind bekannt (siehe auch Uhlmann et al., 2023):

- gesundheitsförderliche Mitarbeitendenführung wird wahrscheinlicher,
- es können sich günstigere Einstellungen zu regelmäßigen Pausen entwickeln,
- höheres Wohlbefinden,
- höheres Arbeitsengagement,

- geringere Absicht die Arbeit zu kündigen,
- mehr proaktives und die Kolleginnen und Kollegen unterstützendes Verhalten.

Die Stärkung der Erholungskultur im Arbeitssystem Schule dürfte damit zahlreiche Vorteile sowohl für das Bildungssystem als auch die Lehrkräfte haben.

5.2 Erholung als Thema in der Gefährdungsbeurteilung

Arbeitgeber sind laut Arbeitsschutzgesetz verpflichtet, die Arbeitsbedingungen ihrer Beschäftigten regelmäßig hinsichtlich körperlicher und psychischer Belastung zu analysieren, die Belastungsausprägungen zu bewerten und auf der Basis dieser Bewertungen ggf. Veränderungsmaßnahmen umzusetzen sowie diese zu evaluieren.

Das Thema Erholung sollte im Rahmen dieser Prozesse Berücksichtigung finden. Hinweise finden sich bei Kittelmann et al. (2021). Genauer betrifft dies zunächst die Umsetzung gesetzlicher Anforderungen als auch gesicherter arbeitswissenschaftlicher Erkenntnisse zur Gestaltung von Ruhepausen und Ruhezeiten. Nach neuesten Gerichtsentscheidungen umfasst dies auch die genaue Erfassung von Arbeitszeiten.

Wir hatten in Kapitel 3 gezeigt, dass sich die konkrete Ausgestaltung zahlreicher weiterer Arbeitsbedingungsfaktoren sowohl auf das Erholungsverhalten als auch auf die Wirksamkeit von Erholungsphasen auswirken kann. Folgende Gestaltungsziele (▶ Tab. 5.1) sind zur Sicherung der Erholungswirkung deshalb anzustreben (Wendsche, 2023).

Tab. 5.1: Erholungsförderliche Arbeitssystemgestaltung

Gefährdungen	Gestaltungsziele im Schulkontext
Arbeitszeit	• Arbeitszeiten erfassen (inklusive Pausen und Ruhezeiten) • Mehrarbeit und Überstunden begrenzen • Einhaltung von Grenzwerten lt. Arbeitszeitgesetz • Vorhersehbare und planbare Arbeitszeiten • Einflussmöglichkeiten auf Arbeitszeit sichern
Arbeitsaufgabe	• Risiken durch Interaktions- und Emotionsarbeit begrenzen (z. B. Unterrichtszeiten begrenzen, Unterstützung anbieten, Aufgabenwechsel ermöglichen)
Arbeitsorganisation	• Kooperative Arbeit stärken • Faire Aufgabenverteilung sichern • Regelmäßige Sprechzeiten und Rückmeldegespräche der Schulleitung (der Fachleitungen) • Partizipation sicherstellen

Tab. 5.1: Erholungsförderliche Arbeitssystemgestaltung – Fortsetzung

Gefährdungen	Gestaltungsziele im Schulkontext
Soziale Beziehungen	• Regelmäßige Teambesprechungen und Teampausen • Anlaufstellen für Umgang mit Konflikten installieren (z. B. Mobbingbeauftragte)
Physische Belastungen	• Einhaltung normativer Standards sichern (z. B. Lärm, Licht, Zugluft, Arbeitsmittelgebrauch etc.)

5.3 Gesunde Pausen sicherstellen

In der Literatur (Debitz et al., 2022; Mußmann et al., 2017; Wendsche et al., 2023) finden sich zahlreiche Vorschläge, wie eine Reorganisation der Lehrkraftpausen so gelingen kann, dass diese für die Lehrkräfte häufiger stattfinden und erholsamer sind und dabei trotzdem keine Nachteile für die Schüler*innen entstehen. Wir wollen diese nachfolgend konkretisieren und gleichzeitig deutlich machen, welche möglichen Hemmnisse und Herausforderungen mit solchen Veränderungen einhergehen können.

Hinweis Nr. 1. Lehrkräfte für die Themen Pausen und Erholung sensibilisieren

Ministerien als auch Schulleitungen sollten Fortbildungsformate sowie Informationsmaterialien entwickeln, die eine gesundheitsförderliche Gestaltung von Erholungsphasen thematisieren. Im Bereich der Erholungsforschung hatte sich gezeigt, dass dabei Präsenz- (Inhouse) als auch virtuelle Trainingsformate gleichermaßen wirksam sind (Karabinski et al., 2021), so dass Schulleitungen hier bedarfsgerecht planen können. Im Rahmen teaminterner Fortbildungen an Schulen oder bei einem organisierten Erfahrungsaustausch zwischen Schulen könnten sich Lehrkräfte darüber austauschen, welche Strategien ihnen helfen, regelmäßige Pausen zu realisieren. Durch eine externe Begleitung solcher Formate wäre es auch möglich, Best-Practice-Beispiele zu beschreiben, von denen andere Lehrkräfte profitieren können.

Eine mögliche Herausforderung könnte darin liegen, dass Lehrkräfte eine Reaktanz entwickeln, wenn sie selbst »belehrt« werden und ihren bisherigen Bemühungen Expertise abgesprochen wird. Folgende methodisch-didaktische Merkmale sollten Fortbildungsformate aufweisen (angelehnt an Lipowsky & Rzejak, 2021; Türktorun et al., 2018):

1. **Partizipative Gestaltung und Wertschätzung**
   Lehrkräfte werden aktiv in die Gestaltung der Fortbildung einbezogen. Dies kann durch Umfragen, Brainstorming-Sitzungen oder Fokusgruppen gesche-

hen, um ihre Bedürfnisse und Interessen zu ermitteln. Wenn Lehrkräfte das Gefühl haben, dass ihre Meinungen und Erfahrungen gehört werden, sind sie eher bereit, an der Fortbildung teilzunehmen. Dabei ist es wichtig, eine Balance zwischen wissenschaftlich- und praxisgenerierten Anforderungen zu wahren.
Eine Anerkennung der Fachkompetenz und Expertise der Lehrkräfte kann dazu beitragen, dass sie sich respektiert fühlen. Dies kann durch Zertifikate, Fortbildungsnachweise, Auszeichnungen oder die Einladung als Referent*innen bei zukünftigen Fortbildungen geschehen.

2. **Kollegiale Kooperation**
Fortbildungen sollten so gestaltet werden, dass sie auf kooperatives Lernen und den Austausch von Erfahrungen setzen. Hierbei können Lehrkräfte in Gruppen arbeiten, um gemeinsam Lösungen zu erarbeiten oder Fallstudien zu diskutieren. Dies fördert die Zusammenarbeit und das Engagement der Teilnehmenden.

3. **Praxisnahe Inhalte und Aktivitäten**
Inhalte der Fortbildung sollten in den Arbeits-/Unterrichtsalltag integriert werden können und möglichst praxisnah sein, um sie relevant und authentisch zu gestalten. Zentral ist, dass die Relevanz des Themas »Erholung« erfahrbar gemacht wird, indem Lehrkräfte etwa ermutigt werden, die in der Fortbildung erlernten Methoden anzuwenden. Dazu gehört, dass sich gewählte Beispiele und Aktivitäten an der Realität (Schulform, Arbeitszeit) der Teilnehmenden orientieren.

4. **Feedback und individuelles Coaching**
Manche Lehrkräfte reagieren besser auf individuelles Coaching oder Mentoring als auf Gruppenfortbildungen. Im Rahmen eines Fortbildungskonzepts wählt die/der Coach beispielsweise aussagekräftige Erholungsaktivitäten der Lehrkraft. Anschließend regt sie/er die Lehrkräfte durch gezielte Fragen und Impulse zur Analyse und Reflexion ihres eigenen Erholungsverhaltens an. Die Möglichkeit, persönliche Ziele und Bedenken zu besprechen und spezifische Lösungen zu entwickeln, kann dazu beitragen, die Reaktanz durch belehrendes Verhalten zu verringern.

5. **Selbstbestimmtes Lernen bei angemessener Fortbildungsdauer**
Fortbildungen können auch in Form von Selbstlernmaterialien oder synchronen bzw. asynchronen Online-Kursen angeboten werden, die es den Lehrkräften ermöglichen, in ihrem eigenen Tempo orts- und/oder zeitflexibel zu lernen und sich auf die Bereiche zu konzentrieren, die für sie am relevantesten sind. Dadurch erfahren Teilnehmende Autonomie und bekommen das Gefühl, die Zeit sinnvoll und selbstbestimmt zu investieren.

Einen wesentlichen Einfluss auf die Pausen der Lehrkräfte hat der Stundenplan. Will man mehr Pausen für die Lehrkräfte sicherstellen, so muss hier angesetzt werden. Sicherlich kein leichtes Unterfangen, denn meist werden damit langjährig gelebte und etablierte Konzepte in Frage gestellt. Wichtig wäre es, längere Übergänge zwischen den Pausen zu ermöglichen, so dass für die Individualpausen der Lehrkräfte tatsächlich Zeit bleibt. Blockunterrichtsmodelle könnten hier eine Lösung sein. Allerdings gilt es dabei abzuwägen, ob andere strukturelle Barrieren bestehen, z. B., wenn das neue Konzept mit den Abfahrtszeiten von Schulbussen im ländlichen Raum nicht kompatibel ist. Längere Blockpausen in der Mittagszeit hätten weiterhin zur Folge, dass sich das Ende der Unterrichtszeiten für einige Schüler*innen so stark nach hinten schiebt, dass die gewohnte Freizeit beeinträchtigt wird. Günstig ist es daher, solche Veränderungen stets partizipativ unter Beteiligung aller Betroffenengruppen (Lehrkräfte, Schüler*innen, Eltern, andere Gruppen wie Essensanbieter und Fahrdienste) anzugehen.

Die Verlagerung von vor- und nachbereitenden Tätigkeiten der Lehrkräfte aus den Schulpausen heraus wäre eine weitere Option, die Zeit für Individualpausen zu erhöhen. Allerdings ist hier zu bedenken, dass dies auch zu einer unerwünschten Aufwandsteigerung führen kann, beispielsweise dann, wenn Rückmeldegespräche mit Schüler*innen in Randzeiten nach dem Unterrichtsende fallen würden.

Lehrkräfte übernehmen regelmäßig die Beaufsichtigung der Schüler*innen während der Schulpausen. Erholungspausen sind das für die Lehrkräfte nicht. Eine Optimierung der Pausengestaltung und der Zuständigkeiten könnte allerdings mit Vorteilen für die Erholung der Lehrkräfte einhergehen. Zu ergründen wäre zunächst, ob Lehrkräfte durch die regelmäßige Anwendung von Kurzentspannungsmethoden (wie z. B. Atemübungen oder Verfahren der Muskelentspannung) profitieren können. Weiterhin sollten Aufsichten zwischen den Lehrkräften fair verteilt sein als auch örtliche Wechsel (z. B. Gangaufsichten und Hofaufsichten) ermöglichen, so dass die Vorteile verschiedener Erholungsumwelten genutzt werden können. Strukturelle Gegebenheiten (z. B. Klassenanzahl, Alter der Schüler*innen, räumliche Bedingungen) werden diese Planungsanforderungen beeinflussen. Eine weitere Variante zur Reduktion des Aufwandes der Lehrkräfte besteht darin, Schüler*innen als Pausenaufsichten einzubeziehen, ähnlich wie es beim Konzept der Konfliktlotsen der Fall ist.

Hinweis Nr. 2. Erholsame Umwelten gestalten

Schulen werden oftmals nach funktionalen Aspekten erbaut, beispielsweise wenn es um die Größe von Unterrichtsräumen geht. Sicherlich spielen dabei oftmals auch die Pausenaktivitäten der Schüler*innen eine Rolle. So können spezielle Pauseninseln oder Pausenbereiche im Schulgebäude Möglichkeiten für aktivierende (z. B. Sportplatz oder Sportgeräte auf dem Schulhof) sowie entspannende (z. B. Ruhebereiche) oder kommunikative (z. B. Sitzarrangements) Tätigkeiten bieten.

Günstig wäre es, hier auch die Pausen der Lehrkräfte stärker in die Bauplanung einzubeziehen. Muss ein Lehrkraftzimmer beispielsweise immer wie ein Großraumbüro aussehen oder können Kleingruppenzimmer eingerichtet werden? Ist es möglich, spezielle (Multifunktions-)Zimmer zur ruhigen Erholung einzurichten? Wendsche und Lohmann-Haislah (2018) berichten beispielsweise von »Silent-Room«-Konzepten in einem Callcenter, wo ein größerer Raum durch separate und nur einzeln nutzbare Kabinen (ähnlich wie Umkleiden in Arztzimmern oder in Bekleidungsgeschäften) aufgeteilt wurde. Mit diesem neuen Raumkonzept war es den Beschäftigten möglich, regelmäßig kurze Entspannungsübungen in reizarmer Umgebung durchzuführen, um dadurch nach intensiven Arbeitsphasen mit einem hohen Anteil an Interaktionsanforderungen schnell in ein Gefühl des Erholtseins zu kommen.

6 Checklisten und Selbsttests

Die ausfüllbaren Checklisten und Selbsttest finden Sie auch online zum Download unter: https://dl.kohlhammer.de/978-3-17-044097-5[1]

6.1 Checkliste Erholungskompetenz

Mit Erholungskompetenz sind die vorliegenden oder erworbenen Fähigkeiten und Fertigkeiten gemeint, Vertrauen in und Kontrolle über sein eigenes Erholungsverhalten zu haben, mit Erholungsproblemen gut umgehen zu können, äußere Erholungsbarrieren vorherzusehen und diese auch erholungsförderlich zu bewältigen. In der Checkliste haben wir einige Merkmale gesammelt, die auf eine hohe Erholungskompetenz hinweisen.

Inwiefern treffen folgende Aussagen auf Sie zu?	Nein	Ja
1. Ich plane Erholungsphasen fest in meinen Tag ein.	☐	☐
2. Ich nehme mir Zeit zur Erholung, auch wenn es viel zu tun gibt.	☐	☐
3. Wenn ich mal auf Erholung verzichten musste, fällt es mir leicht, zu meinem ursprüngliche Erholungsplan zurückzukehren.	☐	☐
4. Wenn ich mir regelmäßig Zeit zur Erholung nehme, fühle ich mich besser.	☐	☐
5. Wenn ich mir regelmäßig Zeit zur Erholung nehme, kann ich meine Arbeit besser bewältigen.	☐	☐
6. Ich glaube nicht, dass andere schlecht über mich denken, wenn ich mir Zeit zur Erholung nehme.	☐	☐

---

[1] Wichtiger urheberrechtlicher Hinweis: Alle zusätzlichen Materialien, die im Download-Bereich zur Verfügung gestellt werden, sind urheberrechtlich geschützt. Ihre Verwendung ist nur zum persönlichen und nichtgewerblichen Gebrauch erlaubt. Jede Verwendung außerhalb der engen Grenzen des Urheberrechts ist ohne Zustimmung des Verlags unzulässig und strafbar. Das gilt insbesondere für Vervielfältigungen, Übersetzungen, Mikroverfilmungen und für die Einspeicherung und Verarbeitung in elektronischen Systemen.

6 Checklisten und Selbsttests

Inwiefern treffen folgende Aussagen auf Sie zu?	Nein	Ja
7. Ich weiß gut darüber Bescheid, was ich tun muss, um mich wirksam zu erholen.	☐	☐
8. Wenn ich mich erhole, nutze ich Aktivitäten, die einen Ausgleich zu meiner Arbeit darstellen.	☐	☐
9. Ich schaffe Rahmenbedingungen, die verhindern, dass meine Erholung gestört wird.	☐	☐
Summe der Ja- und Nein-Antworten	—	—

Haben Sie häufiger »Nein« als »Ja« angekreuzt?
Lesen Sie sich die Tipps aus Kapitel 4 erneut durch und probieren Sie diese aus.

6.2 Fragebogen zur Erfassung von Erholungserfahrungen

Der Fragebogen zur Erfassung der vier Erholungserfahrungen Abschalten von der Arbeit, Entspannung, Mastery und Kontrolle von Sonnentag und Fritz (2007) ist über die Lehrstuhlhomepage von Frau Prof. Dr. Sabine Sonnentag frei beziehbar:

www.sowi.uni-mannheim.de/sonnentag/forschung/fragebogenskalen-und-instrumente/

Dort finden Sie zu den vier Erholungserfahrungen (Dimensionen) je vier Aussagen, die Sie jeweils auf einer Skala von 1 (= trifft gar nicht zu) bis 5 (= trifft völlig zu) bewerten sollen. Anschließend summieren Sie dann die vier Werte pro Dimension.

Um ihre eigene Werte mit denen anderer Lehrkräfte vergleichen zu können, ist es möglich, dass Sie Vergleichswerte aus dem Forschungsprojekt »Teachers' Reflection on Work« (TeReWo; Varol et al., 2019–2021, Goethe-Universität Frankfurt) nutzen. Wenn der eigene Wert unter dem Wert für das 25 % Perzentil liegt, heißt dies, dass Sie im Vergleich zu den teilnehmenden Lehrkräften aus der Studie zu den 25 % gehören, die die niedrigsten Werte in der jeweiligen Dimension berichtet haben.

Dimension	Eigene Werte (hier eintragen)	25 % (bis 11 %) Perzentil Leichte Erholungsprobleme	10 % (und niedriger) Perzentil Leichte Erholungsprobleme
Abschalten von der Arbeit		8	≤ 7
Entspannung		9–10	≤ 8
Mastery		9–10	≤ 8
Kontrolle		10–12	≤ 9

Bei vorliegenden Erholungsproblemen kann neben den dargestellten Tipps (Kapitel 4) auch die Kontaktaufnahme zu Krankenkassen hilfreich sein. Sie bieten ihren Versicherten oft Maßnahmen zur Verbesserung der Erholungsfähigkeit an, beispielsweise, wenn es um das Erlernen von Entspannungstechniken oder die Teilnahme an Stressmanagementkursen geht.

Die Bundesanstalt für Arbeitsschutz und Arbeitsmedizin vermittelt in der Handlungshilfe »Mentale Erholung von der Arbeit: Abschalten lernen« (Wendsche et al., 2023) Strategien, die das Abschalten von der Arbeit erleichtern:

www.baua.de/DE/Angebote/Publikationen/Praxis/A112?nn=8181657d-81dc-4b41-9ba9-733eba4ee4a0

6.3 Checkliste Pausenmanagement

Ein ergonomisches Pausenmanagement ist dadurch gekennzeichnet, dass man ausreichend Pausen in den Arbeitsablauf einplant und realisiert, Pausenaktivitäten in Pausenumwelten nachgeht, die wirksam zur Erholung beitragen und einer Kumulation beeinträchtigender Beanspruchungsfolgen über die Arbeitszeit vorbeugen. In der Checkliste haben wir einige Merkmale gesammelt, die auf ein gutes Pausenmanagement hinweisen.

Inwiefern treffen folgende Aussagen auf Sie zu?	Nein	Ja
1. Ich plane meine Arbeitspausen schon am Morgen jedes Schultages.	☐	☐
2. An jedem Schultag mache ich gewöhnlich mindestens eine längere Pause.	☐	☐
3. Während des Schultages realisiere ich häufig kurze Pausen, um mich schnell entlasten zu können.	☐	☐
4. Ich kann meine Pausen so organisieren, dass ich nicht unterbrochen werde.	☐	☐

6 Checklisten und Selbsttests

Inwiefern treffen folgende Aussagen auf Sie zu?	Nein	Ja
5. In meinen Pausen bin ich wirklich kurz arbeitsfrei.	☐	☐
6. Über die Arbeitswoche hinweg finde ich sowohl Zeit für Pausen allein als auch mit meinen Kolleg*innen.	☐	☐
7. In meinen Pausen mache ich andere Dinge als während der Arbeit.	☐	☐
8. In meinen Pausen verlasse ich das Klassenzimmer.	☐	☐
9. Nach meinen Pausen fühle ich mich erholt.	☐	☐
10. Wenn ich aus der Schule komme, bin ich noch fit, um meinen privaten Angelegenheiten und geplanten Freizeitaktivitäten nachzugehen.	☐	☐
Summe der Ja- und Nein-Antworten	—	—

Haben Sie häufiger »Nein« als »Ja« angekreuzt?

Viele Probleme mit dem Pausenmanagement liegen in der Arbeitsorganisation. Sie sollten das Thema Arbeitspausen in Ihrer Schule mit der Schulleitung und dem Kollegium gemeinsam in der Lehrkräftekonferenz thematisieren und Verbesserungsvorschläge entwickeln und umsetzen. Auch die Deutsche Gesetzliche Unfallversicherung (DGUV) sowie die zuständigen Unfallkassen und Arbeitsschutzbehörden können um Unterstützung gebeten werden.

6.4 Fragebogen zur Erfassung des organisationalen Erholungsklimas

Der Fragebogen zur Erfassung des organisationalen Erholungsklimas in Organisationen (Wendsche, 2023) erfasst, inwiefern Unternehmen ein gesundes Erholungsverhalten ihrer Beschäftigten wertschätzen, Regeln und Praktiken zur Erholungsförderung entwickeln, umsetzen und Erholung unter den Beschäftigten ein bedeutsames Thema darstellt. Die Aussagen wurden hier für den Schul- und Lehrkräftekontext angepasst. Als Vergleichswerte zur Einstufung Ihrer Werte dienen Daten von 826 deutschen Beschäftigten aus verschiedenen Branchen.

Treffen folgende Aussagen auf Ihre Schule zu?	trifft gar nicht zu	trifft wenig zu	trifft mittelmäßig zu	trifft überwiegend zu	trifft völlig zu
1. Meine Schulleitung hält das Thema Erholung von der Arbeit für wichtig	1	2	3	4	5

6.4 Fragebogen zur Erfassung des organisationalen Erholungsklimas

Treffen folgende Aussagen auf Ihre Schule zu?	trifft gar nicht zu	trifft wenig zu	trifft mittelmäßig zu	trifft überwiegend zu	trifft völlig zu
2. Meine Schulleitung erwartet, dass sich Lehrkräfte von der Arbeit erholen.	1	2	3	4	5
3. Meine Schulleitung erwartet, dass wir Kolleg*innen während ihrer Erholungsphasen nicht stören.	1	2	3	4	5
4. In meiner Schule existieren verbindliche Regeln zum Thema Erholung.	1	2	3	4	5
5. Meine Schulleitung überprüft, ob Lehrkräfte sich an verbindliche Regeln zum Thema Erholung halten.	1	2	3	4	5
6. Meine Schulleitung sorgt für Arbeitsbedingungen, die es ermöglichen, sich von der Arbeit zu erholen.	1	2	3	4	5
7. Meine Schulleitung informiert die Lehrkräfte über das Thema Erholung (z. B. über Informationsmaterialien, durch Trainings).	1	2	3	4	5
8. Meine Schulleitung sorgt dafür, dass man während der Erholungsphasen nicht durch Arbeitsbelange unterbrochen wird.	1	2	3	4	5
9. In meiner Schule haben Lehrkräfte ein Mitspracherecht beim Thema Erholung.	1	2	3	4	5
10. In meiner Schule wird offen über das Thema Erholung gesprochen.	1	2	3	4	5
Summe aller Werte der Fragen 1–10					___

Summe < 22 = Niedriges Erholungsklima (Handlungsbedarf)
Summe > 33 = Hohes Erholungsklima (gute Erholungskultur)

Bei einem niedrigen Erholungsklima sollten Sie das Gespräch mit der Schulleitung suchen und um Maßnahmen bitten, die Erholungssituation zu verbessern.

7 Fazit und Ausblick

In diesem Buch wird die Bedeutung regelmäßiger Erholung von der Arbeit für den beruflichen Alltag und die Gesundheit von Lehrkräften erläutert. Dabei werden wichtige Theorien zur Erklärung verschiedener Erholungsprobleme vorgestellt und durch alltagsnahe Beispiele sowie Daten aus Repräsentativbefragungen mit Lehrkräften veranschaulicht. Trotz aller Widrigkeiten muss die Erholungsproblematik keine Einbahnstraße sein, denn die Forschung hat inzwischen zahlreiche Lösungsmöglichkeiten identifiziert, um Arbeit und Erholung wieder ins Gleichgewicht zu bringen. Im Fokus stehen insbesondere das effektive Management der Arbeitszeit und die bewusste Gestaltung von Erholungsphasen wie Arbeitspausen, Feierabenden, Wochenenden und Urlaubszeiten. Die aufgeführten Selbstchecks sollen helfen, sich im eigenen Verhalten und Erleben selbst in den Blick zu nehmen. Ausführlicher Tipps und Strategien sollen Lehrkräfte darin unterstützen, die oft beruflich bedingt verschwommenen Grenzen zwischen Arbeit und Privatleben wieder zu stärken. Damit solche Ansätze jedoch langfristige Wirkungen entfalten können, muss auch die Schule als komplexes Organisationssystem berücksichtigt werden. Dies ist sicherlich eine Aufgabe, die nicht nur die einzelne Lehrkraft, sondern auch die Schulverwaltungen und andere zuständige Behörden betrifft.

Insofern bleibt abzuwarten, ob die teilweise politisch präferierten verhaltens- und personenbezogene Ansätze zur Fachkräftesicherung und Gesundheitsförderung von Lehrkräften (z. B. Arbeitszeitvorgaben, Präventivangebote zur Förderung der inneren Achtsamkeit) tatsächlich die erwünschten Wirkungen entfalten. Dafür dürfen organisationale Ansätze, welche die gesundheitsförderliche Optimierung des gesamten Arbeitssystems anstreben, nicht außer Acht gelassen werden. In einer 2023 erschienenen Überblicksarbeit von Aust et al. (2023) wurde auf Basis von Daten aus 52 einzelnen Reviews gezeigt, dass organisationale Maßnahmen substanziell die Gesundheit von Beschäftigten verbessern können. Hierzu zählen vor allem Gestaltungsansätze, die systematisch und beteiligungsorientiert darauf abzielen, die Arbeitsbedingungen zu verbessern, den Beschäftigten mehr Entscheidungsfreiheit bei der Arbeitsausführung und der Gestaltung ihrer Arbeitszeit zu ermöglichen sowie durch gruppenbasierte Aktivitäten sowohl die Kommunikation als auch die gegenseitige Unterstützung am Arbeitsplatz zu fördern. Daher gilt die Vermutung, dass beispielsweise Erschwernisse hinsichtlich der Arbeitszeitgestaltung (z. B. weniger Optionen für Teilzeitmodelle) eher einen »Bumerangeffekt« haben dürften und sich dann Arbeitsunzufriedenheit, Krankenstände sowie Quoten für Berufsausstiege aus dem Lehrkraftberuf als auch Frühverrentungen beziehungsweise Frühpensionierungen erhöhen.

Ein wichtiges Anliegen für die Forschung als auch Politik wäre es, zunächst die Erholungs- und Arbeitssituation von Lehrkräften systematischer und kontinuierlicher in den Blick zu nehmen. Ein solches Monitoringsystem könnte – ähnlich wie ein Rauchmelder – frühzeitig potenzielle Risiken für die Arbeitsbedingungen und die Gesundheit von Lehrkräften aufdecken und zugleich erste Anzeichen einer Verschlechterung der Fachkräftesituation erkennbar machen. Damit ließen sich akute Handlungsbedarfe auf mögliche negative Seiteneffekte gesellschaftlicher Veränderungen (z. B. neue pandemische Situationen) im Lehrkräfteberufe eventuell besser ableiten.

Zudem ist es erforderlich, verstärkt Interventionsstudien nach medizinischem Goldstandard zur Verbesserung der Erholung von Lehrkräften durchzuführen. Dabei sollten nicht nur die Auswirkungen gezielter Veränderungen im Arbeitssystem (wie etwa Anpassungen des Stundenplans oder das kollektive Erarbeiten und Teilen von Unterrichtsvorbereitungen) berücksichtigt werden, sondern auch die Risiken und Chancen von Kommunikations- und Informationstechnologien – sei es als zusätzliche Belastung oder als Erleichterung der Arbeit. Es erfordert dabei Mut und Geduld von Fördernden und Praxispartner*innen, die Durchführung solcher Studien langfristig zu begleiten und zu unterstützen. Denn Empfehlungen basieren noch häufig auf Daten, die überwiegend kurzfristige Effekte von Maßnahmen widerspiegeln (z. B. über Zeiträume von Tagen, Wochen oder bis zu einem Jahr). Es ist noch unklar, ob förderliche Effekte nach einer gewissen Zeit zunehmen, da Lernen und eine umfassende Verhaltensänderung oft mehr Zeit benötigen. Ebenso ist ungewiss, ob diese Effekte mit der Zeit wieder nachlassen und sich ausschleichen, weil beispielsweise eine Gewöhnung eintritt. Für viele Erholungsinterventionen fehlen hierzu noch Erkenntnisse.

Literatur

Adriaanse, M. A., Oettingen, G., Gollwitzer, P. M., Hennes, E. P., de Ridder, D. T. D., & de Wit, J. B. F. (2010). When planning is not enough: Fighting unhealthy snacking habits by mental contrasting with implementation intentions (MCII). *European Journal of Social Psychology*, *40*(7), 1277–1293. https://doi.org/10.1002/ejsp.730

Agate, J. R., Agate, S. T., & Birchler, K. (2015). A Vacation Within a Vacation: Children's Day Rograms and Parental Satisfaction. *Tourism Culture & Communication*, *15*(1), 21–32. https://doi.org/10.3727/109830415X14339495039379

Albulescu, P., Macsinga, I., Rusu, A., Sulea, C., Bodnaru, A., & Tulbure, B. T. (2022). »Give me a break!« A systematic review and meta-analysis on the efficacy of micro-breaks for increasing well-being and performance. *PLOS ONE*, *17*(8), e0272460. https://doi.org/10.1371/journal.pone.0272460

Allmer, H. (1996). *Erholung und Gesundheit: Grundlagen, Ergebnisse und Maßnahmen*. Hogrefe.

Armon, G., Shirom, A., Shapira, I., & Melamed, S. (2008). On the nature of burnout–insomnia relationships: A prospective study of employed adults. *Journal of Psychosomatic Research*, *65*(1), 5–12. https://doi.org/10.1016/j.jpsychores.2008.01.012

Artelt, C., & Kunter, M. (2019). Kompetenzen und berufliche Entwicklung von Lehrkräften. In D. Urhahne, M. Dresel, & F. Fischer (Hrsg.), *Psychologie für den Lehrberuf* (S. 395–418). Springer Berlin Heidelberg. https://doi.org/10.1007/978-3-662-55754-9_20

Aust, B., Møller, J. L., Nordentoft, M., Frydendall, K. B., Bengtsen, E., Jensen, A. B., Garde, A. H., Kompier, M., Semmer, N., Rugulies, R., & Jaspers, S. Ø. (2023). How effective are organizational-level interventions in improving the psychosocial work environment, health, and retention of workers? A systematic overview of systematic reviews. *Scandinavian Journal of Work, Environment & Health*, *49*(5), 315–329. https://doi.org/10.5271/sjweh.4097

Avanzi, L., Savadori, L., Fraccaroli, F., Ciampa, V., & van Dick, R. (2022). Too-much-of-a-good-thing? The curvilinear relation between identification, overcommitment, and employee well-being. *Current Psychology*, *41*(3), 1256–1266. https://doi.org/10.1007/s12144-020-00655-x

Bakker, A. B., & Demerouti, E. (2007). The Job Demands-Resources model: State of the art. *Journal of Managerial Psychology*, *22*(3), 309–328. https://doi.org/10.1108/02683940710733115

Bakker, A. B., Demerouti, E., & Sanz-Vergel, A. (2023). Job Demands–Resources Theory: Ten Years Later. *Annual Review of Organizational Psychology and Organizational Behavior*, *10*(1), 25–53. https://doi.org/10.1146/annurev-orgpsych-120920-053933

Bauer, J., Unterbrink, T., Hack, A., Pfeifer, R., Buhl-Grießhaber, V., Müller, U., Wesche, H., Frommhold, M., Seibt, R., Scheuch, K., & Wirsching, M. (2007). Working conditions, adverse events and mental health problems in a sample of 949 German teachers. *International Archives of Occupational and Environmental Health*, *80*(5), 442–449. https://doi.org/10.1007/s00420-007-0170-7

Baumert, J., & Kunter, M. (2006). Stichwort: Professionelle Kompetenz von Lehrkräften. *Zeitschrift für Erziehungswissenschaft*, *9*(4), 469–520.

Baumert, J., & Kunter, M. (2013). The COACTIV Model of Teachers' Professional Competence. In M. Kunter, J. Baumert, W. Blum, U. Klusmann, S. Krauss, & M. Neubrand (Hrsg.), *Cognitive Activation in the Mathematics Classroom and Professional Competence of Teachers* (S. 25–48). Springer US. https://doi.org/10.1007/978-1-4614-5149-5_2

Bennett, A. A., Bakker, A. B., & Field, J. G. (2018). Recovery from work-related effort: A meta-analysis. *Journal of Organizational Behavior, 39*(3), 262–275. https://doi.org/10.1002/job.2217

Blasche, G. (2008). War Ihr Urlaub erholsam? Ergebnisse und Anwendungen der Erholungsforschung. *Psychologie in Österreich, 3*(4), 306–314.

Blasche, G. (2020). *Erholung 4.0: Warum sie wichtiger ist denn je.* maudrich Verlag.

Bosch, C., Sonnentag, S., & Pinck, A. S. (2018). What makes for a good break? A diary study on recovery experiences during lunch break. *Journal of Occupational and Organizational Psychology, 91*(1), 134–157. https://doi.org/10.1111/joop.12195

Brosch, E., Binnewies, C., Gröning, C., & Forthmann, B. (2023). The role of general work engagement and well-being for vacation effects and for vacation fade-out. *Applied Psychology*, apps.12488. https://doi.org/10.1111/apps.12488

Bundesanstalt für Arbeitsschutz und Arbeitsmedizin. (2020). *Stressreport Deutschland 2019: Psychische Anforderungen, Ressourcen und Befinden.* BAuA.

Burisch, M. (2014). *Das Burnout-Syndrom: Theorie der inneren Erschöpfung – Zahlreiche Fallbeispiele – Hilfen zur Selbsthilfe.* Springer Berlin Heidelberg. https://doi.org/10.1007/978-3-642-36255-2

Chen, C.-C., & Petrick, J. F. (2013). Health and Wellness Benefits of Travel Experiences: A Literature Review. *Journal of Travel Research, 52*(6), 709–719. https://doi.org/10.1177/0047287513496477

Cropley, M., & Zijlstra, F. R. H. (2011). Work and Rumination. In J. Langan-Fox & C. Cooper (Hrsg.), *Handbook of Stress in the Occupations.* Edward Elgar Publishing. https://doi.org/10.4337/9780857931153.00061

de Bloom, J., Geurts, S. A. E., Taris, T. W., Sonnentag, S., de Weerth, C., & Kompier, M. A. J. (2010). Effects of vacation from work on health and well-being: Lots of fun, quickly gone. *Work & Stress, 24*(2), 196–216. https://doi.org/10.1080/02678373.2010.493385

de Bloom, J., Kompier, M., Geurts, S., Weerth, C., Taris, T., & Sonnentag, S. (2009). Do we recover from vacation? Meta-analysis of vacation effects on health and well-being. *Journal of occupational health, 51*(1), 13–25. https://doi.org/10.1539/joh.k8004

Debitz, U., Hubrich, A., & Roitzsch, K. (2022). Pausen im Schulalltag—Herausforderungen und Lösungsansätze. In S. Mühlpfordt, G. Prodehl, & K. Scheuch (Hrsg.), *Gesundheitsschutz und Gesundheitsförderung im Lehrberuf: Multiprofessionelle Perspektiven.* (1. Auflage, S. 100–107). Pabst Science Publishers.

Deci, E. L., & Ryan, R. M. (2000). The »What« and »Why« of Goal Pursuits: Human Needs and the Self-Determination of Behavior. *Psychological Inquiry, 11*(4), 227–268. https://doi.org/10.1207/S15327965PLI1104_01

Deutsche Gesellschaft für Psychiatrie, Psychotherapie und Nervenheilkunde. (2012). *Positionspapier der Deutschen Gesellschaft für Psychiatrie, Psychotherapie und Nervenheilkunde (DGPPN) zum Thema Burnout.*

Dicke, T., Holzberger, D., Kunina-Habenicht, O., Linninger, C., & Schulze-Stocker, F. (2016). »Doppelter Praxisschock« auf dem Weg ins Lehramt? Verlauf und potenzielle Einflussfaktoren emotionaler Erschöpfung während des Vorbereitungsdienstes und nach dem Berufseintritt. *Psychologie in Erziehung und Unterricht, 63,* 244–257. https://doi.org/10.2378/peu2016.art20d

Donovan, J. J., & Radosevich, D. J. (1999). A meta-analytic review of the distribution of practice effect: Now you see it, now you don't. *Journal of Applied Psychology, 84*(5), 795–805. https://doi.org/10.1037/0021-9010.84.5.795

Etzion, D., Eden, D., & Lapidot, Y. (1998). Relief from job stressors and burnout: Reserve service as a respite. *Journal of Applied Psychology, 83*(4), 577–585. https://doi.org/10.1037//0021-9010.83.4.577

Faude-Koivisto, T., & Gollwitzer, P. (2009). Wenn-Dann Pläne: Eine effektive Planungsstrategie aus der Motivationspsychologie. In *Coachingwissen: Denn sie wissen nicht, was sie tun?* (S. 207–225).

Fischer, D., Lombardi, D. A., Folkard, S., Willetts, J., & Christiani, D. C. (2017). Updating the »Risk Index«: A systematic review and meta-analysis of occupational injuries and work schedule characteristics. *Chronobiology International, 34*(10), 1423–1438. https://doi.org/10.1080/07420528.2017.1367305

Flaxman, P. E., Stride, C. B., Newman, S. A., & Ménard, J. (2023). Patterns and predictors of change in energy and mood around a vacation from the workplace: Distinguishing the effects of supplemental work activity and work-related perseverative cognition. *Journal of Occupational and Organizational Psychology, 96*(1), 81–108. https://doi.org/10.1111/joop.12410

Fritz, C., Auten, D., & Caughlin, D. (2021). Reattachment to work in the morning and day-level leader outcomes. *Journal of Vocational Behavior, 129*, 103617. https://doi.org/10.1016/j.jvb.2021.103617

Fritz, C., Sonnentag, S., Spector, P. E., & McInroe, J. A. (2010). The weekend matters: Relationships between stress recovery and affective experiences. *Journal of Organizational Behavior, 31*(8), 1137–1162. https://doi.org/10.1002/job.672

Fritz, C., Yankelevich, M., Zarubin, A., & Barger, P. (2010). Happy, healthy, and productive: The role of detachment from work during nonwork time. *Journal of Applied Psychology, 95*(5), 977–983. https://doi.org/10.1037/a0019462

Gawrilow, C. (2016). *Lehrbuch ADHS: Modelle, Ursachen, Diagnose, Therapie: mit 16 Abbildungen, 10 Tabellen und 47 Vertiefungsfragen* (2., aktualisierte Auflage). Ernst Reinhardt Verlag.

Gensicke, M., & Tschersich, N. (2018). *Forschungsprojekt im Auftrag des Bundesinstituts für Berufsbildung (BIBB) und der Bundesanstalt für Arbeitsschutz und Arbeitsmedizin (BAuA)*.

Gillet, S., Schmitz, P., & Mitas, O. (2016). The Snap-Happy Tourist: The Effects of Photographing Behavior on Tourists' Happiness. *Journal of Hospitality & Tourism Research, 40*(1), 37–57. https://doi.org/10.1177/1096348013491606

Guthier, C., Dormann, C., & Voelkle, M. C. (2020). Reciprocal effects between job stressors and burnout: A continuous time meta-analysis of longitudinal studies. *Psychological Bulletin, 146*(12), 1146–1173.

He, W., & Liu, X. (2022). How does cognitive detachment from work influence employee creativity? A curvilinear relationship based on the cognitive perspective. *Creativity and Innovation Management, 31*(2), 194–209. https://doi.org/10.1111/caim.12493

Headrick, L., Newman, D. A., Park, Y. A., & Liang, Y. (2023). Recovery Experiences for Work and Health Outcomes: A Meta-Analysis and Recovery-Engagement-Exhaustion Model. *Journal of Business and Psychology, 38*, 821–864. https://doi.org/10.1007/s10869-022-09821-3

Hillert, A., Bäcker, K., & Küpper, A. (2016). Wie belastet und/oder wie gesund sind Lehrkräfte verglichen mit anderen Berufstätigen? *Prävention und Gesundheitsförderung, 11*(3), 154–161.

Hillert, A., Bracht, M., Koch, S., Lüdtke, K., Ueing, S., Lehr, D., & Sosnowsky-Waschek, N. (2019). *Arbeit und Gesundheit im Lehrerberuf (AGIL): Das individuelle Arbeitsbuch*. Schattauer.

Hobfoll, S. E. (1989). Conservation of resources: A new attempt at conceptualizing stress. *American Psychologist, 44*(3), 513–524. https://doi.org/10.1037/0003-066X.44.3.513

Hoyer, J., Dechmann, J. C. G., Stender, T., & Čolić, J. (2021). Selecting and imagining rewarding activities during the COVID-19 lockdown: Effects on mood and what moderates them. *International Journal of Psychology, 56*(4), 585–593. https://doi.org/10.1002/ijop.12759

Hoyer, J., & Krämer, L. (2021). *Verhaltensaufbau und -aktivierung* (1. Auflage). Hogrefe.

Hruska, B., Pressman, S. D., Bendinskas, K., & Gump, B. B. (2020). Vacation frequency is associated with metabolic syndrome and symptoms. *Psychology & Health, 35*(1), 1–15. https://doi.org/10.1080/08870446.2019.1628962

Hülsheger, U. R., Uitdewilligen, S., Zijlstra, F. R. H., & Walkowiak, A. (2022). Blue Monday, yellow Friday? Investigating work anticipation as an explanatory mechanism and boundary conditions of weekly affect trajectories. *Journal of Occupational Health Psychology, 27*(4), 359–376. https://doi.org/10.1037/ocp0000330

Iancu, A. E., Rusu, A., Măroiu, C., Păcurar, R., & Maricuțoiu, L. P. (2018). The effectiveness of interventions aimed at reducing teacher burnout: A meta-analysis. *Educational Psychology Review, 30*(2), 373–396. https://doi.org/10.1007/s10648-017-9420-8

Iwasaki, Y., Messina, E. S., & Hopper, T. (2018). The role of leisure in meaning-making and engagement with life. *The Journal of Positive Psychology, 13*(1), 29–35. https://doi.org/10.1080/17439760.2017.1374443

Jansson-Fröjmark, M., & Lindblom, K. (2010). Is There a Bidirectional Link Between Insomnia and Burnout? A Prospective Study in the Swedish Workforce. *International Journal of Behavioral Medicine, 17*(4), 306–313. https://doi.org/10.1007/s12529-010-9107-8

Jimenez, W. P., Hu, X., & Xu, X. V. (2022). Thinking About Thinking About Work: A Meta-Analysis of Off-Job Positive and Negative Work-Related Thoughts. *Journal of Business and Psychology, 37*(2), 237–262. https://doi.org/10.1007/s10869-021-09742-7

Joiko, K., Wolff, G., & Schmauder, M. (with Bundesanstalt für Arbeitsschutz und Arbeitsmedizin). (2010). *Psychische Belastung und Beanspruchung im Berufsleben: Erkennen – gestalten* (5. Aufl). Bundesanst. für Arbeitsschutz u. Arbeitsmedizin.

Kalani, S., Asanjarani, F., & Rajabi, M. (2023). EFL teachers in lockdown: Does work-related rumination predict work-related behavior patterns during covid pandemic? *Current Psychology.* https://doi.org/10.1007/s12144-023-04978-3

Kaplan, S. (1995). The restorative benefits of nature: Toward an integrative framework. *Journal of Environmental Psychology, 15*(3), 169–182. https://doi.org/10.1016/0272-4944(95)90001-2

Karabinski, T., Haun, V. C., Nübold, A., Wendsche, J., & Wegge, J. (2021). Interventions for improving psychological detachment from work: A meta-analysis. *Journal of occupational health psychology, 26*(3), 224–242. https://doi.org/10.1037/ocp0000280

Kaufmann, I., Pornschlegel, H., & Udris, I. (1982). Arbeitsbelastung und Beanspruchung. In L. Zimmermann (Hrsg.), *Belastungen und Stress bei der Arbeit* (S. 13–48). Rowohlt.

Kieschke, U., & Schaarschmidt, U. (2003). Bewältigungsverhalten als eignungsrelevantes Merkmal bei Existenzgründern: Ergebnisse einer Längsschnittstudie. *Zeitschrift für Personalpsychologie, 2*(3), 107–117. https://doi.org/10.1026//1617-6391.2.3.107

Kinnunen, U., de Bloom, J., & Virtanen, A. (2019). Do Older Teachers Benefit More From Workday Break Recovery Than Younger Ones? *Scandinavian Journal of Work and Organizational Psychology, 4*(1), 7. https://doi.org/10.16993/sjwop.87

Kinnunen, U., Feldt, T., Siltaloppi, M., & Sonnentag, S. (2011). Job demands–resources model in the context of recovery: Testing recovery experiences as mediators. *European Journal of Work and Organizational Psychology, 20*(6), 805–832. https://doi.org/10.1080/1359432X.2010.524411

Kittelmann, M., Adolph, L., Michel, A., Packroff, R., Schütte, M., & Sommer, S. (2021). Handbuch Gefährdungsbeurteilung. *Bundesanstalt für Arbeitsschutz und Arbeitsmedizin (BAuA).* https://doi.org/10.21934/BAUA:FACHBUCH20210127

Klusmann, U. (2011). Allgemeine berufliche Motivation und Selbstregulation. In Kunter, Mareike, Baumert, Jürgen, Blum, Werner, Krauss, Stefan, & Neubrand, Michael (Hrsg.), *Professionelle Kompetenz von Lehrkräften. Ergebnisse des Forschungsprogramms COACTIV* (S. 277–294). Waxmann.

Klusmann, U., Aldrup, K., Roloff, J., Lüdtke, O., & Hamre, B. K. (2022). Does instructional quality mediate the link between teachers' emotional exhaustion and student outcomes? A large-scale study using teacher and student reports. *Journal of Educational Psychology, 114*(6), 1442–1460. https://doi.org/10.1037/edu0000703

Klusmann, U., Kunter, M., Trautwein, U., Lüdtke, O., & Baumert, J. (2008). Engagement and emotional exhaustion in teachers: Does the school context make a difference? *Applied Psychology, 57*(s1), 127–151. https://doi.org/10.1111/j.1464-0597.2008.00358.x

Klusmann, U., Richter, D., & (Keine Angabe). (2014). Beanspruchungserleben von Lehrkräften und Schülerleistung. Eine Analyse des IQB-Ländervergleichs in der Primarstufe. *Zeitschrift für Pädagogik, 60*(2), 202–224.

Klusmann, U., Richter, D., & Lüdtke, O. (2016). Teachers' emotional exhaustion is negatively related to students' achievement: Evidence from a large-scale assessment study. *Journal of Educational Psychology, 108*(8), 1193–1203.

Klusmann, U., & Waschke, N. (with Hogrefe-Verlag). (2018). *Gesundheit und Wohlbefinden im Lehrerberuf* (1. Auflage). Hogrefe.

Košir, K., Tement, S., Licardo, M., & Habe, K. (2015). Two sides of the same coin? The role of rumination and reflection in elementary school teachers' classroom stress and burnout. *Teaching and Teacher Education, 47*, 131–141. https://doi.org/10.1016/j.tate.2015.01.006

Kreuzfeld, S., Felsing, C., & Seibt, R. (2022). Teachers' working time as a risk factor for their mental health—Findings from a cross-sectional study at German upper-level secondary schools. *BMC public health, 22*(1), 307. https://doi.org/10.1186/s12889-022-12680-5

Kühnel, J., & Sonnentag, S. (2011). How long do you benefit from vacation? A closer look at the fade-out of vacation effects. *Journal of Organizational Behavior, 32*(1), 125–143. https://doi.org/10.1002/job.699

Kujanpää, M., Syrek, C., Lehr, D., Kinnunen, U., Reins, J. A., & de Bloom, J. (2021). Need Satisfaction and Optimal Functioning at Leisure and Work: A Longitudinal Validation Study of the DRAMMA Model. *Journal of Happiness Studies, 22*(2), 681–707. https://doi.org/10.1007/s10902-020-00247-3

Lacroix, P., Dorsemagen, C., Krause, A., & Bäuerle, F. (2005). *Arbeitszeitregelungen an Schulen aus arbeits- und organisationspsychologischer Sicht: Eine repräsentative Befragung gewerkschaftlich organisierter Lehrkräfte in Baden-Württemberg.* (163; Forschungsberichte des Instituts für Psychologie der Albert-Ludwigs-Universität Freiburg.).

Lazarus, R. S., & Folkman, S. (1984). *Stress, appraisal, and coping.* Springer.

Lehr, D., Heber, E., Sieland, B., Hillert, A., Funk, B., & Ebert, D. D. (2016). »Occupational eMental Health« in der Lehrergesundheit: Ein metaanalytisches Review zur Wirksamkeit von Online-Gesundheitstrainings bei Lehrkräften. *Prävention und Gesundheitsförderung, 11*(3), 182–192. https://doi.org/10.1007/s11553-016-0541-6

Lehr, D., Koch, S., & Hillert, A. (2013). Stress-Bewältigungs-Trainings: Das Präventionsprogramm AGIL »Arbeit und Gesundheit im Lehrerberuf« als Beispiel eines Stress-Bewältigungs-Trainings für Lehrerinnen und Lehrer. In M. Rothland (Hrsg.), *Belastung und Beanspruchung im Lehrerberuf* (S. 251–271). Springer VS.

Lipowsky, F., & Rzejak, D. (2021). *Fortbildungen für Lehrpersonen wirksam gestalten: Ein praxisorientierter und forschungsgestützter Leitfaden.* https://doi.org/10.11586/2020080

Lohmann-Haislah, A. (2012). *Stressreport Deutschland 2012: Psychische Anforderungen, Ressourcen und Befinden.* Bundesanstalt für Arbeitsschutz und Arbeitsmedizin.

Lohmann-Haislah, A., Wendsche, J., Schulz, A., Scheibe, T., & Schöllgen, I. (2019). Von der Arbeit (Nicht) Abschalten-Können: Ursachen, Wirkungen, Verbreitung und Interventionsmöglichkeiten. In B. Badura, A. Ducki, H. Schröder, J. Klose, & M. Meyer (Hrsg.), *Fehlzeiten-Report 2019* (S. 307–317). Springer.

Luta, D., Pogrebtsova, E., & Provencher, Y. (2020). The wellbeing implications of thinking about schoolwork during leisure time: A qualitative analysis of Canadian university students' psychological detachment experiences. *Journal of Further and Higher Education*, 1–17. https://doi.org/10.1080/0309877X.2020.1813265

Magnusson Hanson, L. L., Chungkham, H. S., Åkerstedt, T., & Westerlund, H. (2014). The Role of Sleep Disturbances in the Longitudinal Relationship Between Psychosocial Working Conditions, Measured by Work Demands and Support, and Depression. *Sleep, 37*(12), 1977–1985. https://doi.org/10.5665/sleep.4254

Marquardt, M. K., Oettingen, G., Gollwitzer, P. M., Sheeran, P., & Liepert, J. (2017). Mental contrasting with implementation intentions (MCII) improves physical activity and weight loss among stroke survivors over one year. *Rehabilitation Psychology, 62*(4), 580–590. https://doi.org/10.1037/rep0000104

Martin, L. L., & Tesser, A. (1996). Some ruminative thoughts. In R. S. Wyer (Hrsg.), *Ruminative thoughts* (S. 1–47). Lawrence Erlbaum Associates, Inc.

Maslach, C., Schaufeli, W. B., & Leiter, M. P. (2001). Job Burnout. *Annual Review of Psychology, 51*(1), 397–422.

McCarthy, C. J., Lambert, R. G., Lineback, S., Fitchett, P., & Baddouh, P. G. (2016). Assessing teacher appraisals and stress in the classroom: Review of the classroom appraisal of resources and demands. *Educational Psychology Review, 28*(3), 577–603.

Merino-Tejedor, E., Hontangas, P. M., & Boada-Grau, J. (2017). The assessment of detachment among university students: Validation of the Recovery Experience Questionnaire in educational contexts. *Anales de Psicología, 33*(2), 342–350. https://doi.org/10.6018/ana lesps.33.2.249811

Metz, A.-M., & Rothe, H.-J. (2017). *Screening psychischer Arbeitsbelastung*. Springer Fachmedien Wiesbaden. https://doi.org/10.1007/978-3-658-12572-1

Mittelstädt, H., & Mittelstädt, R. (2011). *Zeitmanagement für Lehrer*. Verlag an der Ruhr.

Möller, C. (2017). *Krank im Urlaub: Jeder Fünfte Deutsche von Leisure Sickness betroffen* (Leisure Sickness. IUBH Touristik-Radar 2017, S. 1–5) [Pressemitteilung]. Internationalen Hochschule Bad Honnef/ Bonn.

Murawski, B., Wade, L., Plotnikoff, R. C., Lubans, D. R., & Duncan, M. J. (2018). A systematic review and meta-analysis of cognitive and behavioral interventions to improve sleep health in adults without sleep disorders. *Sleep Medicine Reviews, 40*, 160–169. https://doi.org/10.1016/j.smrv.2017.12.003

Mußmann, F., Hardwig, T., & Riethmüller, M. (2023). *Arbeitszeit und Arbeitsbelastung von Lehrkräften an Schulen in Sachsen 2022: Ergebnisbericht* [Other]. https://doi.org/10.47952/gro-publ-172

Mußmann, F., Hardwig, T., Riethmüller, M., Klötzer, S., & Peters, S. (2021). *Arbeitszeit und Arbeitsbelastung von Lehrkräften an Frankfurter Schulen 2020: Ergebnisbericht*. Büchner-Verlag.

Mußmann, F., Riethmüller, M., & Hardwig, T. (with Peters, S., Parciak, M., Ohms, I. C., & Klötzer, S.). (2017). *Niedersächsische Arbeitsbelastungsstudie 2016: Lehrkräfte an öffentlichen Schulen: Ergebnisbericht* (S. 230 S.) [PDF]. Göttingen : Georg-August-Universität Göttingen, Kooperationsstelle Hochschulen und Gewerkschaften. https://doi.org/10.3249/WEBDOC-3974

Nachreiner, F., & Schütte, M. (2018). Revidierte Fassung der DIN EN ISO 10075-1 erschienen: Ergonomische Grundlagen bezüglich psychischer Arbeitsbelastung – Teil 1: Allgemeine Aspekte und Konzepte und Begriffe. *Zeitschrift für Arbeits- und Organisationspsychologie A&O, 62*(3), 166–166. https://doi.org/10.1026/0932-4089/a000276

Newman, D. B., Tay, L., & Diener, E. (2014). Leisure and Subjective Well-Being: A Model of Psychological Mechanisms as Mediating Factors. *Journal of Happiness Studies, 15*(3), 555–578. https://doi.org/10.1007/s10902-013-9435-x

OECD. (2019). *TALIS 2018 Results (Volume I): Teachers and School Leaders as Lifelong Learners*. OECD Publishing. https://doi.org/10.1787/1d0bc92a-en

Oettingen, G. (2017). *Die Psychologie des Gelingens* (U. Strerath-Bolz, Übers.; Vollständige Taschenbuchausgabe). Droemer.

Oettingen, G., Kappes, H. B., Guttenberg, K. B., & Gollwitzer, P. M. (2015). Self-regulation of time management: Mental contrasting with implementation intentions. *European Journal of Social Psychology, 45*(2), 218–229. https://doi.org/10.1002/ejsp.2090

Park, Y., & Sprung, J. M. (2015). Weekly work-school conflict, sleep quality, and fatigue: Recovery self-efficacy as a cross-level moderator. *Journal of Organizational Behavior, 36*(1), 112–127. https://doi.org/10.1002/job.1953

Phan, V., & Beck, J. W. (2023). Why Do People (Not) Take Breaks? An Investigation of Individuals' Reasons for Taking and for Not Taking Breaks at Work. *Journal of Business and Psychology, 38*(2), 259–282. https://doi.org/10.1007/s10869-022-09866-4

Pierce, J. R., & Aguinis, H. (2013). The Too-Much-of-a-Good-Thing Effect in Management. *Journal of Management, 39*(2), 313–338. https://doi.org/10.1177/0149206311410060

Pindek, S., Shen, W., & Andel, S. (2023). Finally, some »me time«: A new theoretical perspective on the benefits of commuting. *Organizational Psychology Review, 13*(1), 44–66. https://doi.org/10.1177/20413866221133669

Querstret, D., & Cropley, M. (2012). Exploring the relationship between work-related rumination, sleep quality and work-related fatigue. *Journal of Occupational Health Psychology, 17*(3), 341–353.

Ragsdale, J. M., & Beehr, T. A. (2016). A rigorous test of a model of employees' resource recovery mechanisms during a weekend: WEEKEND RECOVERY AND RESOURCES. *Journal of Organizational Behavior, 37*(6), 911–932. https://doi.org/10.1002/job.2086

Ragsdale, J. M., Beehr, T. A., Grebner, S., & Han, K. (2011). An integrated model of weekday stress and weekend recovery of students. *International Journal of Stress Management, 18*(2), 153–180. https://doi.org/10.1037/a0023190

Safstrom, M., & Hartig, T. (2013). Psychological detachment in the relationship between job stressors and strain. *Behavioral Sciences, 3*(3), 418–433. https://doi.org/10.3390/bs3030418

Schaarschmidt, U., & Fischer, A. W. (1997). AVEM – ein diagnostisches Instrument zur Differenzierung von Typen gesundheitsrelevanten Verhaltens und Erlebens gegenüber der Arbeit. *Zeitschrift für Differentielle und Diagnostische Psychologie, 18*(3), 151–163.

Schaarschmidt, U., & Fischer, A. W. (2008). *Arbeitsbezogenes Verhaltens- und Erlebensmuster: AVEM Manual* (3., überarb. u. erw. Aufl.). Pearson.

Schaarschmidt, U., & Kieschke, U. (2013). Beanspruchungsmuster im Lehrerberuf Ergebnisse und Schlussfolgerungen aus der Potsdamer Lehrerstudie. In M. Rothland (Hrsg.), *Belastung und Beanspruchung im Lehrerberuf: Modelle, Befunde, Interventionen* (2., vollständig überarbeitete Aufl., S. 81–97). Springer VS. https://doi.org/10.1007/978-3-531-18990-1_5

Scheuch, K., Haufe, E., & Seibt, R. (2015). Teachers' Health. *Deutsches Ärzteblatt International, 112*(20), 347–356. https://doi.org/10.3238/arztebl.2015.0347

Schleupner, R. M., Kühnel, J., Melchers, K. G., & Richter, S. S. (2023). Be prepared: Does psychological reattachment buffer the effect of a bad night's sleep on day-specific work engagement and proactivity? *Journal of Occupational and Organizational Psychology, 96*(2), 287–307. https://doi.org/10.1111/joop.12424

Schmidt, J., Klusmann, U., Lüdtke, O., Möller, J., & Kunter, M. (2017). What makes good and bad days for beginning teachers? A diary study on daily uplifts and hassles. *Contemporary Educational Psychology, 48*, 85–97. https://doi.org/10.1016/j.cedpsych.2016.09.004

Schraub, E. M., Turgut, S., Clavairoly, V., & Sonntag, K. (2013). Emotion regulation as a determinant of recovery experiences and well-being: A day-level study. *International Journal of Stress Management, 20*(4), 309–335. https://doi.org/10.1037/a0034483

Schulz, A. D., Wendsche, J., Lohmann-Haislah, A., & Schöllgen, I. (2020). Erholungsbeeinträchtigungen bei Beschäftigten. *Zentralblatt für Arbeitsmedizin, Arbeitsschutz und Ergonomie, 70*(2), 57–65. https://doi.org/10.1007/s40664-019-00373-7

Seibt, R., Galle, M., & Dutschke, D. (2007). Psychische Gesundheit im Lehrerberuf. *Prävention und Gesundheitsförderung, 2*(4), 228–234. https://doi.org/10.1007/s11553-007-0082-0

Seibt, R., & Kreuzfeld, S. (2021). Influence of Work-Related and Personal Characteristics on the Burnout Risk among Full- and Part-Time Teachers. *International journal of environmental research and public health, 18*(4).

Seibt, R., & Kreuzfeld, S. (2023). Working time reduction, mental health, and early retirement among part-time teachers at German upper secondary schools—A cross-sectional study. *Frontiers in Public Health, 11*, 1293239. https://doi.org/10.3389/fpubh.2023.1293239

Sheeran, P., Listrom, O., & Gollwitzer, P. M. (2024). The when and how of planning: Meta-analysis of the scope and components of implementation intentions in 642 tests. *European Review of Social Psychology*, 1–33. https://doi.org/10.1080/10463283.2024.2334563

Shimazu, A., Matsudaira, K., Jonge, J. D. E., Tosaka, N., Watanabe, K., & Takahashi, M. (2016). Psychological detachment from work during non-work time: Linear or curvilinear relations with mental health and work engagement? *Industrial Health, 54*(3), 282–292. https://doi.org/10.2486/indhealth.2015-0097

Sio, U. N., & Ormerod, T. C. (2009). Does incubation enhance problem solving? A meta-analytic review. *Psychological Bulletin, 135*(1), 94–120. https://doi.org/10.1037/a0014212

Söderström, M., Jeding, K., Ekstedt, M., Perski, A., & Åkerstedt, T. (2012). Insufficient sleep predicts clinical burnout. *Journal of Occupational Health Psychology, 17*(2), 175–183. https://doi.org/10.1037/a0027518

Sonnentag, S. (2001). Work, recovery activities, and individual well-being: A diary study. *Journal of Occupational Health Psychology, 6*(3), 196–210.

Sonnentag, S., & Bayer, U.-V. (2005). Switching off mentally: Predictors and consequences of psychological detachment from work during off-job time. *Journal of Occupational Health Psychology, 10*(4), 393–414.

Sonnentag, S., Cheng, B. H., & Parker, S. L. (2022). Recovery from work: Advancing the field toward the future. *Annual Review of Organizational Psychology and Organizational Behavior*, 9(1), 33–60. https://doi.org/10.1146/annurev-orgpsych-012420-091355

Sonnentag, S., Eck, K., Fritz, C., & Kühnel, J. (2020). Morning Reattachment to Work and Work Engagement During the Day: A Look at Day-Level Mediators. *Journal of Management*, 46(8), 1408–1435. https://doi.org/10.1177/0149206319829823

Sonnentag, S., & Fritz, C. (2007). The Recovery Experience Questionnaire: Development and validation of a measure for assessing recuperation and unwinding from work. *Journal of Occupational Health Psychology*, 12(3), 204–221. https://doi.org/10.1037/1076-8998.12.3.204

Sonnentag, S., & Fritz, C. (2015). Recovery from job stress: The stressor-detachment model as an integrative framework. *Journal of Organizational Behavior*, 36(S1), 72–103. https://doi.org/10.1002/job.1924

Sonnentag, S., & Jelden, S. (2009). Job stressors and the pursuit of sport activities: A day-level perspective. *Journal of Occupational Health Psychology*, 14(2), 165–181. https://doi.org/10.1037/a0014953

Sonnentag, S., & Kruel, U. (2006). Psychological detachment from work during off-job time: The role of job stressors, job involvement, and recovery-related self-efficacy. *European Journal of Work and Organizational Psychology*, 15(2), 197–217. https://doi.org/10.1080/13594320500513939

Sonnentag, S., & Kühnel, J. (2016). Coming back to work in the morning: Psychological detachment and reattachment as predictors of work engagement. *Journal of Occupational Health Psychology*, 21(4), 379–390. https://doi.org/10.1037/ocp0000020

Sonnentag, S., Venz, L., & Casper, A. (2017). Advances in recovery research: What have we learned? What should be done next? *Journal of Occupational Health Psychology*, 22(3), 365–380. https://doi.org/10.1037/ocp0000079

Speth, F., Wendsche, J., & Wegge, J. (2023). We Continue to Recover Through Vacation!: Meta-Analysis of Vacation Effects on Well-Being and Its Fade-Out. *European Psychologist*, 28(4), 274–287. https://doi.org/10.1027/1016-9040/a000518

Ständige Wissenschaftliche Kommission. (2023). *Empfehlungen zum Umgang mit dem akuten Lehrkräftemangel: Stellungnahme der Ständigen Wissenschaftlichen Kommission der Kultusministerkonferenz.* https://www.kmk.org/fileadmin/Dateien/pdf/KMK/SWK/2023/SWK-2023-Stellungnahme_Lehrkraeftemangel.pdf

Stebbins, R. A. (2018). Leisure as not work: A (far too) common definition in theory and research on free-time activities. *World Leisure Journal*, 60(4), 255–264. https://doi.org/10.1080/16078055.2018.1517101

Steed, L. B., Swider, B. W., Keem, S., & Liu, J. T. (2021). Leaving work at work: A meta-analysis on employee recovery from work. *Journal of Management*, 47(4), 867–897.

Stone, A. A., Schneider, S., & Harter, J. K. (2012). Day-of-week mood patterns in the United States: On the existence of ›Blue Monday‹, ›Thank God it's Friday‹ and weekend effects. *The Journal of Positive Psychology*, 7(4), 306–314. https://doi.org/10.1080/17439760.2012.691980

Strauss-Blasche, G., Ekmekcioglu, C., & Marktl, W. (2000). Does Vacation Enable Recuperation? Changes in Well-being Associated with Time Away from Work. *Occupational Medicine*, 50(3), 167–172. https://doi.org/10.1093/occmed/50.3.167

Syrek, C. J., Weigelt, O., Peifer, C., & Antoni, C. H. (2017). Zeigarnik's sleepless nights: How unfinished tasks at the end of the week impair employee sleep on the weekend through rumination. *Journal of Occupational Health Psychology*, 22(2), 225–238. https://doi.org/10.1037/ocp0000031

Taylor, W. D., Snyder, L. A., & Lin, L. (2020). What free time? A daily study of work recovery and well-being among working students. *Journal of Occupational Health Psychology*, 25(2), 113–125. https://doi.org/10.1037/ocp0000160

Terhart, E. (2011). *Hattie, John. Visible learning. A synthesis of over 800 meta-analyses relating to achievement.* London: Routledge, 2008. 378 S. [Rezension].

Timoštšuk, I., & Ugaste, A. (2012). The role of emotions in student teachers' professional identity. *European Journal of Teacher Education*, 35(4), 421–433. https://doi.org/10.1080/02619768.2012.662637

Türktorun, Y. Z., Fabriz, S., Mihmat-Jakubzyk, S., Schulze-Vorberg, L., & Horz, H. (2018). Das Potenzial von WBTs in der Hochschuldidaktik nutzen. *Neues Handbuch Hochschullehre, L 1.39*, 106–130.

Türktorun, Y. Z., Weiher, G. M., & Horz, H. (2020). Psychological detachment and work-related rumination in teachers: A systematic review. *Educational Research Review, 31*, 100354. https://doi.org/10.1016/j.edurev.2020.100354

Uhlmann, L. M., Karabinski, T., Wendsche, J., & Wegge, J. (2023). In what ways does age-differentiated leadership influence employee health? *Zeitschrift Für Arbeitswissenschaft, 77*(3), 429–439. https://doi.org/10.1007/s41449-023-00375-5

Unterbrink, T., Zimmermann, L., Pfeifer, R., Wirsching, M., Brähler, E., & Bauer, J. (2008). Parameters influencing health variables in a sample of 949 German teachers. *International Archives of Occupational and Environmental Health, 82*(1), 117–123. https://doi.org/10.1007/s00420-008-0336-y

Valshtein, T. J., Oettingen, G., & Gollwitzer, P. M. (2020). Using mental contrasting with implementation intentions to reduce bedtime procrastination: Two randomised trials. *Psychology & Health, 35*(3), 275–301. https://doi.org/10.1080/08870446.2019.1652753

Van Heck, G. L., & Vingerhoets, A. J. J. M. (2007). Leisure Sickness: A Biopsychosocial Perspective. *Psychological Topics, 2*, 187–200.

Varol, Y. Z., Weiher, G. M., & Horz, H. (2019). *LEVEL- Lehrerbildung vernetzt entwickeln: Kompetenzentwicklung im Lehramt durch die systematische Analyse von Unterrichtssituationen in fächer- und phasenübergreifenden Kooperationen. Teilprojekt: Teachers' Reflection on Work (TeReWo)*. Goethe-Universität Frankfurt.

Varol, Y. Z., Weiher, G. M., Wendsche, J., & Lohmann-Haislah, A. (2021). Difficulties detaching psychologically from work among German teachers: Prevalence, risk factors and health outcomes within a cross-sectional and national representative employee survey. *BMC public health, 21*(1), 2046. https://doi.org/10.1186/s12889-021-12118-4

Varol, Y. Z., Weiher, G. M., Wendsche, J., & Lohmann-Haislah, A. (2023). *Schwierigkeiten beim psychologischen Detachment von der Arbeit bei Lehrkräften: Prävalenz, Risikofaktoren und gesundheitliche Folgen in einer national repräsentativen Querschnittserhebung* (Bundesanstalt für Arbeitsschutz und Arbeitsmedizin, Hrsg.; S. 28–34). Bundesanstalt für Arbeitsschutz und Arbeitsmedizin. https://www.baua.de/DE/Angebote/Publikationen/Berichte/Gd110.html?pk_campaign=DOI

Varol, Y. Z., Weiher, G. M., Wenzel, S. F. C., & Horz, H. (2023). Practicum in teacher education: The role of psychological detachment and supervisors' feedback and reflection in student teachers' well-being. *European Journal of Teacher Education*, 1–18. https://doi.org/10.1080/02619768.2023.2201874

Vieten, L., Wöhrmann, A. M., Wendsche, J., & Michel, A. (2023). Employees' work breaks and their physical and mental health: Results from a representative German survey. *Applied Ergonomics, 110*, 103998. https://doi.org/10.1016/j.apergo.2023.103998

Virtanen, A., De Bloom, J., & Kinnunen, U. (2019). Relationships between recovery experiences and well-being among younger and older teachers. *International Archives of Occupational and Environmental Health, 93*(2), 213–227. https://doi.org/10.1007/s00420-019-01475-8

Virtanen, A., van Laethem, M., Bloom, J., & Kinnunen, U. (2021). Drammatic breaks: Break recovery experiences as mediators between job demands and affect in the afternoon and evening. *Stress and Health*. https://doi.org/10.1002/smi.3041

Voss, T., & Kunter, M. (2020). »Reality Shock« of beginning teachers? Changes in teacher candidates' emotional exhaustion and constructivist-oriented beliefs. *Journal of Teacher Education, 71*(3), 292–306. https://doi.org/10.1177/0022487119839700

Wang, G., Wang, Y., & Gai, X. (2021). A Meta-Analysis of the Effects of Mental Contrasting With Implementation Intentions on Goal Attainment. *Frontiers in Psychology, 12*, 565202. https://doi.org/10.3389/fpsyg.2021.565202

Wartenberg, G., Aldrup, K., Grund, S., & Klusmann, U. (2023). Satisfied and High Performing? A Meta-Analysis and Systematic Review of the Correlates of Teachers' Job Satisfaction. *Educational Psychology Review, 35*(4), 114. https://doi.org/10.1007/s10648-023-09831-4

Weigelt, O., Gierer, P., & Syrek, C. J. (2019). My mind is working overtime-towards an integrative perspective of psychological detachment, work-related rumination, and work reflection. *International journal of environmental research and public health, 16*(16), 2987–3013. https://doi.org/10.3390/ijerph16162987

Weigelt, O., Seidel, J. C., Erber, L., Wendsche, J., Varol, Y. Z., Weiher, G. M., Gierer, P., Sciannimanica, C., Janzen, R., & Syrek, C. J. (2023). Too Committed to Switch off – Capturing and Organizing the Full Range of Work-Related Rumination from Detachment to Overcommitment. *Preprints*, 2023010120. https://doi.org/10.20944/preprints202301.0120.v1

Weigelt, O., Siestrup, K., & Prem, R. (2021). Continuity in transition: Combining recovery and day-of-week perspectives to understand changes in employee energy across the 7-day week. *Journal of Organizational Behavior, 42*(5), 567–586. https://doi.org/10.1002/job.2514

Weigelt, O., & Syrek, C. (2017). Ovsiankina's Great Relief: How Supplemental Work during the Weekend May Contribute to Recovery in the Face of Unfinished Tasks. *International Journal of Environmental Research and Public Health, 14*(12), 1606. https://doi.org/10.3390/ijerph14121606

Weiher, G. M., Varol, Y. Z., & Horz, H. (2022). Being Tired or Having Much Left Undone: The Relationship Between Fatigue and Unfinished Tasks With Affective Rumination and Vitality in Beginning Teachers. *Frontiers in Psychology, 13*, 935775. https://doi.org/10.3389/fpsyg.2022.935775

Wendsche, J. (2017). *Modulatoren und Mechanismen der beanspruchungsoptimierenden Wirkung von Kurzpausen.* [Technische Universität Dresden]. http://nbn-resolving.de/urn:nbn:de:bsz:14-qucosa-231858

Wendsche, J. (2023). Erholungsförderliche Einflussfaktoren für Fach- und Führungskräfte. In M. Moser & K. Häring (Hrsg.), *Gesund bleiben in kranken Unternehmen* (S. 209–229). Springer Fachmedien Wiesbaden. https://doi.org/10.1007/978-3-658-39903-0_12

Wendsche, J. (2024). *Erholungsförderliche Arbeitsgestaltung: Potentiale für die Fachkräftesicherung in Pflegeberufen.* Technische Universität Dresden.

Wendsche, J., & Braun, A. (2023). *Pausensituation bei Lehrkräften in Deutschland.* https://doi.org/10.21934/BAUA:FAKTEN20231211

Wendsche, J., Hacker, W., & Wegge, J. (2017). Understaffing and registered nurses' turnover: The moderating role of regular rest breaks. *German Journal of Human Resource Management: Zeitschrift Für Personalforschung, 31*(3), 238–259. https://doi.org/10.1177/2397002216683880

Wendsche, J., Hacker, W., Wegge, J., Schrod, N., Roitzsch, K., Tomaschek, A., & Kliegel, M. (2014). Rest break organization in geriatric care and turnover: A multimethod cross-sectional study. *International Journal of Nursing Studies, 51*(9), 1246–1257. https://doi.org/10.1016/j.ijnurstu.2014.01.006

Wendsche, J., & Lohmann-Haislah, A. (2016). *Psychische Gesundheit in der Arbeitswelt.* Bundesanstalt für Arbeitsschutz und Arbeitsmedizin (BAuA). https://doi.org/10.21934/BAUA:BERICHT20160713/3C

Wendsche, J., & Lohmann-Haislah, A. (2017). A meta-analysis on antecedents and outcomes of detachment from work. *Frontiers in Psychology, 7*, 2072. https://doi.org/10.3389/fpsyg.2016.02072

Wendsche, J., & Lohmann-Haislah, A. (2018). *Arbeitspausen gesundheits- und leistungsförderlich gestalten* (1. Auflage). Hogrefe. https://doi.org/10.1026/02553-000

Wendsche, J., & Lohmann-Haislah, A. (2023). Arbeitspausen. In *Arbeitszeit gestalten: Wissenschaftliche Erkenntnisse für die Praxis* (S. 93–114).

Wendsche, J., Lohmann-Haislah, A., & Wegge, J. (2016). Impact of supplementary short rest breaks on task performance – A meta-analysis. *sozialpolitik.ch, 2/2016.* https://doi.org/10.18753/2297-8224-75

Wendsche, J., Paridon, H., & Blasche, G. (2022). Nurses' rest breaks and organizational leaving intentions. *Psychology, Health & Medicine, 27*(8), 1782–1792. https://doi.org/10.1080/13548506.2021.1950784

Wendsche, J., Varol, Y. Z., & Ullmann, S. (2023). Schulpausen: Wie Grundschullehrkräfte in der Ruhe Kraft finden können. *Grundschule aktuell, 163*, 29–33.

Wittchen, H.-U., & Hoyer, J. (Hrsg.). (2011). *Klinische Psychologie & Psychotherapie* (2., überarbeitete und erweiterte Auflage). Springer.

Wright, T. A., & Cropanzano, R. (1998). Emotional exhaustion as a predictor of job performance and voluntary turnover. *Journal of Applied Psychology, 83*(3), 486–493. https://doi.org/10.1037/0021-9010.83.3.486

Yan, N., de Bloom, J., & Halpenny, E. (2024). Integrative review: Vacations and subjective well-being. *Journal of Leisure Research, 55*(1), 65–94. https://doi.org/10.1080/00222216.2023.2193180

Zeigarnik, B. W. (1927). Das Behalten erledigter und unerledigter Handlungen. In K. Lewin (Hrsg.), *Psychologische Forschung* (Bd. 9, S. 1–85).

Stichwortverzeichnis

A

Abgrenzungsstrategien 83, 85, 89, 97, 103, 116
Abschalten von der Arbeit 40
Arbeitsanforderungen 34
Arbeitsbedingungen 15, 19, 22, 25, 29, 33, 69, 122, 123
Arbeitsbelastung 13, 16, 23, 26–29, 42, 53, 63, 64, 67, 70, 74, 75, 78, 120
Arbeitsengagement 53
Arbeitspausen *siehe* Pausen
Arbeitssystem 122
Arbeitsüberengagement 37
Arbeitsumgebung 25, 64, 95
Arbeitszeit 67, 68, 71, 73, 74, 89, 93, 123
Arbeitszufriedenheit 58
Aufmerksamkeit
- fokussierte 94
- sanfte 94
Aufsicht 126
AVEM (Fragebogenverfahren) 53
- -Typen 55

B

Balance 7, 57, 84, 125
Beanspruchung
- psychische 26
- -sfolgen 26
Belastung 15, 31, 33, 34, 54
- physiologische 35
- physische 123
- psychische 25, 26, 30, 81, 123
Beschwerden
- gesundheitliche 20
- psychosomatische 20, 21
- Schlaf- 98, 99
Blue Monday-Effekt 78
Burnout 14, 27, 28, 55, 76, 79, 81, 99

C

Conservation of Resources Theory 32

D

Detachment, psychologisches 41, 49, 54, 55, 63–65, 76, 81
Didaktischer Doppeldecker 96
Distanzierungsfähigkeit 54
DRAMMA-Modell 40, 51, 52

E

Effort-Recovery-Modell 33, 39
Emotionale Erschöpfung *siehe* Burnout
Entspannung 44
Erholung 13, 31
- Abgrenzungsstrategien 14
- -saktivität 38
- -saktivitäten 63, 103
- -serfahrungen 36, 40, 49, 51, 52, 76, 128
- -sklima 122, 130
- -skompetenz 127
- -skultur 122
- -sprozess 14, 32, 37, 38, 46, 55, 69
- -ssignale 88
- -ssituation 60, 62
- -sumgebung 38
Erschöpfung 33, 34, 39, 45, 47, 49, 50, 61

F

Feedback 64, 65
Feierabend 34, 97
Ferien *siehe* Urlaub
Fortbildung 124
Freizeit 103

G

Gefährdungsbeurteilung 123
Gesetzliche Regelungen 73, 117
- Arbeitsschutzgesetz 123
- Arbeitszeitgesetz 73
- Pausenanspruch 74

Gesundheitsförderung 15, 21, 61, 122
Grübelkreisläufe 114
Grübeln 112

H

Herausforderung meistern 48

J

Job-Demands-Resources-Modell 34

K

Kompetenzen 52
Kontrollerleben 46

L

Leisure Sickness 119

M

Mastery-Erleben 48
Mehrarbeit 17

P

Pausen 19, 70–72, 85, 87, 88
- -bereiche 126
- gesetzliche Regelungen 73, 74
- -inseln 126
- Kurz- 36, 71, 72
- -management 129
Praxisschock 60
Prioritäten 90, 121
- -setzung 89
Psychologisches Detachment 40

R

Reattachment, psychologisches 83
Reflexion 64, 65
repräsentative Befragungen, repräsentative 16
Resilienz 30
Ressourcen 29
- Arbeits- 29, 34
- personenbezogene 30

- psychosoziale 19
Ruhephase 76
Rumination 43
- affektive 44
- arbeitsbezogene 43, 99
- problemlösende 44

S

Schlaf 45, 47, 98
- -hygiene 99
- -störungen 98, 99
Schulalltag 14, 15, 38, 57, 72
Selbstbestimmung 46
Selbstregulation 53, 109
- selbstregulative Fähigkeiten 53
Selbstwirksamkeitserleben 38
Sinnhaftigkeit 50
Stundenplan 87, 125

T

Teilzeit 16
Thank God it's Friday-Effekt 77
Too-much-of-a-good-thing 81
TRAP-zu-TRAC-Methode 113

U

Unterrichtsfächer 69
Urlaub 13, 31, 43, 51, 78, 79, 116, 117, 119–121

W

Wenn-Dann-Pläne 109
Widerstandsfähigkeit 53
Wochenende 17, 77
Wohlbefinden 51
WOOP-Methode 107

Z

Zeigarnik-Effekt 61
Zeitmanagement 61, 89, 107, 121
- Eisenhower-Prinzip 91
- Pomodoro-Technik 93
- SMART-Methode 89
Zugehörigkeit 50